基于发展性评价的中学化学教学实践

JIYU FAZHANXING PINGJIA
DE
ZHONGXUE HUAXUE JIAOXUE SHIJIAN

沈玉红　编著

化学工业出版社
·北京·

内 容 提 要

本书为作者在发展性课堂教学评价的引领下，经过多年的尝试与修正，在课堂教学各个环节中提出了优化方案，在实践教学基础上对各种教学模式进行了对比分析，在实验操作上进行了简化环保的创新设计，并将不被重视的各种资源引入到化学教学中，在提升学生化学学科核心素养的同时，也不断提升了教师的学科教学能力，使得师生共同得到长远发展。本书适合相关专业大专院校师生、中学教师参考阅读。

图书在版编目（CIP）数据

基于发展性评价的中学化学教学实践/沈玉红编著.
—北京：化学工业出版社，2020.5
ISBN 978-7-122-36462-3

Ⅰ.①基⋯ Ⅱ.①沈⋯ Ⅲ.①中学化学课-教学研究
Ⅳ.①G633.82

中国版本图书馆 CIP 数据核字（2020）第 043317 号

责任编辑：曾照华　　　　　　　装帧设计：王晓宇
责任校对：栾尚元

出版发行：化学工业出版社（北京市东城区青年湖南街 13 号　邮政编码 100011）
印　　装：涿州市般润文化传播有限公司
710mm×1000mm　1/16　印张 13½　字数 215 千字　2020 年 5 月北京第 1 版第 1 次印刷

购书咨询：010-64518888　　　　　售后服务：010-64518899
网　　址：http://www.cip.com.cn

凡购买本书，如有缺损质量问题，本社销售中心负责调换。

定　　价：69.00 元　　　　　　　　　　　　　　版权所有　违者必究

前 言
FOREWORD

课堂教学评价作为课堂教学前行方向的指挥棒，对教育教学功能的发挥以及学生核心素养的培养具有非常重要的作用，而发展性课堂教学评价更是一种非常有效的评价方式。

发展性课堂教学评价是指根据课堂教学的发展性目标，运用发展的评价技术与方法，对课堂教学过程中的所有环节，对教师的教和学生的学的过程进行的价值判断，是一种真正的以人为本的评价模式。它与传统的评价有着很大的差别，具体体现在以下方面：在评价功能上，由原来的着重甄别转向关注发展；在评价内容上，从过分关注终结性的评价转向注重过程性的评价，更注重学生综合能力的发展；在评价重心上，由注重教师的教转向注重学生的学，以学生为主体，强调促进师生的共同发展；在评价主体上，由过去的单一走向多元化，评价对象由被动接受转为主动探索；在评价方法上，由原来的注重量化评价转为将质性评价和量化评价相统整的方式，强调评价方式的多元性；在评价者与被评价者的关系上，从原来的高高在上发展为平等、互动的交流。

本书结合国内外最新的教育学、心理学的理念与研究成果，对发展性课堂教学评价进行深入研究，并将评价的研究成果融入化学实际课堂教学中，在课堂教学过程的各个环节及实验教学的创新设计等方面着重阐述。同时，本书各个环节都结合真实的教学案例进行具体说明，深入浅出、分析透彻、可操作性强，对化学课堂教学效能的提升，学生化学学科核心素养的培养以及教师专业素养的发展都有着重要的作用。

本书在编写过程中参考了许多优秀化学教师的教学思想，在此对这些教师表示衷心感谢！同时，感谢在本书编写过程中所有给过意见和建议的老师和朋友们！由于作者的知识面有限，本书尚有不足之处，敬请各位专家、同仁、读者批评指正。

作者

2020 年 3 月

目 录
CONTENTS

第一章 绪论 / 1

一、发展性课堂教学评价的定义 / 1

二、发展性课堂教学评价的研究现状 / 2

三、发展性课堂教学评价的实施与建议 / 4

四、发展性课堂教学评价的注意事项 / 17

五、教师课堂教学评价力的提升策略 / 18

第二章 教学模式对化学教学的启示 / 24

第一节 "翻转课堂"思想对化学教学的启示 / 24

一、"翻转课堂"简介 / 24

二、利用"翻转课堂"促进"深度学习" / 24

三、"翻转课堂"与"创生课堂"的统整 / 30

四、利用"微课"促生"翻转课堂"的建议 / 32

第二节 其他主要教学模式对化学教学的启示 / 33

一、国际学生评估项目对学科教学的启示 / 33

二、"非指导性"思想对化学教学的启示 / 38

三、美国"EIC"教学模式对化学教学的启示 / 44

四、"爱学习模型"对化学教学的启示 / 48

五、"5E"教学模式的启示 / 53

六、"四论"课堂教学模式 / 58

七、基于核心素养培育的"深度学习"教学模式 / 63

第三节 教学思想间融合的教学实例 / 68

一、"PGF"教学模式的主要流程 / 69

二、"PGF"教学模式的实施过程——以"原电池"课堂教学为例 / 70

第三章 化学教学环节的设计策略 / 76

第一节 主要化学教学环节的设计 / 76

  一、目标设置 / 76

  二、情境选择 / 79

  三、有效提问 / 83

  四、有效等待 / 86

  五、过渡创设 / 91

  六、板书设计 / 95

  七、作业设计 / 99

  八、整体把握 / 104

  九、反思培养 / 107

第二节 案例分析 / 112

  案例 1　《高中化学 必修 1》(苏教版)：化学能转化为电能 / 112

  案例 2　《高中化学 选修 4》(苏教版)：酸碱中和滴定 / 119

  案例 3　《高中化学 选修 5》(苏教版)：苯的结构与性质 / 124

  案例 4　《高中化学 选修 5》(苏教版)：蛋白质与核酸 / 129

  案例 5　高三专题复习：有机化学（苏教版） / 131

第四章 化学教学实验设计 / 140

第一节 化学实验教学的作用 / 140

  一、助力化学课堂教学 / 140

  二、培养学生核心素养 / 142

第二节 化学实验教学的主要方式 / 146

  一、利用演示实验，培养学生的学习兴趣 / 146

  二、利用学生分组实验，培养学生实验技能和动手能力 / 147

  三、利用探究性实验，培养学生知识整合能力 / 147

  四、有目的进行拓展实验，选择性进行家庭实验 / 148

  五、充分利用多媒体教学技术来展示部分实验 / 149

第三节 化学创新实验教学实例 / 151

  一、铜与浓硝酸、稀硝酸反应 / 151

二、钠与氧气加热反应 / 157

三、焰色反应 / 160

四、喷泉实验 / 162

五、银镜反应 / 165

六、自制多功能反应装置 / 166

第五章 易被忽略的化学教学资源利用的价值 / 170

第一节 说明书在学科教学中的应用 / 170

一、仪器说明书的应用 / 170

二、药物说明书的应用 / 173

第二节 心理学资源在化学教学中的应用 / 176

一、遵守"注意曲线",实施分段教学 / 176

二、遵循"重知曲线",凸显教学重点 / 178

三、遵从"效力曲线",突出以生为本 / 179

四、遵照"遗忘曲线",倡导有效复习 / 180

第三节 "微课"在化学教学中的应用 / 181

一、把握特点,调整开发化学"微课"的准确性 / 181

二、凸显优点,提升开发化学微课的优质性 / 183

三、避开雷区,加强开发化学微课的科学性 / 184

第四节 课程标准中的样题在化学教学中的应用 / 185

一、考试测评的现状分析 / 185

二、课标样题的价值导向 / 187

第六章 化学教师的专业发展篇 / 189

第一节 教师专业发展综述 / 189

第二节 教师专业发展动力分析 / 190

一、研究对象与方法 / 190

二、研究调查与分析 / 190

三、调查结论 / 194

第三节 促进教师专业发展方式 / 195

一、唤醒教师专业发展自觉 / 195

二、促进教师践行教学实践反思 / 197

三、完善教师发展评价激励机制 / 198

四、重视教师校本教育科学研究 / 200

第四节　课例研究在课堂教学中的应用 / 202

一、确定研究主题 / 202

二、设计教学活动 / 203

三、实施课堂观测 / 204

四、展开研讨反思 / 205

五、分享研究成果 / 205

参考文献 / 207

第一章
绪论

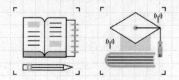

新课程改革已实施很多年，但"以人为本"的新课程教育理念却未得到充分体现，新课程改革未能完全达到预想中的实施效果。要实施新课程改革，就必须要在教学首要环节——课堂教学上入手。课堂教学是整个教学实施过程的核心，是学校教育教学的主要方式，有效的、高效的课堂教学是新课程改革实施的重要保障。要真正实现课堂教学模式的改进，必须要改变传统的课堂教学评价模式，改用新的、更科学的、更行之有效的课堂教学评价。

一、发展性课堂教学评价的定义

（一）教学评价

教学评价包括两个层面：一是包括学校教学管理在内的教学工作评价；二是对教师教学（主要是课堂教学）的评价。有的教育学家认为，教学评价是指按照一定的教学目标，运用科学可行的评价方法，对教学过程和教学成果给予价值上判断，为改进教学、提高教学质量提供可靠的信息和科学依据的过程。

（二）课堂教学评价

课堂教学评价，是以教师的课堂教学为研究对象，依据一定方法和标准，对教和学的过程和效果做出客观的衡量和价值判断的过程。即课堂教学评价包括教与学两方面的效果评估。所以，我们在进行课堂教学评价的时候既要正视教师的课堂教学过程的质量，又不能忽视学生的学习过程和学习效果，而这两者其实是辩证统一的。从这个意义上来看，课堂教学评价包括两个基本方面的内容：一是对教与学的过程和水平进行的评价；二是对教与学的效果进行评价。然而现今的课堂教学评价主要倾向于教师的教，忽略了学生的学，只重视教师在课堂教学中的表现和教学效果，忽略了学生方面的动态学习过程，未能完全按照课堂教学评价的定义和要求来实行。现今的很多地区和学校在教学评价中，虽然把学生的学习也放入教学评价的范畴，但仍然是按照一定的统一标准来划分的，未能区分地对待不同的学生。

（三）发展性课堂教学评价

发展性课堂教学评价就是根据课堂教学的发展性目标，运用发展的评价技术和方法，对课堂教学过程中教师的教和学生学的状态和进程进行的价值判断。发展性课堂教学评价作为一种评价模式，是涉及整个课堂教学过程中的，它更注重教学过程的形成性评价。在课堂上，教师更关注的是每个学生的纵向学习发展和进步，更注重因材施教。发展性课堂教学评价的总目标是促进教师和学生的共同发展。在评价过程中，可以促进教师反省自己的教学方法、教学手段、教学态度等方面的改进；也可以促进学生的自我认识、自我完善，促进学生的德、智、体、美、劳的全面发展。因此，发展性课堂教学评价是一种真正的以人为本的评价模式。

二、发展性课堂教学评价的研究现状

（一）国外研究现状

发展性课堂教学评价是在形成性课堂教学评价的基础上发展起来的。它源于英国，并经历了测量、描述、判断、建构四个阶段。

从本质上讲，从"测量""描述"到"判断"的这三种教学评价模式，仍然是停留在对发展性课堂教学评价的技术和工具层面的研究阶段，并没有真正地从实践上来进行推行和探讨。这些阶段的评价结论仍主要同奖惩相联系，评价者仍处于被动接受的位置，使得被评价者不乐于接受这种评价结果，更别说积极努力地去反思和改进，所以对于课堂教学的进步，几乎没有促进作用。

但是这些过程中出现的一些理论，对发展性课堂教学评价却有很大的推动作用。

如20世纪初泰勒提出"评价过程在本质上，是一种测量工作在多大程度上达到了目标的过程"，这对推动教学评价走向客观化具有重要作用。到了20世纪30年代，泰勒又提出"要更加注重教师教学行为的描述，并对课堂教学中的教师行为和学生学习结果进行统整分析，从而确定课堂教学效果的优良等级"。20世纪60年代比贝首次把评价定义为："系统地收集信息和解释证据的过程，目的在于行动"，并提出"形成性评价""内在评价"等一系列评价方式，进一步确认了评价的过程性以及评价的本质。这些都为实施发展性课堂教学评价做好了充足的理论准备。

真正实施发展性课堂教学评价的是第四个阶段，即"建构"阶段。在美国，这个阶段的教育评价模式已经带有明显的"人文主义"色彩。他们把评价定义为"对教育计划所作的系统检查，目的是为决策提供信息"。他们提议教学评价的价值要多元化，师生要共同建构知识体系。在英国等其他发达国家，这阶段逐渐形成了以发展为目的的发展性教师评价模式。

实践证明，这种评价模式很受教师的欢迎，与原来的奖惩性为主的量化评价方式不同，发展性教师评价更关注教师的个人专业和能力的发展，采用多元化的评价方式，真正地提升了教师的教学、导学兴趣和课堂教学效率。

（二）国内研究现状

我国的教育评价模式虽然起步晚，但是发展很快。尤其在1985年公布的《中共中央关于教育体制改革的决定》，更是我国教育评价变革和发展的标志。在新课改的理念下，人们对教学评价的目的认识从"鉴别"转为"发展"，发展性课堂教学评价逐渐发展为现今比较有影响力的一种教育评价模式。最早提出发展性评价的是上海市教委督导室，随之各地逐步开始推行发展性评价，其中广州市教育部门在全市范围内推行实施，获得了可喜的成绩，并成为各地发展性评价研究的典例。

随着新课改实施力度的增加，我国的发展性课堂教学评价的研究取得的可喜的成果，综合各类刊物、相关文献以及网络资源主要分为以下两类。

1. 有关发展性课堂教学评价的理论研究

① 发展性课堂教学评价理论依据、特征和原则。大部分研究者认为多元智力理论、建构主义思想、后现代主义理论和马克思"关于人的全面发展的学说"等相关教育教学理论，是发展性课堂教学评价的理论基础。在发展性课堂教学评价的特征和原则方面，有的老师认为，"形成的而非终结的、多元的而非单一的、互动的而非单向的、发展的而非奖惩的、动情的而非冷漠的"是发展性课堂教学评价的基本特征。后又有老师对发展性课堂教学评价进行了补充说明，认为：发展性课堂教学评价的原则包括"以学生发展为本"原则、尊重性原则、全体性原则、整体性原则；发展性课堂教学评价注重以人为本，同时兼具发展性、开放性、情感性及过程性；发展性课堂教学评价必须遵循主体性、发展性、多维性和可操作性这四个原则。从这些论述中，我

们可以看出,发展性课堂教学评价的核心理念是促进教师与学生的共同发展,彰显"发展"原则。

② 发展性课堂教学评价指标与标准。对于发展性课堂教学评价体系指标与标准问题,综合各层各界教育教学工作者的观点为:化学课堂教学评价标准要科学和民主,教学过程评价要体现出对提升学生的学习兴趣、方法技能等方面的要求,要将量性和质性评价进行统整,实施多角度评价;教师素质评价要关注教师的基本技能的提升、教学方法的创新、教学艺术的展现、教学分层与互动的展示、教师人文素养的评价。

2. 有关发展性课堂教学评价的实践研究

目前有关高中发展性课堂教学评价现状进行调查研究的比较少,主要有蒋建洲老师和许岳老师对当时的高中化学课堂教学评价现状进行了调查,但是其他关于化学发展性课堂教学评价的系统调查与研究几乎没有。

(三) 已有研究的不足

综上所述,尽管我国展开了发展性课堂教学评价研究,但大多局限于理论指导,对发展性课堂教学评价的现状调查、实践实施等研究,特别是针对高中化学发展性课堂教学评价的研究还很缺乏,大部分都要借鉴其他学科的研究成果,而且我们的研究水平与发达国家相比有不小的距离。"教育评价虽然发生了种种变化,但只不过是改变了冰山的一角,在评价的理论方面,虽然有所进步,但不是革命"。

三、发展性课堂教学评价的实施与建议

教育教学的本质是"唤醒"。课堂教学评价作为课堂教学的导向标杆,有利于"唤醒"学生学习的内在动力,激起学生学习的浓厚兴趣,提升学生学习的探究欲望。要提升课堂教学效能,提升学生的学科核心素养,需要有行之有效的课堂教学评价机制为导向,因此,教师需要运用发展性的课堂教学评价方式,使课堂教学评价成为教师促进自身教学效能提升的自觉活动。

(一) 发展性课堂教学评价的实施起点

我们可以尝试运用发展性课堂教学评价,以评价的"三化"为起点,来实现课堂教学效能与学生学科核心素质的提升。

1. 评价的时机要"最佳化",让学生思维充分展现

适时适地的教学评价可以促使学生的学习得到提升,但若评价的时机不

当,则会事倍功半。教师要巧妙地将"及时评价"与"延后评价"相结合,在不同的教学环节中采用不同的评价方式,将评价的时机最佳化,以期实现学生思维的自我展现。在课堂教学过程中,"及时评价"并不适用于所有环节,有些环节中"延后评价"更能发挥其独特的优势,两种评价方式的使用时间选择如表1-1所示。

表1-1 "及时评价"与"延后评价"方式的使用

	及时评价	延后评价
使用环节	学生在课堂中到白板上作答时	学生在座位上积极思考与讨论时
	学生精神不集中,未完全投入到本课堂的学习中时	学生在解决难度较大的问题,悬而未决,尚处于积极思索状态时
	平时被动学习的学生大胆发言时	学生畅言探讨,积极论述时
	学生的思维进入误区时	课堂中适时地"留白"时
	……	……

"及时评价"与"延后评价"是相辅相成、不可或缺的两种时间选择性的评价,其中"及时评价"主要可以借助教师的口头语言评价或微表情语言评价来实现,选择恰当的时间来提升学生课堂参与的主动性;"延后评价"则可在利用语言评价的同时辅之以书面评价、成果展示评价等方式来落实,让学生可以有充足的时间来思索与探究,拓展学生思维的广度与深度,培养学生勇于质疑、不断创新的学习品质。

在课堂教学过程中,教师要选择最佳化的评价时机,给学生提供更大、更广阔的思维空间与自我展示的舞台,以利于更大幅度地提高课堂教学效能,提升学生的学科核心素养。

2. 评价的角度要"多样化",让学生个性充分发展

当前的化学课堂教学目标已由"三维目标"发展为"核心素养",对化学课堂教学的评价也更注重对学生的"宏观辨识与微观探析、变化观念与平衡思想、证据推理与模型认知、科学探究与创新意识、科学态度与社会责任"五大核心素养的培养,因此课堂教学评价的角度势必也要多样化,不但要评价化学学科知识体系的建立与化学能力的水平,而且要评价学生在课堂学习中的思维活力、探索意识、合作精神、创新能力与社会责任等水平。

查验知识、检查能力、关注素养,有助于教师充分掌握学生的知识程度、能力水平与素养层级等情况,同时可以准确地利用这些反馈信息来调整下一步的教学活动，促使师生在课堂中进行的教与学活动更有针对性，建构起"课堂教学——教学评价——反馈信息——教学适调——学习改进——共同提升"的课堂教学螺旋上升式的"教-学-评"一体化式的学习机制，进而促进课堂教学效能的提升。多一种评价角度，就可以多出一批优秀的学生。对学生的评价角度，要根据不同学生的个人情况与个性差异进行设置，要"对症"才能更有效地"下药"。

如对于学习效率较高、但是学习态度懒散松懈的学生，教师要严肃地指出其不足，从学习态度的角度出发，给出合理的建议，并在后期不断地跟进鞭策；对于不能遵守纪律、学习习惯较差的学生，教师可以从遵纪守纪、习惯养成的角度出发，督促其进行时间规划，将完整的规划写到笔记本上，并在每一项的后面备注上每天每项完成的时间，教师每天对学生完成的情况进行查阅，运用恰当的文字或者语言，与学生进行交流，实施质性评价；对于学习上有困难的学生，可能在整体的课堂学习中，他们会跟不上，教师可以利用课间进行单独辅导、交流与评价，从分析题型、解题模式的角度出发，提升这类学生的解题能力，辅之以积极鼓励的评价方式，提高评价对这一类学生学习效能的发挥。

又如在课堂教学的提问中，教师要尽力运用鼓励式的言语对学生的回答实施评价：针对回答问题完整准确的学生，教师要及时进行充分肯定，利用表扬巩固其自信心；针对回答问题有缺漏，乃至有错误的学生，教师要引导其寻找思维之误，找出正确的解题思路，并对其积极参与的行为给予表扬，巩固其积极思考、参与课堂的学习状态。同时在课堂教学中，教师可以设置一些可以全面考验学生的知识、能力与素养的问题，观察各类各层级的学生对所设问题的应对方式与解题过程，思考各类各层级学生答题时所体现出的思维方式和答题时的规范性与准确性，同时考虑其对问题的探索精神与创新能力等方面的表现，从各个角度挑选出表现最优的学生进行评价与表扬，这样不但可以使受到表扬的学生人多面广，更可以对提升学生的学习兴趣起到积极的作用，促进学生取长补短、发挥优势，并得到全面的提升。

3. 评价的目标要"层级化"，让学科素养充分落实

评价的目的是通过评价而进行信息传递，提升学生的学习内动力，激起学生主动融入教与学过程的积极性与创造力，从而实现提升课堂教学效能，培养学生学科核心素养。教师可以通过各种方式的评价，引领、辅助学生探寻自身的优势，弥补自身的不足，创造条件让不同层次的学生都得到不同程度的发展，从而实现评价的"层级化"。

如在现行的高考模式下，学生可以将化学学科作为"必修"或者"选修"这两种模式进行学习。在《普通高中化学课程标准（2017年版）》中的"学业质量水平"及"化学学科核心素养的水平划分"部分，将化学学科的层级分为4个水平，分别对不同能力与层次的学生提出了不同的学习要求。对于将化学作为"必修"学科进行学习的学生而言，教师的评价主要应以水平1为主，评价的重点是关注学生在化学学科上的一些基本能力，如能有效地对物质进行分类、能有化学反应中的元素不变观、有化学反应中的能量守恒观、有物质变化的条件观、有化学基础的实验观等。对必修班上对化学学科较感兴趣、能力也较强的学生而言，教师可以培养其对化学物质与现象本质的浅层挖掘，并培养其对实验探究问题的设计能力、预测能力与方案实施的动手能力，引导其基于实验事实得出正确的结论，即对这类学生的评价可以基于水平2来实施。而对于将化学作为"选修"学科进行学习的学生而言，教师不仅要发展其水平1与水平2的能力，更要关注培养其水平3与水平4的能力。在这些学生中，教师还需根据学生语文、数学、英语三科总分的层次不同，将其分为两个层级来进行教学引导与评价：对于语文、数学、英语三科总分在"本二线"左右，甚至有时都达不到"本二线"的学生，教师需要着重培养其对物质多样性的理解、对微粒间作用力与物质性之间的关系的理解、能运用宏观-微观-符号这三者来描述物质的转化规律与本质、能理解热能、电能、化学能等能量间的相互转化关系、能运用实验与实验数据进行分析与解释、能将化学原理简单运用于生活等方面的素养，即教师的评价，主要侧重于水平3的内容，保证其化学学科可以达到选修的B级水平；而对于三科总分远高于"本二线"，以及在"本一线"以上的学生而言，教师要重点评价其对物质与变化的分析与推断能力、定性与定量相结合的描述方式、利用平衡原理来提高反应速率与产率、学会评价不同实验的方案、过程与结论等，即教师对这类学生的评价要进入到水平4的层级。

当然，要实现"层级化"评价目标的方式并不是只表扬而不批评，表扬与批评都有其各自的功能，教师要针对不同性格的学生、不同层次的学生、不同教学的情境，实施不同程度不同方式的表扬与批评，这样才可以使不同类型的学生都得到各自应有的发展，为提高学生的学科核心素养奠定扎实的基础。

（二）发展性课堂教学评价的实施步骤

1. 评价的准备阶段

化学发展性课堂教学评价的核心是关注发展，要真正实现化学发展性课堂教学评价，首先就要实现评价主体和评价对象对评价概念理解的转变。因此，各级教育部门须组织学习化学新课程标准，改变传统的化学教育理念，使化学课堂教学在发展性课堂教学评价的指引下得到全面的发展。

在此基础上，我们还需要在这个阶段确定好化学课堂的评价目标、评价主体及评价对象。

"评价目标"即"为什么要评"。对于不同的评价对象，受个人的生活环境、发展水平等因素的影响，评价的目的也相应有所差异。"评价主体"即"由谁来评"。发展性课堂教学评价不提倡使用强制性的命令手段来确定评价主体，它提倡双向选择和学校各部门统一安排两者相结合的方式来确定评价主体，评价主体除了要掌握评价必需的各种知识、能力、理念外，还必须具备公正、有丰富的化学教学和化学评价经验等条件。"评价对象"即"评谁"。发展性课堂教学评价是对整个化学课堂教学活动进行的评价，所以参与此活动的各因素，包括教师和学生在化学课堂上的各方面表现均应作为评价的对象。在具体操作时，一般最好是分批分期进行，因为这种评价相对来说需投入更大的人力、物力和财力，所以一次确定很多的评价对象，对各方面来说都会造成较大的压力，导致化学发展性课堂教学评价的实施不完全。

在这些方面都确定好以后，评价主体就可以了解有关评价对象的档案或者资料，适当地与评价对象进行交流沟通，使评价对象对化学课堂教学评价有充足的思想准备，尽量避免紧张造成的各种失误，以积极的心态投入化学教学和接受后期的他评和自评。

2. 评价的实施阶段

在这个阶段主要是弄清楚评价的内容和方式，即"评什么"和"怎么评"。为了确保评价的科学、公正，可以将这个阶段分为以下几个环节进行。

（1）制定评价量表

要实施化学发展性课堂教学评价，首先要确定化学评价的内容和标准，没有标准，评价无从实施。制定化学评价量表时，要根据化学新课程改革的发展性原则，结合学校各科室领导、各年级一线化学教师及学生、家长代表的意见，最后确定评价的各种要素。在化学评价量表的制定中，除了有量化的评价外,还应该加入质性的评价,除了有静态各因素的评价外,还应该加入动态因素的评价。

(2) 选择评价方式

有了化学评价量表后,就要选择适合的化学评价方式。发展性课堂教学评价的目的是促进师生的共同进步,而不是鉴别和遴选。所以,化学发展性课堂教学评价更强调使用质性的方法,如描述法、反思法、档案袋记录法等来表示评价对象的化学知识和情感上的发展。

具体评价方式可以是领导、听课老师对课堂评价;可以是家长对课堂评价;可以是上课教师和学生间相互评价;更可以是上课教师及学生自我评价。

(3) 共同听课评课

在化学教学实施评价阶段时,肯定需要组织评价主体人员进行化学教学的听课评课活动。为了更好地实施化学发展性课堂评价,我们要采用自然课堂评价和阶段性课堂评价两种方式。

化学自然课堂评价是指在实际的教学活动中,教师之间不定期地相互进行化学听课评课活动,这是比较自然的化学课堂状态的展示。在化学自然课堂教学过程中,各听课教师要在化学教学实施的各阶段中,及时记录各种情况及表现,并按照化学评价量表进行评价,课后要及时把信息反馈给授课的化学教师及学生,并做好记录。

化学阶段性课堂评价可以以月为单位,在讲解某个化学重点、难点的教学时组织进行。这种化学课堂教学评价可以组织大部分的教师共同参与,课后进行集体集中评课,及时反馈给任课教师并做好记录工作。

在这两种化学听课评课模式中,反馈的信息都要结合多种评价来源,要注重评价主体的多元性、评价方法的多样性,选用科学的化学评价量表,把质性和量化评价结合起来,进行综合分析并作出全面、客观、有效的化学课堂教学评价。

在作出完整的化学课堂评价后,反馈给任课教师的过程也要注意时间和方式。一般时间尽量控制在两小时以内,不然会造成评价对象的压力。由于价值观、化学理论水平的差异等原因,评价主体中的他评和自评往往会存在一些差距,这时评价双方要在一种民主、互动、真诚的环境中进行面谈,直至最后达成一致。评价的结论要以质性评价为主,以量化评价为辅,着重提出以后化学课堂教学活动改进的方法意见及今后化学课堂教学的发展方向。

3. 评价的管理阶段

一次化学课堂评价完成后,应将评价结论一式三份,一份交由学校专职人员存入档案中,一份交给评价者,在下次评价该教师的化学课堂教学时使用,还有一份交给被评教师自己保存,以便该教师可以时刻参考这次评价结论中的发展方向进行调整和努力。

化学发展性课堂教学评价的档案必须安排专门的负责人进行保管,未经教师本人同意,教师的评价结论不能随意挪作他用,包括作为奖惩的一项指标。

4. 评价的反思阶段

在具体完成一段时间的化学发展性课堂教学评价后,教师应及时对评价指标、评价过程及评价结果进行反思,总结成功点和不足点,这样可以在今后的化学课堂教学评价中取长补短,更好地完成化学新课程标准的指导思想,更好地促进师生在化学科学素养方面的共同发展。

当然,这个阶段可以出现在整个方案实施的最后,也可以出现在前三个阶段的实施过程中,而且可以反复出现。这个阶段的结束,意味着这一轮发展性课堂教学评价的结束,也意味着另一轮新的课堂教学评价的开始,而这阶段所有反思后的成果,都是新一轮评价的起点。

(三)发展性课堂教学评价的改进方式

在真正实施发展性课堂教学评价的过程中,教师可以在现行的评价基础上,从以下方面的改进进行不断尝试。

1. 鼓励教师进行自评与反思

教学中的教师自我评价与自我反思是发展性课堂教学评价的主旨,也是教师专业自我发展的必由之路。只有教师真正从自身的专业发展与学生的全面发展出发,进行自我评价与反思,才能真正促进课堂教学的改革,落实新课程改革的理念。但实际操作时,由于缺少切实有效的自我评价内在标准,以及受传统评价模式中他评观念的影响,教师的自评及反思经常被忽略。

为此,建立一个有效的自我评价标准并实施,是推进发展性课堂教学评价的重要方式。而要建立一个科学合理的发展性课堂教学自我评价的标准并付诸实践，必须要符合以下两个条件。

（1）自我评价标准要科学多切实

标准是判断事物性状的标尺。课堂教学自我评价标准是对课堂教学中师生各种思、言、行作出自我评断的具体准则，这些准则不但可以为教师自我评价提供依据，而且更可以为教师的发展指明方向及改进的道路。

科学的课堂教学自我评价标准应该符合新课程改革的理念，应该适合我国的教育实情，体现教学的客观发展态势，且可以将教育教学的理论与实践相统整。现阶段，教师的课堂教学自我评价方式主要是依靠教师在实践中的自我探索，很少有相应研究机构对其进行专门的研究。基于很多教师的理论知识相对欠缺，对课堂教学的认知也有不同程度的狭隘，因此教师在自我评价时的标准带有一定程度的主观臆断，从而较难使用科学、切实的评价标准。要改善当前发展性课堂教学评价中自我评价欠缺的实情，不但要让第一线的教师进行更深入的探究，更要建立相应的研究机构，并加强这些研究机构与中小学教师之间的交流与配合，对发展性课堂教学自我评价的标准进行系统深入的研讨。同时整合教育专家、评测专家及前线教师的整体力量，综合各方面的优势，全力协调，制定出科学多切实的、适合课堂教学发展的自我评价标准。

（2）自我评价内容要全面多角度

课堂教学是由师生间各种要素组成的一种全面的活动。我们的课堂教学自我评价要在新课程改革理念的引导下，依据教育教学规律，采取全方面多角度的方式对课堂教学进行评价。如教师可以从课堂教学情况、学生学习情况及教学效果情况等角度进行全面的自我评价与分析。

教师在对课堂教学情况的自我评价中，不仅要注重教师的课堂教学过程，还要注重教师对学生的差异性教学及对学生未来各项发展的引导方式。具体来说，教师教学情况的自我评价内容应包含以下方面：教学引导是否新颖、教学逻辑是否合理、教学结构是否切合、认知结构是否合适、教学时间分配与课堂容量安排是否科学、课中练习与引导释疑是否恰当、课中的留白与思考是否巧妙、与实际生活的联系是否紧密、情感态度价值观的培养是否正确、课堂小结是否注重能力的提升、因材施教及因生施教的落实是否合理等，从而提升课堂教学效能。

教师在对学生学习情况的自我评价中，要在关注学生学习结果的同时，更关注学生的学习过程。学生的整个学习过程及结果受到很多变量的影响，因此教师对学生学习情况的自我评价内容应包含以下方面：情境问题是否生活化、课堂氛围是否活跃、教学方式是否有启迪性、学生的学习效能是否得到优化、独立思索的能力是否得到培养、自主学习的能力是否得到提升、学生的团队合作意识是否得到加强、学生对课堂预料之外情况的应变能力是否得到提升等，从而提升学生对学科知识的应用与创新，提升学生各方面的技能，培养学生良好的情感态度与价值观，使课堂教学自我评价以学生的"学"为落脚点。

教师在对教学效果情况的自我评价中，不仅要关注所教授的科学知识，更要关注学生的学习能力提升及学生的全方面发展。对于学生来说，他们的能力提升与未来发展是需要在教师引导的基础上建立起来的。因此，对教学效果的自我评价内容应包含以下方面：教师三维目标的设定是否合理、教学目标在课堂中是否完成、教学难点是否突破、教学重点是否凸显、教学提问与引导及学生探究学习活动的组织方式是否合理有效、多媒体等辅助教学手段是否运用自如并发挥良好的作用、学生的学习动机及兴趣是否被有效激发等，从而优化课堂教学效果。

课堂教学中如果在这些方面都凸显出优势，那么这堂课无疑是优质高效的。

在自评过程中，各项指标均可采用分数制记录，并记录下相应的反思修正建议，以便在下次的教学中对照改进。在自我评价过程中，分数越高，说明教师对自我的评价越高。教师可以根据每次自我评价时总分值的变化来了解自身对课堂教学把握能力的提升，也可以参考每个指标的自我评价分值变化来找出自身课堂教学的优势和缺陷，找出自身教学中存在的问题，通过反思、再实践、再反思的不断循环，螺旋式地提升课堂教学的效能。这种将评价与反思相结合的自我评价方式，将更有利于教师专业发展的快速提升。

2. 将量化与质性评价相统整

传统的课堂教学评价以一张标准化的评价量表来定分，以绝对的分数来进行所谓的"科学""准确"的评价，而忽视了对学生的学习方法及学习能力等方面的评断，忽视了对学生个人纵向发展方面的评断，导致这些评价的分数不能真正地有效运用于教学提升。量化评价作为一种比较客观的评价，曾经是化学课堂教学评价的唯一标准，但随着社会进步，新课程改革的实施，单纯的以量化的形式来体现化学教学情况显得呆板而无趣，影响了学生学习化学的状态和教师的教学热情。

新课程改革提出的化学发展性课堂教学评价，更注重教师在化学教学上的优缺点及化学教学方法、化学教学能力的提升，而这些却无法完全用量化的指标来衡量，需要依靠质性评价来实施。发展性课堂教学评价中的质性评价提倡通过交流与分析来对学生的学习方法、学生的个性及学习能力的发展、教师的教学素养、教师的专业发展等方面做出质性的、描述性的评价，而不是单纯地用总分来展示课堂教学的整体情况。

那么是否要让量化标准全部退出现行化学评价体系，全然改为质性评价呢？当然不是，质性评价虽然可以让评价更深入、具体、完整地体现出被评价者的发展状况，评价者在质性评价过程中也可不断地反省和改进自己原有的观念，但是由于在质性评价过程中需要评价者根据当时情况灵活调整评价内容，因而质性评价对评价者的各方面素质要求非常高，同时质性评价的方式也决定了其评价的周期会比较长，不能完全满足现行的所有教育教学情境。

因此，我们要将质性评价与量化评价统整起来，并结合各校各地区的教学实际，合理进行占比分配，这才符合化学发展性课堂教学评价的理念。如果将质性评价与量化评价进行有效统整，不但有利于改善量化评价中纯数字的呆板性和绝对化，使评价结果更全面、深入、细致，更有利于克服质性评价中对评价者个人素养的过分依赖，使化学课堂教学评价更优化。

那么，如何将质性评价与量化评价进行统整，而不要偏重于其中某一方面呢？

（1）在学生学习方面

对学生采用成绩加言语评价。教师可以在学生的平时练习及课中、课后进行形成性评价与终结性评价的统整。发展性课堂教学评价的理念是在原有量化分数评价的基础上，同时关注学生的学习方法、自主学习能力、学生的情感态度价值观等方面的提升与发展。在此理念的引导下，我们可以在平时的单元练习、期中期末考试中采用"得分＋评语"式的评卷方式，完成学生的形成性评价。同时，教师在课堂上要进行言语表扬和激励，在课后要对学生提供学习效能提升的建议。在每学期的终结性评价中，教师要依据平时每次考试的加权进行评分，并给出优良等第，同时也要对本学期的变化加以说明。

另外，教师可以在学生的静态表现和动态表现中进行量与质的统整评价。

对学生在之前的学习过程中各方面的静态表现给出得分制的量化评价,以体现出该学生当时的学习基本面及学习的效能;在不同时段的动态观察中,教师可以用分数评价学生在某方面的发展情况,并辅之发展过程概述及发展方向的评语,从而分析学生的动态提升过程及学习能力的质性发展方向;在教师与学生之间的互动活动中,教师要以言语交流为主的质性评价方式对学生的学习可能性、学习潜在的发展能力提供有效的可行性的建议。

(2) 在教师教学方面

首先要建构一个科学、便于操作的评价标准。现行的课堂教学评价方式虽然形式上偏向于新课改理念的质性评价,但评价的对象却仍以教师的"教"为主,过于侧重对教师的教学技能的评估,而缺乏对学生的学习方式、学习过程及课堂中师生间交流与互动的评价。新课程改革提倡以促进教师与学生共同发展为目标,让学生学会如何学,实现学生的终身学习。此理念体现在课堂教学中,就要既落实学生的主体性,又要实现教师的引导性。课堂教学评价标准的制定,既要以促进学生全面发展为基点,重视学生的学习情态、学习过程及学习效能,体现学生在课堂学习中的主体地位,又要以教师的专业发展为导线,重视教师的教学方法、教学过程及教学效能,体现教师在课堂教学中的引导作用。"评教"主要包括对教学目标与教学过程的评价,"评学"主要是对学生学习效果的评价,教和学是课堂教学体系中交织在一起相互影响的两个方面。

其次是要运用科学切实的评价方式。为了使课堂教学评价更有效,需要评价者明确评价量表中各层次指标间的相对权重,然后对被评课堂进行量化计分,并针对弱势指标给出相应的质性改进建议。评价者可依据自己在课堂教学中的所见所感,将课堂教学整个过程与二级指标对比,并进行量化赋分,再根据各一级指标的权重,计算出该受评课堂的总评分,同时依据得分进行优良等第的划分,给出综合性的优点综述与改进建议。

综合以上两方面要求,经过三年的实践检验与不断修正,我们建立了一个以师生共同发展为目标、以课堂的"评教"与"评学"为两条主线、将"质性"评价与"量化"评价相统整的较为科学的评价体系。此评价量表主要包含"评教"与"评学"两个维度,共分为 4 个一级指标与 15 个二级指标,具体如表 1-2 所示。

表 1-2 课堂教学评价表

学校		班级		学科	
授课教师		课题		时间	

一级指标及权重	二级指标及分值	指标说明	评价得分	改进意见
教学目标 (0.15)	1.科学性 (50分)	教学目标具体明确,符合课程标准,体现出教学内容的主要特点与核心价值	50	
	2.情境性 (50分)	教学目标符合学生的特点,体现层次性,能关注不同层次学生的目标达成	45	
教学过程 (0.25)	3.课堂导入 (10分)	课堂导入新颖别致,能引起学生的兴趣,形成学习动机,为产生教学过程的动力创造条件	10	
	4.教学方法 (20分)	根据学生及课堂教学特点组织有效学习活动,注重引导学生自主学习并调动学生学习积极性	20	
	5.教学内容 (20分)	能将学生学习问题转化成教学内容,进行适度拓展提升,符合学生知识现状和接受能力	18	
	6.教学调控 (30分)	以学生为主体,关注不同层次学生的学习,善于抓住教学中的重点问题和学生的疑难问题实现课堂的生成,有良好的情知调节能力,激发学生的学习兴趣	20	
	7.教学素养 (20分)	教学基本功扎实,学科发展思路清晰,能关注学生学科素养的培养和学习习惯的养成	18	
学习状态 (0.30)	8.学习氛围 (20分)	学生能积极主动参与学习,课堂气氛活跃,课堂能形成焦点,师生相互信赖与欣赏,投入度高	17	
	9.学习行为 (20分)	学生积极参与学习活动,课堂互动问题及课堂练习90%以上得到解决,有效达成课堂教学目标	16	
	10.学习互动 (30分)	学生在课堂中有与教师及同学间的情感思维交流、碰撞、融合与成果的共享	16	
	11.参与程度 (30分)	学生主动参与的广度、深度和参与时间均达到较高水平	20	

续表

学校			班级		学科	
授课教师			课题		时间	
学习效果 (0.30)	12.探究质疑 (20分)	学生在课堂情景创设中进行自主探究,学生的质疑及创新精神得到提升			15	
	13.经验建构 (30分)	学生能综合应用所学知识解决真实情景中的问题和生活实际问题			20	
	14.情感体验 (25分)	学生在教师的激励性评价中获得了成功与进步的积极体验,兴趣浓厚,热情高涨			20	
	15.能力提升 (25分)	不同层次的学生得到教师不同程度的指导,在知识与能力上得到不同程度的提升			20	
综合评价	优点综述					
	改进建议					
	总评分		等级		评价者	
备注	优秀 A(100～85)		良好 B(84～75)	合格 C(74～60)		不合格 D(60 以下)

若以表 1-2 中的二级指标得分为例,依据各项一级指标的权重,此受评课堂教学的总评分应为：$(45+50)\times 0.15+(10+20+18+20+18)\times 0.25+(17+16+16+20)\times 0.30+(15+20+20+20)\times 0.30=78.95$,则总评等级应为良好 B。如果评价者有很多位,那我们可以采用各评价总评分取平均值的方式来最终赋分评价,也可以依据不同情境的需要,对各评价者给予不同的权重,再对所有总评分进行加权平均,以便最终得到相对比较有参考价值的量化评价结果。最后,再将各评价者的质性评价结果加以综合,这样就可以得到一次完整、非常有价值的课堂教学评价。这些量化的评价数据及质性的评价建议,将为教学者下一阶段的教学改进指明方向,为教师的专业发展提供保障。

（3）将评价结果落到实处

课堂教学评价的最终目的是为了提高课堂中教与学的效率,是为了促进教师与学生的共同发展。但是如果将一次评价的结束作为整个课堂教学评价的终结,那就大错特错了。一次课堂教学的评价,仅仅是为此课堂的教学提供了一个精细化的评估并给出一些可行性的发展建议,而最终教师与学生在课堂中能否得到真正的提升,最关键的还是要将这些改进建议落实到实际行动上，没有后续的跟踪落实，一切的评价结果均失去了原有的意义，最终课堂教学提升仍只能是处于原点附近的一些小波动，而无法产生质性的飞跃。

为此，应积极鼓励教师在进行完一轮的课堂教学评价后，将他评中所有的量化评价及质性评价结果反馈给被评价者，帮助并促进被评价者在此基础上结合自我评价与反思，进行第二轮、第三轮乃至更多轮的课堂教学，并在每轮教学中均依照上述评价量表给出相应的评价及建议，将评价结果的跟进落到实处，将提升课堂教学、促进教师专业发展、促进学生学习效能进行到底。

四、发展性课堂教学评价的注意事项

虽然化学发展性课堂教学评价有着很多的优势，但是化学发展性课堂教学评价只是诸多化学评价方式中的一种，在具体设计发展性课堂教学评价方案时，要注意以下几个问题。

（一）注意"三维目标"的有效整合

新课程改革后，化学科目强调了教学目标要注重学生的三维发展：知识与技能、过程与评价、情感态度与价值观。但是，在具体的施教过程中，教师可能觉得时间上难以分配和掌控，往往注重了化学方法与情感的培养，就难以完成化学知识与技能的目标。总觉得化学的知识与技能目标是明显且容易量化的，而有关情感态度与价值观这些都属于隐性的，不能立刻有效果。因此，在化学课堂上，虽然经常强调化学教学的"三维目标"，但事实上经常只重视"知识与技能"一个维度，而忽视另外两个维度。

当然，化学"情感态度与价值观"目标与"知识与技能"目标比起来，它更具隐性，评价的难度也相对较大。它要求化学教师利用观察（课题过程、平时表现、平时学习状态等）、访谈等方法来了解学生学习化学的主动性、学生学习化学的兴趣与信心及学生的责任心等。

我们要努力使化学的"三维目标"中的内容相互联系整合，从而使完整的化学"三维"体系能够有效、高效地实施，从而推进课程的优化。

（二）注意评价视点的多维化

新课改提倡的化学课堂教学评价体系的视点是多维化的，即评价要从纵向和横向两个方面多维度来实施，要全面注重教师和学生的各方面发展。所谓"纵向"，指的是同一个受教育者的"今天"和"昨天"在化学知识与情感上的差别比较，分析出他在化学哪些方面有了进步，哪些方面有了发展，并及时指明该受教育者"明天"在化学上需要作出的努力和发展方向。所谓"横向"，指的是在不同的受教育者之间进行化学内容的比较，或者是在不同受教育者的化学的某些方面进行对比，分析出大家的优点和缺点，优点进行发扬，缺点进行改正。

一个有成效的化学发展性课堂教学评价，需要横向化学评价，更需要纵向化学评价，纵横相结合的评价模式可以让每个受教育者更客观地找出自己在化学学科上的优缺点。多一个评估标准，就可以多一批好学生。在推进化学教育改革的实践中，有些高中在实施化学"过程性评价"中进行多维评价的模式，获得了不错的成效。

当然在化学发展性课堂教学评价中，学生的学习成绩也是评价目标的一个方面，但是化学课堂教学评价更重要的目的是根据不同学生学习化学的不同效果来改进教师的化学教学过程，以达到因材施教。既然这样，那我们为何不可以换一种思考方法，尊重"多元智力"的规律，尽量减少高考"一尺定论"的某些消极影响，用一种多元、多维视角的评价模式来尽量让每个学生都能收获到学习化学的不同的成功呢？

（三）注意对教师隐性工作的评价

众所周知，教师的工作包含显性和隐性两大类。显性工作主要体现在教师上化学课的周课时、学生化学学习成绩等方面。隐性工作主要体现在教师与学生的谈话、教师对学生化学思维的影响等方面。其中教师的显性工作较易被量化评估，而隐性工作则难以计算，而且隐性工作的结果一般都有滞后性。在实际操作中，部分学校只把显性工作项目列入化学课堂教学评价体系中，以量化的形式表现出来，而弱化了隐性工作的评价。实践证明，有效的化学课堂教学评价一般都是需要将显性工作和隐性工作有机结合，而且从促进师生共同发展层面而言，这两者也是同样重要的。

五、教师课堂教学评价力的提升策略

（一）教师评价力的缺失

新课改后，课堂教学的目标从"双基"发展到"三维目标"，再继续发展为"核心素养"。在这个过程中，既有承接，又有突跃。其中以"核心素养"为主线的教学目标，是以培育全面发展的学生为重心，以提升学生终身学习能力及适应社会发展所需的各种必备能力为基础的一种更科学、更有利于师生共同发展的一种教学评价理念。然而在现行的课堂教学评价中，作为主体之一的教师，在课堂教学评价力方面却显示出一定的缺失，这主要体现在以下两方面。

1. 评价主体意识缺位

新课改后的课堂教学评价的主体已走向多元化，教师自身也已成为课堂教学评价的一个重要主体。但受传统教育的"教与评"思维限制，现行很多教师的评价主体认识仍比较缺乏，将自身置于课堂教学评价之外，自认为无需自评，也无力他评，认为对课堂教学的评价仅是领导们的应任之责，与教师自身无关。教师这种主体意识的缺位，既不利于教师自身的专业提升，也不利于课堂教学的改进，更不利于学生核心素养的培育。

2. 评价价值取向错位

基于"核心素养"的课堂教学评价，与以往的评价有联系，又有很大的差别。原来的课堂教学评价主要关注的是课堂中"三维目标"的落实，重点关注的是课堂教学与既定标准的匹配程度。而基于"核心素养"的评价，则更侧重于学生将来的能力与社会发展所需要的必备能力的匹配程度。前者更关注眼前，后者更注重将来，后者是一种更关注学生未来发展的价值取向。教师这种价值取向的错位，很大程度上阻碍了课堂教学革新，及学生综合能力、核心素养的提升。

不管是缺位还是错位，因为教师缺少课堂教学评价的自觉意识及价值引导，因此教师较难在课堂教学实施中真正体现出培育全面发展的学生的核心思想，更难体现出核心素养的培育理念。

（二）教师评价力的提升

教师是课堂教学的践行者，也是新课程改革"核心素养"培育问题的直接实施者，因而以教师为主体的评价，对新课程改革的实施程度与落实效能有着举足轻重的作用。那么如何在培育核心素养的基础上提升教师的课堂教学评价力，从而提升课堂教学有效性，实现课堂教学的育人功能呢？我们可以从以下几方面进行尝试。

1. 引领自我理解，提升课程标准评价力

课程标准是教师进行课程规划与课堂教学设计的总纲领，作为一线教师，

更应深入理解，并将自己的课堂教学实践与对课程标准的理解相融汇，找出切合点进行提升。因此，教师要先引领自我的理解能力，从而提升对课程标准的评价能力，教师可以利用以下三步来提升这种评价力。

(1) 深刻学习

教师需要深入研读新旧不同版本的课程标准，深度领悟新旧课程标准的内涵与外延，并将两者进行细致对比，找出两者间的差距。同时通过相关专业文献的检索与查询，提高教师自身对新课程标准的认知，并积极思索新课程标准在课堂教学实践中的"着根点"与"生长点"，从而实现对新课程标准的深刻学习。

(2) 深度理解

教师对新课程标准的理解不是生搬硬套的，而是一项富于创新的认知。尤其对于新课程标准中的"核心素养"的理解，更要融进教师自身的思索与体悟，在批判性的借鉴中创新出个性化的理解，形成属于自身及所任教学生的"新型课标"。知识是共同的，可教授的只是物质形态的存在；而素养是个性化的，是需要通过学生的主动性、创造性的各项活动，才能形成的物质与精神的共同存在体。只有对新课程标准深度理解，才能将其有效地落实到实践中。

(3) 完美表达

对新课程标准的评价不能仅凭主观臆断，而要展开形式多样的活动与交流。例如，可以积极组织教师沙龙、专题讨论等活动，促使教师积极地表达自己对新课程标准的理解及建议，也可以倾听各界教育教学者的不同的意见，并与其探讨，相互论述。只有通过表达、倾听及各项相关研讨活动，教师才能在以后对课程标准的评价上提出有价值的、有意义的评断，才能有效提升教师的课程标准评价力。

2. 重建教材序列，提升课堂内容评价力

教学内容是课堂教学的载体，是课堂活动得以有效落实的基石。教师对课堂内容的评价，主要是针对教材的评判。在依据学生核心素养发展的基础上，利用对教材的序列重建而实现育人功能。因此，教师要提升重建教材序列的能力，从而提升对课堂内容评价的能力。为此教师可以从以下三方面进行加强。

(1) 素养引领

教师首先要坚持以素养为重的教学理念，用学科的"核心素养"来引领课堂教学的实施。教师要将理论基础置于实际教学之前,以理论为导向,再加以实践操作。教师要站立于"核心素养"的战略高度,来对教材内容进行辩证性的评论与调整。

(2) 深研教材

教材是课堂教学实施的重要承载物,但教材中的课堂只是"冰山"浮于水面的一角,隐于水面下的"冰山"才是真正巨大的课堂内涵,也是更需要教师去深度研究与挖掘的部分。教师既要发现教材文字的表层论述,又要理清教材文字的隐藏含义,不但要理解单一内容的知识,更要立于整个模块及整套学科教材的框架体系中去研究、思考,根据当下学情,找出符合素养提升的更合理教学顺序,提升课堂教学内容评判的主动性。

(3) 组建教材

教师在充分研读、理解教材的基础上,在充分了解学情的基础上,要对教材内容进行调序与统整,创造性地组建适合于自身教学的"新型教材",并根据实践与反思,不断进行调节与整合。教师须根据教学实情,进行有益的内容组建,使课堂教学中的内容既符合教材内涵,又落实素养教学。

3. 创生课堂引领,提升课堂实施评价力

课堂是教师进行教学活动的主要阵地,也是教学效果评判的主要依据之一。因此在课堂教学评价中,教师要更注重对课堂实施的评价,尤其要注重课堂实施过程中对课堂的创生与引领、课堂教学过程中育人价值的实现,以及整个课堂进程中对学生"核心素养"落实的程度。为此,教师需从以下三方面进行提升。

(1) 生成"学堂"

教师要根据新课程标准,以提升学生"核心素养"为前提,将课堂超越于知识与方法的基础层级,生成更有课程价值的课堂。在教学过程中,教师要融进自身对课程内容的理解与创生,全力发掘具有时代特征及地方特点的信息与资源,创设出与学生实际生活相关联的情境资源。教师要将原本教师为主的"教堂",转变为真正以学生为主的"学堂",将学生活动作为"学堂"进行的主要形式。

(2) 反思"学堂"

对于生成的"学堂",教师还要不断地进行反思,同时结合其他教师对课堂的评价、学生对课堂的评价、家长对课堂的评价等,对"学堂"的实施进行辩证性的分析。例如，教师可以从"我的学堂实施情况与新课程标准的距离有多少？""我的学堂中学生真正学到的是什么？学到的有多少？""在我的学堂中，情境资源的选取、问题链的设置、引导学生学习的方式等方面仍有哪些可提升的地方？"等方面进行反思与评价。

（3）再生"学堂"

教师在对自己生成的"学堂"充分反思的基础上，再结合各方的评价，以及下一轮学生的学情变化，要对课堂进行充分的调整及再生。记录下本轮教学中可以提升的方面及改进措施，为后续的基本内容教学提供可行性参考，并及时筹备好经过修正的下一轮课堂落实策略。只有教师创新出"学堂"的引领，才能更有效地提升教师对课堂实施的评价能力。

4. 革新教学模式，提升课堂效率评价力

课堂效率评价是指对课堂实施效果的评判。在此过程中，教师要以新课程标准为依据，用发展性的评价标准来评判课堂实施所达到的效果，以及其与学生核心素养提升之间的匹配程度。为此，教师可以从以下三个角度进行评价。

（1）学生变化

首先，教师要认可学生的学习成绩，承认各种形式的考试成绩也是评价课堂教学效率的一种量化性标准。同时，教师可以利用修正测试内容与形式来提升其"育人"功能。其次，教师更要注重与量化评价相对应的、对学生的质性评价，比如评价学生在课堂活动中的积极表现、学生在课堂学习中"核心素养"的提升程度等。教师要将量化评价与质性评价相结合，从不同的角度对学生进行综合性的评价。

（2）自我提升

教师除了对学生的变化进行评价外，还要对自身的提升进行理性的评判。教师可以通过与其他教师的合作、与学生的沟通以及与自我的对话等方式，来对自我作出一个相关评价，找出自我在对新课程标准的理解力、在对新课程理念的"育人"功能的实践力、在对学生"核心素养"的培养力等方面的提升程度，给出一个定量与定性的相对客观的评价。

（3）学校影响

教师在课堂教学评价中，除对学生及自我采取一定评价外，我们还可以联系课堂教学实践中的自身感想，评判学校对教学的宏观方针是否有利于教师及学生的提升；学校对课堂的微观引领是否有利于教师及学生的进阶，并以此为前提，积极地向学校提出一些修改意见。通过对学生、老师、学校在课堂教学效能中的宏观评价与分析，教师可以不断革新课堂教学的模式，提升教师对课堂效能的评价能力。

当然，提升教师的课堂教学评价力是一个循环上升的长期过程，不但需要教师具备会评价的"能力"，还需要教师具有想评价的"动力"。这就要求教师不断地提升自身的专业自觉性，提升自身参与课堂教学评价的积极性与主动性，加强教师自身"核心素养"培育的实施自觉性。只有教师想评又有能力评，并且通过实践不断践行反思的时候，教师的课堂教学评价力才能真正得到不断的提升。

新的教学目标产生新的教学需求，新的教学需求带来新的教学评价。高效的课堂教学评价是连接教师之教与学生之学的重要纽带；是激起教师与学生心中共鸣、引发教师与学生对教与学行为的修正与完善的重要方式；是不断提高课堂教学的效能、提升学生的学科核心素养的重要途径。因此，我们需要在评价的道路上继续前行，为落实教育教学目标添砖加瓦。

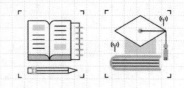

第二章
教学模式对化学教学的启示

第一节 "翻转课堂"思想对化学教学的启示

一、"翻转课堂"简介

"翻转课堂"(Flipped Classroom),是指学生在家或者课外先观看教师事先录制好的或者下载好的一段授课视频,回到课堂进行交流并完成作业的教学模式。

"翻转课堂"教学模式自被提出后,逐渐成为现行课堂教学改革的引导语,正不断冲击着传统的学科教学方式。

"翻转课堂"在充分利用高科技信息技术载体的基础上,实现了课堂教学的别样翻转,扩充了传统课堂教与学的时空界限,提升了学生自主学习的能力,落实了现代化技术与学科教学的高度融合,为学科教学的更新注入了新的活力。

二、利用"翻转课堂"促进"深度学习"

很多学校对"翻转课堂"进行了有益的尝试,但是收效甚微,往往是"翻转"了课堂内容,却"翻转"不了学习效率。调查显示,我国"翻转课堂"的实际状况,并未能真正达到促进学生深度学习的效果,而仅仅是将教与学的顺序进行简单的重建。究其原因,主要是受我们对"翻转课堂"的认识以及我们的能力所限。

(一)对"翻转课堂"的认识

1. "翻转课堂"不等于"翻转时序"

"翻转课堂"利用了现代化技术,重建了传统学科教学的顺序,它将学生在课堂中进行的知识学习,迁移到了对课前视频的自主学习,将基本内容的学习场地,迁移到了学校以外,通过对视频的暂停、回放等展示方式,实现了学生学习的自主性,突破了传统学科教学中同步向前的限定。

"翻转时序"是"翻转课堂"的必备条件,必须将"教"与"学"的时序重建,"翻转课堂"才能进行。但是,仅将时序翻转的课堂,并不就是我们的"翻转课堂","翻转课堂"只有与其后进行的所有活动结合在一起,才能触及真正的"翻转课堂"的核心本质。因此,只进行翻转时序,不表示一定能使"翻转课堂"的优势得到展现。

在现行的"翻转课堂"教学实践中,有些学校虽然依据"翻转课堂"的模式对学科教学实施了时序重建,并利用对应内容的视频,让学生课前自学,但因为导学案的编制质量、视频的播放不畅等原因,一些本应由学生课前自主学习的内容与知识,学生却并未充分理解,课堂中还要重复论述,这样的课前自主学习就丧失了"翻转课堂"应有的价值。再加上一些教师自身教学能力的限制,课堂上的师生互动、思维启迪等可能做不到位,使得课堂又重新回到传统课堂的"同步走",这种将简单"翻转时序"理解为"翻转课堂"的做法,不但误解了"翻转课堂"的本质,反而加重了学生的学习负担,让学生在课前做了很多无用功,课上又因老师所讲的"似曾相识"而容易忽视,降低了学生课前与课上的学习效能。

2. "先学"资料,准备不足

从"翻转课堂"的落实来说,导学案、微视频、播放设备是三大必备要素。其中,教师需要准备的是导学案和微视频,这也是决定"翻转课堂"教学模式效果的两大主旨。

恰当的微视频是"翻转课堂"得以实施的前提与保障。对微视频的学习是"翻转课堂"的一个重要环节,如果学生没有保质保量地完成课前的自主学习,那么课堂中的探讨以及其他一些学生的活动,都将变为一种形式,"翻转课堂"也将显得毫无意义。根据实际调查研究发现,这些用于"翻转课堂"的微视频,仅有少数是学校教研组或教师个人依据学情而录制的,大部分微视频都是通过各种媒体搜集起来的现成优秀微视频。这些微视频,虽然在一些学校及学生的教与学中效果非常好,但由于学生的不同、教师的不同及后续跟进的课堂探讨问题的不同等因素影响,使得这些视频在学生的课前自主学习中,并未都发挥出其优秀的效果。另外有些微视频虽然是教师亲自制作的，但因为教师对学科知识的理解与把握不透彻，以及对录制操作方式的不娴熟，使得微视频的课前自主学习很难达到预期效果。

导学案是教师根据学生实际情况而设置的一份辅导学生课前自主学习的引导性方案，是指导学生在课前自学过程中进行知识整理的框架。一份完整的导学案，应该包含以下要点：学习什么？怎样来学？需要学习到何种程度？在设计导学案时，教师要思考：学生在课前的自学中需要处理好哪些问题？如何设计有效的方法来促进学生对这些问题的理解？在课堂中，又需要设置些什么活动来与课前学生的自学内容相连接，同时又可以引发学生的深度思考？但是纵观现实，我们发现，现在的导学案设置还存在着一些缺陷，主要体现在以下两方面：一是对于学习什么的设置，大部分导学案是将教材上的知识内容变为填空形式挪到导学案中，缺少了对知识系统有序地统整；二是对于怎样来学的设置，大部分教师仍然依照以前课堂教学的方式来引导学生学习，缺少了对学生有效方法的指导。总之，先学资料的准备不够充分、不够恰当，没有将学科知识转变为驱动性的问题等情况的存在，较大地影响了学生课前先学的学习效率。

（二）"翻转课堂"与"深度学习"的实践融合

"教"与"学"的简单时序重整，并不能优化学生的学科学习，而"翻转课堂"教学模式运用的重要意义在于提升学生的学习能力，激发学生的深度学习。

"深度学习"是针对只关注知识概念的识记与了解的浅层学习而提出的一种新型学习状态，是学生以高能思维的提升及对现实问题的解决为目的，以统整交联的学科内容为基础，带着批判性的思维全身心投入到新知识与新技能的学习中，并将之纳入原有的知识图式中，而且可以将已纳入的知识运用到新情景中，提升学生解决复杂问题能力的一种学习状态。相较浅层学习而言，"深度学习"不但关注低能思维的运用，更讲求"迁移、评判、创新"等高能思维的提升，高能思维是"深度学习"的重要特点。

"翻转课堂"的教学模式，扩展了教与学的时空限定及思维局限，为学生的学习从浅层进入深度创造了条件。以高能思维提升为目的、以批判学习为方式、以知识图式的完善及复杂问题的解决为评判依据的"翻转课堂"，必然可以使学生的学习进入深层次。那么，如何利用"翻转课堂"教学模式来提升学生的"深度学习"呢？

1. 理念目标要跟上"深度学习"

（1）教师理念要切合"深度学习"

近年来，我国基础教育的发展方向从"以教定学"走向"以学定教"。教师在教学时关注了学生"学"的主体地位，同时也转变了教师"教"的引导方式。因此，教师教学理念的转变是"翻转课堂"价值能真正落实的基本保证。若教学理念以"教"为重心，则会更注重"传授-接收"形式的教学模式；若教学理念以"学"为重心，则会更赞同"自主学习-探究活动"形式的教学模式。"翻转课堂"提倡的是取"传授-接收"与"自主学习-探究活动"两者之长，即将以"教"与"学"为重心的两种教学方式进行有机整合，形成一种新型的混合型教学方式，它将更关注有效的传递和教师引领下的自主探索相整合的教与学方式，这也是保障"翻转课堂"得以有价值落实所需秉持的教学理念。

（2）目标设定要关注高能思维

现行的"翻转课堂"出现了仅以简单教与学顺序进行翻转的情况，其根本原因是教师的教学目标设定在对知识的识记与了解等低能思维层次，而未将"迁移、评论、创新"等高能思维的提升作为教学的重要目标。高能思维的实现需要学生有对应高能思维的积极性与主动性，只有学生全力进入高能思维，并不断应用高能思维进行思考，高能思维才会得到广泛的提升。高能思维是基于基础思维发展的批判性思维与创新性思维的结合体。

在"翻转课堂"中，如果将学科目标设定为高能思维的提升，则学生学习方法的使用、教师引导形式的运用、教学活动的设计及评价方式的选择等一整套教学流程，均将以高能思维的提升而开展。因此，要实现"翻转课堂"，促进"深度学习"的目标，教师一定要将高能思维的提升作为教学目标来设定。

2. 课前内容要靶向"深度学习"

（1）导学案设计中关注整体交联思想

导学案的设计影响着课堂活动的广度与深度，它是学生课前自主学习的方向引领，它着重于激发学生的学习热情、引发学生对知识的探究及对问题的提出，它有较强的探究和引领功能。一个完整的导学案应包含：情景的引入、问题的驱动、学法的引领，及微视频学习的引导等基本内容，其中问题的驱动是重心，所以设计导学案时，应重点设计问题的链性与驱动性，使导学案中的问题既体现出教师"导"的思路与方法,又体现出学生"学"的思维历程。问题也是引领学生探求知识的重要方式,让知识以问题的形式呈现,是引导学生有效自主学习最重要的方式。"深度学习"关注整体交联的思想,整体是指不要将学科内容看作是各自孤立的知识点,而要把它们放入整个学科整体性的知识内容中去学习。交联既包含不同学科内容及活动间的交互联系,又包含本学科知识与新科学技术间的交互联系。

在"翻转课堂"的教学实施中要真正使导学案实现其应有的价值,就要在导学案的设计中注入知识整体与知识交联的思想,就要深刻理解本知识内容在该学科知识体系中的地位与作用,要理解本知识内容与本学科之前所教学的内容有何关联,以及本知识内容与其他学科内容有何交联。

注重该设计方式的目的,不但是要引领学生将新知识纳入到原有的知识图式中去,促进学生对新信息内容的融会贯通与灵活迁移,而且是要拓展学生思维的高能性、提升学生问题研究的广度与深度并促进学生学习效能的提升。

(2) 微视频制作中关注知识网络系统

"翻转课堂"与其他教学模式最大的区别是,课前利用微视频来重塑课堂中基础知识的教学,微视频是"翻转课堂"的重要保证。微视频的重要优势在于满足不同学生的不同需求,学生不但可以使用零碎的时间、在恰当的地点进行播放,而且可以依据学生各自的不同学习能力,自定进程而展开学习。但是,这些都需要有优秀的微视频作为基础。

优秀的微视频要注重精细化和指导性两个特点。精细化是对学科内容的知识点要进行恰当细化,并形成一个系统的知识网络,其中细化的知识点不要过大,也不要过小,过大则很难在几分钟的微视频中讲清讲透;过小则容易使知识点过多而变零散,不便于学生形成整体系统的知识体系。指向性是说每一个微视频都要有其对应的知识点,以便于学生的检索与自学。另外,微视频的制作还要考虑对学生学习积极性与主动性的引发程度,只有学生处于想学的状态中,他们才能利用好学习的时间,并努力去迎接挑战,克服困难。因而,主动积极的学习状态是保障优秀的微视频被充足利用的基本前提。

3. 课堂学习要照应"深度学习"

(1) 引领学生"重整"模型化的知识

"翻转课堂"注重课前学生对微视频及导学案的自主学习,并不是说课堂中就不用再学习知识，只是说在课堂中要更加强调对知识的高能加工。"深度学习"要求学生进行深层的整理与系统的建构，以便利用各种情景构建学科知识系统，并实现知识的模型化重整。知识的模型化重整是提取知识本质的过程，利用对知识的螺旋上升式的更正，在不同的知识点中建立起逻辑顺序和因果联系，使得知识点得到概述，进而形成具有时空性、逻辑性的智能范式。这种智能范式可以不断供给学生相应的知识迁移的信息，在学生对部分知识遗忘的情况下，智能范式可以利用存储的信息来重塑原有知识点，并可以对新知识进行预测与判断。

知识的高能加工可以大大减少对知识的识记，提升知识的高能迁移。模型化重整也是学生可以根据自己的实情，私人定制知识构建的实践过程。在实践过程中，学生可以更准确地认识知识的内涵与外延，并用不同的方式、不同的视角进行知识的表达，从而实现知识的自主构建。模型化重整的知识图式，是高能思维提升的主要表达方式，也是"深度学习"的一个主要标准。

(2) 提倡运用"劣构"问题实施评价

对知识的运用与迁移能力，直接影响着对新生问题的解决效率。在浅层学习中，教师大部分倾向于套用已知的知识或原理，或者用一套所谓的解题"公式"来解决课堂中遇到的"良构"问题，不注重学生对知识与原理的理解、不注重学生对知识与原理间内在逻辑关系的建构、更不注重学生对知识与原理在真实情景中的运用，从而使得学生在面对类似的真实问题情景时，生搬硬套所学的知识与原理，结果容易得到一些没有逻辑性的答案。教师在课堂中创设的问题一般都是"良构"性的问题，即问题的答案是唯一的、所需达到的目标状态是确定的、所给出的信息是全面的、经过固定范式的方法就可以解决的问题。而"劣构"问题的目标状态是不确定的、有些必须条件是未知的，而且没有一种固定的方式确保可以实现目标状态。所以，对学生"良构"问题的解决能力再怎么训练提升，其对"劣构"问题解决能力的提升仍是非常微弱的。而现实情景下的问题，大部分都是"劣构"问题，很少会出现可以直接应用教材知识就能轻松解决的"良构"问题。

因此，"翻转课堂"要实现"深度学习"的目标，在课堂评价上就要更关注在"良构"问题解决能力提升的前提下，发展"劣构"问题的解决能力。这就要求学生不但可以在类似情景中触类旁通，而且要在新问题情景中理清知识间的逻辑，突破变化，创造性地解决情景问题。

三、"翻转课堂"与"创生课堂"的统整

"创生课堂"是指在课堂教学活动中,促进学生提出新问题,发现新知识及规律,形成新的知识图示与新的情感体验,提升学生创生性学习能力,并促进教师实现创生性地教的一种新型课堂。"翻转课堂"本质上是要实现课堂的创生,即实现"创生课堂"。

"翻转课堂"和"创生课堂"都是符合新课改理念的高效课堂,如果将两者进行有效整合,在"翻转课堂"的基础上实施"创生课堂",在"创生课堂"的引领下落实"翻转课堂",无疑有利于更好地落实课改的精髓,更好地实现"高效课堂"。

那么如何将两者进行有机统整呢?

(一)技术支持:利用网络技术,实现"翻转"基础上的"创生"

"翻转课堂"是通过微视频而实现的"先学后教"的学习模式,它的核心价值是促进学生的创生性自主学习能力。我们要实现有效的"创生",首先可以充分利用微视频等的网络技术支持。在具体实施时,我们可以分以下三步进行。

1. 创建视频:"创生课堂"的起始点

"翻转课堂"中利用的课前微视频,是知识蕴含的基石,是"创生课堂"的起点,也是高效课堂的落脚点,所以录制或者剪辑时,要注意以下三点。

(1)可引发学生兴趣,激起学生延伸学习的欲望。

(2)可有效展示本知识点的基础知识和基本技能。

(3)可激发学生对本微课知识的深度思索,促进学生形成问题链。

只有课前的微视频真的有趣并有用,学生的自主学习才能更有效,才能为后面的高效、创生课堂打好基础。这个环节是"先学后教"中的先学阶段,这个阶段是培养学生自主学习能力的最好时机。

2. 在线研讨:"创生课堂"的提升点

通过微视频的观看,学生已对此知识有了基础性的了解与思量,接下来就可以利用互联网进行在线研讨。学生可以在微云论坛中提出自己的问题,分享自己的学习心得,并与其他同学及老师实现网上的实时探讨。认识达到一定程度时,完成微云上老师预先设置好的"提升练习",通过网络系统给学

生指出错误，实现知识与能力的提升。

3. 学以致用："创生课堂"的灵魂点

通过"在线研讨"与"提升练习"等项目的网络系统统计，教师总结学生的典型错误，并在课堂上列出，引导学生进行课堂分组探究讨论活动，完成知识的内化与整合。这个环节是"先学后教"中的后教阶段，是培养学生在课堂上的合作探究能力与创生学习能力的最佳时机。

"后教"是在"先学"的基础上的再次创生，是"创生课堂"实施的一次深度提升，只有将这三步完美结合，充分体现创生的价值，才能更好地提升"先学后教"的"翻转课堂"教学模式，实现高效创生课堂。

（二）学科特色：结合学科特点，实现"创生"引领下的"翻转"

要实现"翻转课堂"与"创生课堂"的有效整合，还需联系各学科的特点。要根据各科课堂运行的实效，来判断"翻转课堂"与"创生课堂"的深度融合情况，及相应的课堂表现形式。

对于科学类科目，如物理、化学，这些均是以实验为主，并与生活紧密联系的科学，这种科目在课堂上的"创生"，主要是对某个实验的装置、药品放置顺序的创生性改良，或者对生活中一些现象的创新性理解等。与之相对应的翻转课堂模式，可能就不一定局限于每堂课前观看微视频的形式，可以让学生进入实验室或进入家庭生活中进行实验的现场模拟，然后再进行"在线探讨"及"提升练习"。而对于历史、政治等这类以概念性为主的科目，课堂的创生大部分均是在某些概念的内涵与外延上的深入，这时，课前的自主学习仍应以创建微视频并配合相应的导学案为主。这类学科，只有在学生深刻理解概念的基础上才能实现课堂的创生。

另外，同学科的不同类型课程，根据创生的目标不同，也应实时调整微视频的内容及功能。如在学习基本概念与方法的课堂前，微视频的作用是让学生初步感知并理解新知识，学会初步的应用，课堂上再创生，进行新知深入的理解与应用；在复习课的课堂前，微视频的作用是指导学生发现不同知识点之间的联系，利用导学案引导学生进行知识框架的初步建构，课堂上再创生，引导学生讨论与分析，完善自己的知识框架并将其纳入到原知识体系中，改进原知识图式。

正是由于不同学科的"创生课堂"的主要目标不尽相同，这就要求我们要充分利用"翻转课堂"的各种外在形式来与之相匹配，实现"创生"中的

"翻转"。

总之,"翻转课堂"要实现提升学生的创生技能,需以"创生课堂"的创生点来创设课前微视频与课堂活动形式,"创生课堂"要实现师生在课堂上进行创造性的教与学,并提升学生自主学习的能力,需以"翻转"的教学理念为依据来预设合理的创生内容与创生形式。如果可以将两者进行有机整合,必将提高课堂教学效率,实现高效的课堂教学。

当然,要真正实现"创""翻"的深度融合,实现深度学习,还需教育工作者的进一步努力与实践。在这个过程中,教师要将自己变为课堂教学环节的引导者与组织者,真正实现学生的主体地位,真正实现"翻转课堂"的教学模式走向"翻转课堂"与"创生课堂"融合的教学模式中,实现"翻转课堂"的核心理念与核心价值,实现课堂的创生。

四、利用"微课"促生"翻转课堂"的建议

"微课"(Micro-lesson),是指以先进的教学思想为基础,以提升学生学习效率为目标,经由教师准备的视频、图片等方式,围绕某个节点内容或者重难点而展开的教学形式。其内容短小精炼,且有针对性,一般进行 5~15 分钟。"微课"的风靡,使我们看到了课堂教学改革的新趋势,这种可以随时随地观看、可以暂停快播观看的小视频,作为学校教育教学的有效补充,给学生的学习带来了很大的便利。

作为"翻转课堂"的一种教学模式,"微课"存在着很多的不足,有待于进一步发展和完善,但是它也有其独特的优势。在近几年的化学教学中,有些教师已经尝试过利用"微视频"的教学,并取得了较好的效果。我们要利用"微课"和"翻转课堂"的优势来为我们的化学教学服务,在利用时,我们可以从以下几点来切入。

1. 利用"微课"来激趣导入

利用"微课"的直观、形象的特点,激发学生的学习兴趣,这在实际教学中应用最多。比如:在讲解金属的性质时,很多教师想利用前段时间的"粉尘爆炸事件"来引入,但是直接做实验是不现实,这时候就可以用微视频来模拟此过程,进行教学导入。

2. 利用"微课"来创设情境

比如在讲"平衡移动的影响因素"这部分内容时,可以在课前让学生看

一段"微视频"实验,内容为:改变溶液酸碱性对重铬酸根与铬酸根离子间转换平衡的影响,分别改变温度和压强对二氧化氮与四氧化二氮分子间转换平衡的影响,让学生自己分析总结,并分析工业合成氨生产条件的选择。这样带着实际问题的"微课",不但可以培养学生的自学能力,还可以锻炼学生的独立思考能力,通过第二天的课堂讨论,更可以锻炼学生的分析问题能力并培养学生的积极情感,这样的"微课"和"翻转课堂"无疑是有效并高效的。

3. 利用"微课"进行课后辅导

高中化学中有很多难点问题,特别是选修教材"化学反应原理"中,既有知识点的难点,也有知识应用(习题)上的难点。有些难点是学生仅靠看书或者看参考答案无法解决的,有些难点是需要学生反复学习的,这时候就需要教师在课后面对不同的个体进行重复辅导。如果可以将这些知识难点和习题分析通过优秀教师来录制成一个个"微视频",并在一定的范围(比如同年级、同校乃至同地区)内达到共享,则可以在一定程度上发挥优秀教师的讲授资源,提高课后辅导的效率,既方便了学生,也方便了教师。

总之,对于"微课",我们既要积极研究,发挥其长处,又要改进,避开其短处。我们既不能盲目跟风,任意"翻转课堂",又不能完全排斥,忽略先进的现代化教学技术带来的优势。

第二节 其他主要教学模式对化学教学的启示

一、国际学生评估项目对学科教学的启示

国际学生评估项目(Programme for International Student Assessment,PISA)的主要含义为:"学生在重要学科视角下运用知识与技术的能力、理解与沟通的能力,以及在各种情景下处理问题、解释原理的能力。"可见,PISA视野下的素养不仅体现在知识与技能上,还体现在各种情景环境中知识与能力的实践应用上。情景化是素养的核心特征,离开情景,素养将无从落地。

(一)PISA 对学科教学的要求

1. 知识与素养间的距离

PISA 对素养的定义是根据它的目标与评价来规定的。PISA 评价的目标

是：测定学生在未来实际生活中解决问题的能力，而生活问题的解决必定是处于某些特定情景中的。但传统概念上的知识是去情景化的，与PISA倡导的情景化相去甚远，与未来的实践生产生活相离很大，因而，知识与素养间隔着"情景"的遥远距离。现在较多存在的"高分低能"情况，原因主要在于学生未能有效连接知识与素养。因此，教师担负着将知识与素养连接，辅助学生实现完美跳跃的重大责任。

2. 知识与素养间的跨越

情景教学是指在课堂教育进程中，老师根据教学目标创设一种特定的、贴近学生生活的具体情景，从而引发学生的情感体悟，辅助学生理解知识、提升能力的教学形式。

我国对情景教学的研讨，始于20世纪中后期，主要运用于语文学科的教学中，之后慢慢渗透进入其他学科，但总的来说，在理科学科如数学、物理、化学等的课堂教学中应用得比较少。PISA的情景教学给学科教育展示了一个新的视野，如果在PISA的基础上，再联系我国的实际情况，必然可以将情景教学推上一个理论与实践相结合的新高度，对提升教育教学水平将有着巨大的引领作用。

（二）情景教学方式

1. 情景修饰课堂

情景修饰课堂指的是在教学过程中，零散地分布一些情景。情景的引入可以激起学生的学习热情，辅助学生理解新知，从而提升课堂引领效能。这样的情景引入，大部分都比较随意，且情景在课堂上的占比也较小，一般不超过15%。同时，这样分散的情景将会使情景的引入深度不够，不足以撼动课堂的本质效能。但此种教学情景法操作简单，对教师的要求较低，便于大部分教师的操作，因而也是现行课堂中最为常见的一种情景教学方式。情景修饰课堂模式如图2-1所示。

图2-1　情景修饰课堂模式

2. 情景串联课堂

情景串联课堂指的是在课堂上教师有规划地预设好教学情景，利用学生熟悉的生活实际来引发学生的思维探索，并串联起整个课堂教学内容的教学方式。与"情景修饰课堂"不同，"情景串联课堂"虽然也是课堂进程中的一小部分，但它却是整堂课的知识脉络主线，在课堂中所占的比例大约为35%，对教学进程起着重要作用。串联式的情景方式可以有效辅助学生理解有关学科内容，从而流畅地获取真知。但是因为串联式情景中涉及的情景，仍只是作为学科内容的辅助材料，情景的选择受到课堂知识深度与广度的限制，情景的评判受到学生基础知识与能力的制约。因此，这种情景教学方式也不是情景教学的最优形态。情景串联课堂模式如图 2-2 所示。

图 2-2　情景串联课堂模式

3. 情景整合课堂

情景整合课堂是情景教学以课程的视角来运用情景的状态。在这样的状态中，学科教学与情景达到了完美的契合，情景成为课堂教学的主要角色，情景在课堂中的占比超过75%，学科知识是为解释与理解情景而服务的工具。在一定的情景统整下，学科知识不再局限于原有的框架结构，而是基于情景被重新整合。这种情景整合的课堂多以课题引领、研究性学习的形式来实现，相比情景修饰与情景串联，情景统整更具情景化，与 PISA 所倡导的素养最为贴近，也是提高学生学科素养的重要方式。情景整合课堂模式如图 2-3 所示。

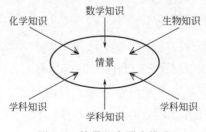

图 2-3　情景整合课堂模式

以上三种情景教学的方式是情景教学的常见形式，情景的占比也只是一个粗略数值,在具体实施时可以灵活调整。在这三种情景教学方式的中间,还存在一些其他的、过渡态的情景教学方式。同时,这三种情景教学方式也没有绝对的好与不好之分,它们各有其优势,在不同的教学过程中可以单独使用其中一种,也可以配合使用,成为一套具有情景的完整教学课程。

(三)基于素养的情景教学方式

以上三种情景教学方式,在实际课堂教学中需相互补充、相互配合。

1. 必修课程中的情景教学

必修课程注重学生基础能力与素养的养成,是学科体系中最基本的学习内容,是面向所有学生的学习范畴。必修课程的重基础性,必然要求其在实际教学中的情景不能跨越太大,涉及的知识点不能太多。因而在必修课程的教学中,更适合使用以情景修饰为主的情景教学方式,在学生基本素养提升的同时,再引入情景串联式的情景教学方式,这将促使学生将知识运用到情景中,进而在提升学生学习积极性的基础上,提高学生对知识的理解程度与运用能力。例如在教学完"化学反应的限度与影响因素"后,为了整合与化学平衡相关的知识,提升学生运用所学知识解释生活实际情景问题的素养,可利用自来水作为串联课堂的情景资源:从自来水用液氯消毒的原理开始,引出自来水的消毒原理;再由次氯酸见光或热的不稳定性,引出要向液氯消毒的自来水中加入少量液氨的原因;最后由经过这种方式消毒的自来水 pH 的检测,到其进入人体后,对人体血液 pH 的影响,再到其对人体健康的探讨……以自来水为情景串联整个课堂教学的过程中,可以将化学平衡、电离平衡、平衡移动原理等相关知识,运用到学生每天的生活实际中去,既提升了学生的学习热情,提高了学生的学科素养,又将知识的运用融入到了对人体生命的探讨。

2. 选修课程中的情景教学

选修课程是针对选修班的少部分学生而设置的,是以培养学生的自主学习能力、扩展学生的知识图式、提升学生的综合能力为目标的课堂教学课程。它相对于必修课程而言,具有开放性与深入性的特点,因而在选修课的课程设置中,更适合使用情景串联为主的情景教学方式,辅之以情景修饰与情景统整的情景教学方式。

在选修课程的教学中,情景的串联要尽量地贴近学生的生活实际,而且具有课堂的全程性,从而不断提升学生的学科素养。

例如在教学"有机物的合成"部分内容时，教师可以利用学生熟悉的感冒药"阿司匹林"的发展史入手，引导学生了解水杨酸最初的来源，并根据官能团分析其不能稳定存在的原因，从而引发探讨水杨酸的人工合成方式。通过对水杨酸以药物形式用于治疗感冒发烧时存在的缺陷分析，进而又引发出水杨酸的修正成分——乙酰水杨酸的性质与合成方式，并探讨乙酰水杨酸作为药物的优势与弊端，再引发学生探究修正结构的性能与合成方式。以学生熟悉的药物作为课堂情景串联的方式来引领学生的探究活动，可以使学生在理论联系实际、变被动接受为主动学习的基础上，培养学生的质疑精神，提升学生的探究能力与自主学习能力，同时更好地实现学科课程的育人目标。

3. 课题研究中的情景教学

课题研究型课程是以学生在学习或生活中发现的问题为研究对象，以合作探究为主要学习方式，进行问题的分析与解决的教学课程。这种课题研究型教学课程的内容，可以是依照学生的兴趣为出发点设立的，也可以是教师根据学科内容为出发点创设的。在真正解决问题时，往往需要学生进行分组合作，共同探讨。每个课题的研究，都需在一定的情景下实施，所需要的知识与能力是全方位的、多角度的；可能还需灵活地运用跨学科的知识与能力。而这些知识与能力的重组，又是为了此情景下的问题解决而服务的。因而，课题研究型课程中的情景，更适合采用以情景整合型的情景教学方式为主，辅之以情景串联型与情景修饰型的情景教学方式。

以课题研究学习"污水处理方式"的情景教学为例，本课题是依据生活实际问题而引发的：在苏州地区，由于电镀厂较多，重金属的污染极为严重，极大地影响了附近的水质，给各种鱼类的生长与水生植物的繁殖带来了巨大的危害，给居民的生活带来了巨大的隐患。为此，学生准备运用自己所学的知识，以电镀厂附近的水质为样品进行检测，并设计合理的解决方案。在检测过程中，学生需要利用不同试剂的化学性质、利用对变量的控制方法，对样品水质采用定性与定量相结合、多次检测取平均值的方式，进行对比与分析。同时将测定结果与《污水综合排放标准》等相关环保文件中的重金属允许排放浓度的指标进行对比。对于超出指标的重金属元素，结合其 K_{sp} 等相关数值，通过调节溶液的 pH 或利用一些特殊反应进行处理。同时，在实际处理过程中，不断地调整实验方案，以达最佳的实验处理效果。在整个情景教学过程中："检测水质成分，并对污水进行合理处理，提出水质净化方案"，统领了整个课题研究的学习过程。在这种情景教学过程中，不但需要学生运用化学的学科知识与能力，还需要运用生物、地理、数学等学科的知识与方法，实现了跨学科素养间的融合，这是情景教学高阶的体现。当然在整个研究过程中，在具体的细节中，可以融入情景修饰与情景串联式的情景教学方式。

教材的学科知识是弱情景的，而学科的素养是全情景的，它们之间隔着巨大的距离。情景修饰、情景串联与情景整合式的三种情景教学方式，在教学中各有其优势。我们需要将这三种情景教学方式有效地融入到必修课程、选修课程与课题研究课程中去，辅助学生逐渐跨越这段距离，最终实现将素养运用于未来全景的实践生活中去，提升学生的情景迁移能力。

情景教学的三种方式与不同课程之间的完整关系，即从知识到素养的跨越过程如图 2-4 所示。

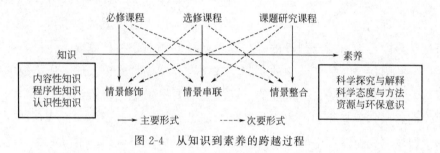

图 2-4 从知识到素养的跨越过程

二、"非指导性"思想对化学教学的启示

"非指导性"思想，是美国心理学家罗杰斯于 20 世纪 60 年代，以心理学调查研究实践成果为基础，所提出的一种教育教学思想。他在大量临床调查研究与实践操作的基础上，提出了以"学生勇于对自己的学习与行为负责"为基础的教学理念。这种教学理念改变了传统的"教导性教学"方式，如非平等性的教学关系、指令性的对话形式、功利性的教学目标和单一性的量化评价方式等，它将学习的主动权交给学生，教师相对"放权"，甚至"弱化"、"降级"为引导者和聆听者。

这种"非指导性"的教学思想，与新课程改革所提倡的以提升学生"核心素养"为主的学科教学理念极其一致，它对我们的学科教学有着理论与实践双重的重要指导作用。

(一)"非指导性"教学思想对学科教学的理论指导

罗杰斯提倡的"非指导性"教学思想,具有鲜明的时代性,并有坚实的心理学临床研究作为基石,对我国的学科教学有着重要的指导作用。在这种模式的指导下,课堂教学不再以固定流程方式进行,而是讲求学科教学的"学习品质"与"学习境界"。"学习品质",主要集结在"核心素养"教学理念下的个性化课堂教与学,寻求课堂教学中平等与互动、探究与合作、质疑与运用、以生为本与差异教学、智能评价与素养发展等教学要点间的共通,力争生成兼有教师教学特色、学生学习个性、学科课程交互性的生态课堂。"学习境界"是指利用学科教学来提升教师的教学积极性与学生的学习主动性,从而反馈于学科的课堂教学,形成"师导生主"的高品质课堂学习境界,从而促进学生"核心素养"的提升。

"非指导性"教学思想的核心理念是师生间的平等与真诚,它提倡师生间要敞开心扉,相互分享自己的观点与想法,相互探讨说理,直至问题的解决。这种理念与方式上的变革,真正实现了促进学生思维发展、提升学生核心素养的教学目标。它提倡在课堂中,要以学生探究及师生对话为重要组织形式,创造合适的生态氛围,促进学生自主建构知识体系,内化各自的知识图式,实现各自不同的提升。在"非指导性"教学思想中,看似教师"退居"并"示弱"的教学方式,却正好开释了学生内心想自主、求自管的期望,学生在这种更加个性化与开放化的课堂学习中,既可以独自思索并阐述论点,又可以小组合作、互助启迪,并在解决问题中得到满足,提升学生学习的自信与自觉。

(二)"非指导性"教学思想对学科教学的实践指导

"非指导性"并不是指"不指导",而是指"不直接地指导",它提倡给学生抛出一些引导性的问题,从而间接引导学生实现问题的解决。

"非指导性"教学思想的实践告诉我们,在学生课前自主预习、课堂自主探究及课后自我反思的三个课程学习阶段,均要充分调动起学生的学习积极性与主动性,引发其进入深度的思维状态。具体实施方法我们可以分以下三步进行。

1. 课前预习,使学生在准备中充足地"学"

"非指导性"教学思想的核心理念是"以学生为学习的主体"。为此,学生能自己看懂与学会的知识与技能,应充分放手,让其课前先自学,这也与我们的"先学后教"理念不谋而合。"先学"体现出学生的主体性，尊重学生的个性差异，发掘学生的学习潜力；"后教"展示了对学生"先学"的认同，这里的"后教"过程并非传统意义上的讲授教学，而是将其转化为师生共同分享经验、交流思维过程、互通情绪感受的相互学习过程。

例如，在讲解"物质的分离"内容前，教师可以让学生先进行课前预习，让学生"找找生活中遇到的分离物质的方法，他们为什么要选择这种方法来分离？说说你的看法"。这就可以将教材知识与学生的生活实际紧密联系起来，学生的思维在预习过程中得到发散：有的学生以洗菜为实例，认为将菜根上的泥浆洗去就是一种用水来分离物质的方法；有的同学说夏天人出汗，当衣服晒干后就会有白色的盐渍，这相当于利用加热的方式来分离盐与水；有的同学认为吃火锅时，可以用漏勺将汤内的菜捞起，这类似于过滤；还有的同学说，红烧肉表面上的油太多，太腻了，可以让肉冷却或放冰箱，这时油会凝固，再用勺子把它捞出来，就可以分离出油，这是利用了熔点的不同来分离的一种方法；还有的同学说，将铁钉从铜屑中取出，不用捡，只需用吸铁石就可以做到……在这一课前预习中，学生是真的在"学"，真的在"思"，真的将生活实践带入了书本知识。总之，给学生一个话题，他们就会给我们很多的惊喜。

在这样的教学模式下，学生得到了很大的自学主动权。课前的预习也不再是局限于对课本文字的简单阅读，而是通过联系生活或者查找各种资料来寻求问题的解决。

2. 课堂探究，使学生在实践中充足地"动"

课堂学习，是"非指导性"教学思想的重要阵地，而根据学生课前预习所产生的问题进行因势利导，则是课堂学习得以进行的基础。因此，课堂学习要从学生的问题开始，使学生在思维的实践中充足地"动"起来。

新课程改革提出素质教学的新理念后，更多的教师将重心放在了与课堂内容相关情境的引入，以引发学生更大的学习兴趣，引领学生更快地进入情境学习中。这当然在一定程度上取得了良好的效能，但本质上，这仍属于教师主导的方式，并没有改变"以教定学"的教学模式，并与学生自主预习产生的"疑惑"有一定的脱离，学生所遇到的问题不能在"有效时间"得到释疑。这将使学生产生"问题放置"与"思绪中辍"的感觉，不同的学生被动地进入一种相同的学习情境中，这将对学生积极地"动"起阻碍作用。同时学生会觉得自己的问题是没有价值的，不被重视的，因而将不再愿意继续在"课前预习"中动脑思考问题，从而影响学生自主预习中的"学"。如果教师真正地实现以"学生为中心""以学来定教"的理念，课堂中以"学生的问题"为向导，将课堂引入与学生在课前预习中的疑惑有机地连接，那学生的课堂参与度会更高，课堂学习效果会更好。

如在教学"燃料电池"这部分内容时，大部分教师的课堂引入是用一些图片或视频等，展示出燃料电池的应用及其工作原理，进而展开燃料电池总反应方程式及正负极反应方程式的书写，默认为这种视觉冲击就是有效的情境资源，就可以引发学生的学习兴趣。如果教师可以充分关注学生课前预习成果的话，就不难发现，其实学生的最大疑问是：产生这些燃料电池的科学背景是什么？即科学家们为什么会将眼光聚焦于这些可燃性的物质？科学家们是怎么想到的？而至于燃料电池的应用及其工作原理，即使老师不讲，学生也可以通过查阅资料找到答案。如果老师没有解决这个"产生"的问题，那老师所讲的"原理"，对于学生来说便是无的放矢，更加不能激发学生的学习热情。基于这样的预习疑问，老师可以在课堂中设计一些由浅入深的问题组，由此来创设情境，引发学生的思考。如教师可以这样设计问题。

① 在同样转移 1mol 电子时，以下原电池中，需要的电极及电解质溶液的总质量为多少？（a）最早发明的伏打电池；（b）铅蓄电池；（c）锂电池。

② 手机的电板选择什么电池比较好？电瓶车的电瓶选择什么电池更好？你是怎么想的？

③ 如果还想要找找看有没有一种更轻便的电池，你会到周期表的哪个位置去找？你的理由是什么？

这样沿着科学家研究的方向走一程，可以让学生更深刻地理解燃料电池产生的必然性，才能明白，科学上的每一个研究成果的出现，都是有其产生的必要性与合理性。这样的问题情境引入，不但引领着学生走了一回科学家的探索之旅，更能充分地展现"以学生为中心""以学来定教"的教学理念，更为提升学生的核心素养奠定了基础。

学科课堂教学的另一重要方面是学生的活动探究。要落实"非指导性"教学理念，教师要尽量少用指令性的言语，而要依据学生的学习需求及心理特征，来设计课堂活动并落实课堂的教与学，使学生在活动的实践中充足地"动"起来。因此，教师要综合"教材知识"与"学生实情"，注重个体差别，提升每一位学生的学习兴趣，争取使所有学生都积极地参加课堂的探究活动，并积极地参与课堂的讨论与思考,使每一位学生都能在课堂的探究活动中得到发展。

例如,在教学"原电池产生条件"的内容时,学生在课前预习中,容易对教材中的装置产生四种疑惑:

① 导线是否一定需要?
② 两个电极的材料是否可以变换,有何限制?
③ 烧杯中的溶液有什么要求?
④ 是否所有的化学反应均可设计成原电池?

针对这四个典型疑惑,教师可以在课堂中分小组来进行探讨。分组时,教师可以使用"蛇形"排布方式,使每个组中都存在不同学习能力的学生,每组领取一个问题进行专项研究。研究的同时,提醒学生记录活动过程并形成研究报告,让平时不太善于表达的同学代表小组进行分享与展示,并让其他组成员进行适当点评。在此过程中,教师也可以在适当的时候进行引导,并与各组一起分析不同的学生在本次探究活动中的不同贡献。这样的课堂既可以让学生的知识与能力得到提升,又可以使学生学习的积极性与主动性得到提升。

同时,在课堂快结束阶段,给学生留个意味深长的"豹尾",也是促使学生进行课后延伸探究活动的很好的方式。受传统观念影响,有些教师认为一个课堂中把所有预设的问题都解决,才是一堂完美的课,如果有哪个问题来不及解决,会被认为是教师备课不充分的表现,课堂的结束,也即意味着教师和学生相对任务的终结。这样的课堂真的圆满吗?事实证明,这种完美的课堂很多均收效甚微,因为这样的结尾使学生的好奇与神秘感迅速下降甚至完全消失,课后的应用与后期的深入学习得不到保证。其实,课堂的结束并不表示此内容学习链条的断裂,而恰恰意味着学生理解、应用并迁移知识的开始。所以,在课堂教学中,教师可以灵活地留下一个耐人寻味的结尾,同时,设置相应的学习任务单,使学生在"意犹未尽"中,持续维持学习的兴趣,促进学生在课后一如既往地自主学习,有效地延伸课堂教学之精华。

如在进行"钠及其化合物"内容课堂教学时,可以设置一个巧妙的结尾,教师可利用一个有关"焰色反应"的有趣实验,引发学生的思考,激起学生课后自学"焰色反应"相关知识的兴趣。此实验有别于课本上的铂丝实验。在教师指导下,用小喷水壶向酒精灯外焰上喷洒氯化铜溶液,会看到有绿色的火焰；然后再展示一些过年时可以看到的五颜六色的烟花图片。用这些作为课堂的结尾，不但与学生生活实际相联系，并可以引燃学生的好奇心，点燃学生的求知欲。因为出现了新的学习点，学生的学习兴趣与热情并没有随着课堂的结束而消失，学生产生了"意犹未尽"的感念，在这种力量的作用下，学生的学习自动延伸到了课后，有效并高效地促进了学生课后的自主学习及课后的探求新知活动。

以"非指导性"理念为基础的课堂教学，教师并没有失去课堂中的"指导"阵地，而是转换成一种更具"人文"与"智能"的角色，融入到学生的课堂学习活动中。在这种情境下，教师要提升"深"与"浅"的教学艺术，"深"是指教师要深入理解课程标准，深度解读课程教材，深层挖掘相连情境，从而促进学生的深度学习；"浅"是指教师要将课堂真正地还给学生，不要过度操纵课堂，教师要在看似"浅"度引导的课堂学习氛围中将知识与能力传递给学生，并动态调节课堂。这无疑对教师的创设情境能力及课堂应变能力提出了更高的标准。只有教师达到了真正的"深"，才能设置出课堂中的"浅"。

3. 课后反思，使学生在迁移中充足地"思"

没有反思就没有进步，反思的过程是教师和学生自我总结、自我发展的必要阶段。教师需做的反思是：课程教学中的"非指导性"教学理念是否运用充分？课堂中"替代"学生思维的时间是否恰当？课程探究活动的落实是否到位？不同学生的学习能力是否得到不同程度的提升？学生的情感态度是否得到有效发展？学生的积极参与程度是否得到有效提高等；学生需做的反思是：课前预习时的问题是否得到充分的解决？解决过程是否通过自己充分的思考？是否将碎片化的课堂知识整合到自己原有的知识图式中？能否将知识迁移应用到自己的实际生活中。反思的方式也有多种多样，如可以在课堂进行小结时，让学生利用精简的言语来表述主干的知识；也可以让学生在学习后，完成"知识思维导图"，并进行相应的迁移应用练习；也可以让学生在课后制备"问题卡"，将反思进程中的疑惑与整个学习过程中课前、课中及课后的一些不足与想法描述下来，并将其置于"学习合作团队"及"教师个性辅助"氛围中进行探讨与解惑。

如在教学"沉淀溶解平衡"内容后，收到的学生"反思卡"中，主要涉及的共性问题如下：①"沉淀溶解平衡"与"弱电解质电离平衡"有何区别与联系？②沉淀的转化与平衡的移动本质上是否相同？怎么来理解？③水垢的去除与钡餐的溶解，分别是如何实现的？这些方法是如何想到的？这几个问题，不管是在广度与深度上，都到达了一定的层次。在这个反思的过程中，学生的思维能力与辨识能力得到了提升，学生对知识的整合能力与应用能力得到了发展，学生的"核心素养"也在教与学的过程中得到了培养。

在"非指导性"教学形式中，教师不是"标准答案"的"评价者"与"给出者"，更不是发号指令的"指挥官"，而是隐于幕后的"辅导者"与活动的"参加者"，这样的"以'浅'入'深'"的教学模式，是教育智能的深刻体现。如果可以坚持以"非指导性"教学理念来进行学科的教学活动，则课堂教与学必将迈上一个新台阶，新课程改革必将不断被深入，教师及学生的核心素养必将得到不断的发展。

三、美国"EIC"教学模式对化学教学的启示

"EIC"教学模式，全称为"以环境为学习情境"（Using the Environment as an Integrating Context），是美国于1998年在《缩小成绩的鸿沟：以环境为学习的整合背景》报告中第一次提出的。这种模式提倡教师充分利用生活与社会情境，在实际生活情境中实现学科知识与能力的提升。它鼓励学生主动建构学科知识，注重学生对周围环境的解释，提倡学生自主发现问题并解决问题，以此实现锻炼学生思维并发展学生潜能的目标。

（一）美国"EIC"教学模式的特点

"EIC"教学模式最早出现在美国的一所小学，这所小学的部分老师与小区人员一起建设了一个果园，并将此作为这所小学的露天教室。同时，在果园附近还建起了一个保护区。在这个露天教室中，老师鼓励不同年级的学生进行合作探讨并互相学习，在学习过程中，老师引导学生研讨伐木业对社会的影响，并带领学生参观当地的伐木工厂。一些家长也积极参与到对有关树的知识的探讨中，学习树的品种及其对生存环境的要求，学习区分各种不同的树苗及如何利用网络来寻找并整合相关信息。在"EIC"教学模式的引领下，学生得到了非常快的成长。

虽然这种走出课堂的教学模式并不完全适用于高中的课程教学，但是"EIC"的学习过程及方式却体现出了符合新课程改革要求的两大独特优势。

1. 实现多学科的综合学习

"EIC"教学模式突破了原有学科间的分界线，鼓励以学科混合的形式开展学习活动。"EIC"教学模式中的教学者更注重学生在生活与环境体系中综合能力的发展，借助物理、化学、生物、数学等多方面学科知识，提升学习者分析并解决混杂问题的能力。

2. 实现多维度的合作学习

在"EIC"教学过程中，教学者鼓励学习者在独立思索的基础上进行小团体的合作，鼓励学习者在教师、家长及学习者共享方法与经验的基础上，建立团队关系，开展团队内及团队间的相互合作交流与资源共享，最大限度地开发学生的潜在能力，培养学生的建构技能。

（二）美国"EIC"教学模式对我国化学教学的启示

美国"EIC"教学模式的理念对于化学教学者来说，有很多值得借鉴的地方。

1. 教学理念层面

美国"EIC"教学模式中，教师的教学之道不在于教了学生多少学科知识，而在于要教会学生怎样学习，怎样对问题进行分析，最终怎样来解决问题。而化学新课程改革的要求，是将过去重知识性传授的理念进行变革，变为重知识与能力的学习过程、重学习者的学习积极性和主动性、重科学价值的形成过程，最终使学生达到终身学习的目的。因此，教师要将自己的作用从"供泉人"转向引导学生成为"挖泉人"；要从重教师的"教"转向重学生的"学"；要从重"讲授"转向重"发展"；要从重"成果"转向重"历程"；由"有教无类"转向"因材施教"等。教师不能将学生看成是一个比自己低几个级别且时刻等待被授予知识的容纳皿，而应将学生看成是一个与自身拥有同等地位，且随时需要相互沟通，有主观能动性的学习者，老师要成为激发学生学习兴趣的动力系统和带领学生学会学习的引航标杆。另外，在学生积极主动自主学习的进程中，教师要对不同的学生进行分层分步的引领式教学，这样才能帮助学生在知识能力、过程方法与情感态度价值观上有更大的提升。

2. 教学组织层面

美国"EIC"模式的教学者提出所有出现的问题均不是独立的个体，而是与其他各事物有千丝万缕联系的复合型问题。他们提倡进行各种方式的开放性教学,尤其重视在教学活动方式上的开放,注重学生的终身学习及发展。

在化学教学中,教师同样也需要冲破传统教学的局限,即根据不同的学生情况及时调整教学模块的教学顺序,并与生活实际紧密联系,同时实行研究性学习等多种形式的实践活动,形成一个多方位立体的教与学的新时空。

如在教学"原电池"内容时,虽然课堂上老师会演示铜-锌-稀硫酸原电池的实验,而且会通过 flash、PPT 等展示出电子的移动及溶液中阴阳离子的迁移,但这些只是为学生展示了可视性的、可听性的信息材料,远不如学生亲历体悟的学习效果好。为此,教师可以引领学生走进现实的生活中,利用生活中的一些相关材料进行分析与研究:①利用废旧的干电池、手机电板等作为研究对象,分析其正负极材料及其工作的原理;②利用家里现有的材料,设计一个原电池装置,连接在一张未装电池的音乐贺卡上,让美妙的音乐响起来。通过分析现有的电池和设计简易生活电池,学生提出了很多问题,激起了学生的学习兴趣,点燃了学生的求知欲望。此时,学生对学科知识的感受就不仅是一个"被传授"的活动过程,而是一种学生在亲身参与、深入思考、动手实践中体悟到的知识过程,是一种通过学生的内在驱动实现学生的外在表现,从而完成学生的自我表达的学习过程。

3. 教学内容层面

受环境与社会视点的影响,美国"EIC"教学模式的教学内容与学生的实际生活相融合,且富于时代感,让学生的学习与时代同步,即教学内容不再是抽象空洞、偏离实际和固定不变的,而是在一定范围内具有较大的灵动性和现实性。美国"EIC"教学不再限制于单一的知识层面教学,它同时注重学生积极参与的观念,注重学生在过程方法及情感态度价值观上的提升。

同样,化学教学中教师也应即时扩充化学领域中的新技术与新发现,关注学生个体、群体及学生感兴趣的现实问题和异常现象来拓展教学内容。如在化学教学中,教师可以介绍 2015 年,瑞典科学家托马斯·林达尔、美国科学家保罗·莫德里奇和土耳其科学家阿齐兹·桑贾尔因"从分子水平上展示了细胞是如何对损伤的 DNA 进行修复并对遗传信息进行保护,为癌症治疗的新方法提供了参考",而获得诺贝尔化学奖,带领学生走向化学科学的高峰。再如,教师还可以引入我国屠呦呦获得诺贝尔奖,引导学生通过网络查阅等方式,了解人们对这件事情的感受和态度,以此来增强学生的国家荣誉感,培养学生正确的情感态度价值观。

同时,美国"EIC"模式将知识应用于对自然环境与社会生活现象及原理的整合释疑,而并没有将学科知识间的界限清晰化,也没有将各学科知识进行绝缘化处理。如这些教学者让学生调研本地域的土壤情况时,土壤的酸碱性及成分分析要用到化学知识;土壤的地域性差异原因要用到地理知识;不同的土壤适合培育的农作物要用到生物学知识。在化学教学中,同样也应注重这种学科交叉融合的教学内容与方式,辅助学生进行更合理、更科学的知识建构,促进学生更全更深地理解自然与社会。如在教学"硫酸型酸雨"这部分内容时,教师可以引领学生对带入课堂的酸雨进行分析研究,在测定雨水的 pH 值及探究酸雨形成的过程与防治方法等问题时属于化学学科范畴;探讨酸雨对农作物产量的影响属于生物学科范畴;研究酸雨的扩散速度与程度属于物理学科范畴。通过学科间知识的交叉互融学习,实现学生知识与能力的螺旋上升。

4. 教学评价层面

美国"EIC"教学模式提出,对学生进行的评价活动应该是一种全方位、综合性、积极的发展性评价,要最大程度地呈现评价在整个教育教学进程中的激励和引导作用,要关注对学生的探究活动及学习过程方面的评价,要注重对学生的学习状态及阶段性成果方面的评价,要对学生在整个教学过程中展现出的好奇程度、合作程度、意志力程度以及探索问题程度方面的积极评价,特别要鼓励学生与众不同的解决问题方式和特异性的思维。评价的结论可以通过多种形式进行呈现,并记录进学生的个人档案中,以便激起学生的学习内驱力,引导学生更关注学习的整个过程。

同样,在化学学科教学活动中,面对学科的特殊性和复杂性,教师也需要应用过程性的评价方法,对学生进行知识能力、过程方法、情感态度价值观三个方面进行发展性的教学评价。虽然现在比较多的评价是以纸笔测试为主,但是纸笔测试要注重化学学科知识的原理、运用及学科理念,而不是单一的测试化学事实。总之,教育教学的目的是在鼓励学生积极主动学习的过程中,促进学生的全面发展,培养学生终生学习的习惯。

当然,由于各方面的原因,我国的这些教学理念只在部分学科和学科中的部分课堂进行了实施,而且效果非常显著。虽然在我国要完全落实美国式的"EIC"教学模式可能还需要一段很长时间的摸索与实践,但是其中蕴藏的教育教学理念，却是我们教师努力学习并积极实践的方向，并以此来促进化学新课程改革稳步前行。

四、"爱学习模型"对化学教学的启示

现在的学生普遍缺乏自学能力，很多学生习惯于等待教师的教授，对知识信息的认识只是停留在记忆与理解的基础上。

21世纪是信息高速发展的时期，信息已成为学习的基础部分。丰富的信息为各类学习提供了素材。学习的过程就是学习者充分利用信息，理解信息所覆盖的知识，并创造性地解决各种问题，最终将信息知识内化并整合到自身知识结构中的过程。那么如何提升学习者寻找合适信息、灵活应用信息、创造性地解决问题并完成知识的建构呢？这是现在教学中面临的重大问题。在此基础上，美国教学设计专家纽曼经过多年的实践与总结，首次提出了"爱学习模型"。

"爱学习模型"理论认为，信息行为与学习行为通过六个阶段相互联系。此六个阶段包括：鉴别、定位、评价、应用、反思、精通，"爱学习模型"可以用图 2-5 来表示。

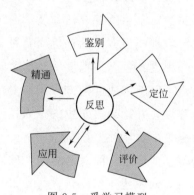

图 2-5　爱学习模型

（一）"爱学习模型"的特点

1. 基于信息的"爱学习模型"

虽然在"鉴别""定位""评价"这三个阶段的准备中，需要付出较多的精力，但是它还是着重于"应用""反思""精通"阶段。"爱学习模型"强调以信息作为学习的载体，以信息应用作为学习的核心。因为只有在应用的过程

第二章 教学模式对化学教学的启示

中才能真正地达到新知的理解、掌握并精通,从而实现学习的三维目标。另外,信息的应用作为一种能力,将会延续到学生的校外及完成学校学习后的整个人生。

2. 基于问题的"爱学习模型"

"爱学习模型"的重点在"应用""反思""精通"阶段,它更重视学生实践能力、创新精神的培养。而这些能力得到提升后,学生会更自然地把学习与生活中遇到的相关问题加以联系,从而"学以致用"。

相对的,基于问题的学习又将学生带领到赋予意义的问题环境中,学生通过自主式或合作式的学习,寻找出问题背后所包含的科学理论知识,并培养学生发现问题、解决问题的能力,培养学生自主学习的能力。这将对学生的思维、实践能力的提升有着巨大的推动作用,也是传统的应试教育下以识记、理解为主的学习方式的升华。

(二)"爱学习模型"在化学教学中的运用

此模型不但讲述了如何利用信息进行学习的过程,更为提升各学科的教学设计提供了一个实际操作模板。

目前,美国的一些中小学正在进行"爱学习模型"的相关实践,并已获得良好的成效,但是我国的学科教学中暂时还未有学科进行尝试。此模型尤其适合解决教学中重点和难点问题。如果我们可以在化学教学中对"爱学习模型"进行有益的尝试,相信学生学习化学的兴趣将会更高,学生的自学能力将得到迅速的提升,教学效果将有质的飞跃。

那么,如何在化学教学中推行"爱学习模型"呢?在初始试行阶段,教师在每一个过程中的引导作用是非常重要的。

1. "鉴别"(identify)——"爱学习模型"的起始环节

"鉴别"是"爱学习模型"的第一个环节,此阶段的主要任务是选定某个问题,即关注点,可以是要解决的问题,也可以是要完成的任务。关注点的选定可大可小,可远可近,但必须是属于"信息"范畴,而不是"情感"范畴。比如,我们可以选择"焰色反应的原理"作为问题,而不能选择"我喜欢焰色反应产生的漂亮的颜色"作为关注点。

当然,要"鉴别"一个化学关注任务,首先要"激活"学生对化学教学内容的关注之心,要培养学生对未知知识的好奇之心,进而"审度"教学情境,从而找到切合的关注点。

比如，在学习"化学能与电能的相互转化"的内容时，我们可以将学生熟悉的手机电板的充放电过程及干电池的使用作为"激活"学生的关注点，引发学生思考为什么手机电板可以持续多次地实现充电和放电的过程？而干电池只能一次性供电？这些过程中化学能与电能之间如何实现相互转化的？

这些问题源于学生的生活实际，是大部分学生都使用过很多次，但却从未真正进行深入探究的问题。通过这样的问题激活，不但达到了引发学生兴趣的作用，更培养了学生从生活中发现问题、探究问题的习惯。只有在学生有迫切解决问题的动机时，学生的自主性才能得到充分的发挥，所以在这个阶段中，生活化的问题提取是至关重要的。

2. "定位"（locate）——"爱学习模型"的引领环节

"定位"是"爱学习模型"的第二个环节，此阶段的主要任务是在"鉴别"的基础上，进行相关信息的找寻并整理。找寻信息时，可以从现实生活中找，可以从文字书籍中找，也可以从网络中搜索。可以是以记忆为主的事实性知识信息，也可以是以理解为主的概念性知识信息。在找寻信息的过程中，学生必须"聚焦"已有内容，并"发掘"相关度高的信息加以整合。

比如：在讲解"金属与氧气的反应条件及程度"时，我们可以引入昆山"8.2"粉尘爆炸事件，由此引导学生"聚焦"问题，分解相关知识点，如可将此问题分解成：金属的性质、爆炸的条件、金属与氧气及空气的爆炸范围与爆炸极限等几个知识点，然后通过查阅相关的书籍、搜索网上数据库、与从事有关金属制造的技术人员交流等方式，搜集"发掘"与每个知识点相关的材料，并进行整理。

这个过程是"爱学习模型"的引领环节，教师要引导学生逐步分解出问题所涉及的各个小知识点，并针对每个小知识点，通过各种方式寻找与之相关的资料。在这个过程中，学生分解问题的能力是非常重要的，分解后各个小知识点的定位，直接影响着查找资料的方向和后续"爱学习模型"中的其他环节，所以在这个阶段，教师要多鼓励学生根据不同类型的问题进行自主分解，提升学生分解问题的能力。

3. "评价"（evaluate）——"爱学习模型"的中心环节

"评价"是"爱学习模型"的第三个环节，此环节是学生利用确定有效的标准来判定所选信息与原关注点之间的"信度"和"效度"阶段。其中"信

第二章 教学模式对化学教学的启示

度"是指所选信息来源的可信程度、正确程度和严密程度。"效度"是指所选定的信息与学生已有发展水平的适应程度、有效程度。

比如,在选修课本《化学反应原理》中,原电池的装置与《高中化学 必修2》相比,多了一个盐桥的装置。此时,学生可以通过各种途径来查找与盐桥相关的信息,但是仅百度搜索,就会出现很多不同的关于盐桥的作用和制作的答案,如果再加上其他方式获得的信息,就会产生很多不同的,乃至完全相悖的解释。

首先我们可以从信息发布者的可信度、不同来源信息的一致性对比等方面进行"信度"评价,其次可以从哪些信息是落在当前学生的"最近发展区"的、哪些信息是难易相当的、哪些信息是可用于解决当前学龄段学生这个问题等方面进行"效度"评价,以便选择出有用又有效的信息材料。

这个过程是"爱学习模型"的中心环节,在这个阶段,教师要注意引导学生如何对已选取的材料做出正确的评价,要多鼓励学生大胆地说出对自己所选材料的分析判断,以便其他同学及老师帮助引导提升;要多关注学生分析的过程,因为只有在过程中才能暴露出其存在的问题,才有利于教师针对性地引导。

4. "应用"(apply)——"爱学习模型"的关键环节

"应用"(apply)是"爱学习模型"的第四个环节,此阶段是"爱学习模型"中的实践阶段,也是"爱学习模型"的最关键阶段。在这个阶段中,学生要利用已经经过评价的信息,"生成"新的信息知识,并"创建"有效的便于交流延续的学习产品。这些均符合"现代学习理论",即学习是一种以个体为主导的,积极而富有动态的过程。

比如,在讲"铜与浓硫酸的反应"时,实际看到的现象与理论上应有的现象相差很大。按照理论,应该看到的现象是:铜片不断溶解,溶液呈蓝色,有气泡。但事实上,铜片表面却是变黑并不断脱落,溶液底部出现黑色物质,直至铜片完全溶解后,黑色物质才消失,而且整个过程中溶液都是无色的,这个黑色物质为何物呢?怎么来证明呢?这就需要学生对已有的知识进行应用,在对现象进行大胆猜测后,用实验进行小心验证,并将验证结果用文字形式记录下来,便于后期的交流、讨论及展示。

在这个阶段,教师要注意引导学生如何处理在学习新知的过程中遇到的一些"不合理"现象,这些看似的"不合理",其实正是用于检验之前所获知识和信息的最好的实践素材。教师要多鼓励学生用原有知识和信息来解决新的问题，充分调动学生实践应用的积极性。如果教师利用好这个阶段，不但可以巩固旧知，扩展新知，更可以提高学生的动脑和动手能力。

5. "反思"（reflect）——"爱学习模型"的核心环节

"反思"是"爱学习模型"的第五个环节，虽然列为第五，但它可以出现在整个模型的每一个环节中，而且可以重复出现，是整个模型的核心。

从确定关注点开始，经过一系列的过程，直至最终解决问题，"反思"的作用都是至关重要的。在此阶段，学生要不断"研究"信息行为和学习行为的方向性及正确性，甚至很多时候为了达到更优的效果，需从第一阶段开始彻查一遍，再对不同阶段进行"修正"，不断完善各个阶段的实施方式。

比如，在这个阶段可以从以下问题入手研究反思：起始阶段所研究的问题是否合理？整合后的信息之间是否符合逻辑关系？研究实践方案是否有广度和深度？通过所设定的研究方案和信息是否能解决所要研究的问题？整个学习模型是否有趣并引人入胜……

"反思"过程中得到的一些经验和不足要及时反馈到"爱学习模型"的各个阶段，以便各阶段及时调整优化。

这个过程是"爱学习模型"的核心环节，只有在每一个阶段中都不断地反思、改进、再反思、再改进……才会有教师和学生的不断进步，才会有知识的螺旋上升。

6. "精通"（know）——"爱学习模型"的重要环节

"精通"是"爱学习模型"的第六个环节。

学习的最终结果是新旧知识的融合，体现在"爱学习模型"中，就是"精通"阶段。学生把新获得的知识与原有的旧知识融汇，在原有的零散知识、不同学科知识的基础上，找出之间的关系，进行知识的整合，从而达到新知的"内化"。不同的学生内化知识、建构知识框架的方式又各有不同，这又属于创新范畴。在学生完成了这一整个信息行为和学习行为，并在将其运用到其他新的学习环境的过程中，又会产生一系列的新问题，同时又"激活"了学生对新知识的欲求之心，也意味着学生又进入了一个新的"爱学习模型"循环。

比如，在讲到"氨基酸脱水合成二肽、多肽及蛋白质"时，可以将此过程与前面的酯化反应、单糖合成二糖和多糖联系起来；在讲解用新制氢氧化铜溶液检验葡萄糖时，可以与生物上用于检验还原性糖的菲林试剂联系起来。这样既可以达到同学科内纵向新旧的联系，又可以实现跨学科间横向新旧的联系，更可以提升学生的融会贯通能力。

在精通新制氢氧化铜与葡萄糖反应的过程中，又会产生一连串的问题：新制氢氧化铜如何制备？在制备时要注意些什么？此类反应的本质是什么？是不是只有葡萄糖可以发生此类反应？还有哪些类型的物质也可以发生此类反应……这就进入了下一个新的"爱学习模型"的"鉴别"阶段。

在这个模型中，最后是以"精通"阶段的"激活"作为整个"爱学习模型"的结束，而"激活"又是另一个新的"爱学习模型"的"鉴别"阶段的开始要素。这样就形成一个无限的学习循环中，一个模型阶段的结束，意味着另一个新模型阶段的开始，与"学无止境""终生学习"的思想不谋而合，这不但提升了学生的自学能力，更为学生后期的"独立学习"与"终生学习"打下了良好的基础。这也是"爱学习模型"作为一种学习模式的独特优势。

值得强调的是：在前几轮"爱学习模型"的实施中，教师的引导作用是至关重要的，教师必须要引导并辅助学生一起完成几个完整的"爱学习模型"的循环，慢慢培养学生处理各个阶段的能力，而当学生有能力自己独立完成整个模型之后，教师就应该放手让学生独立完成后续的循环过程。

"兴趣是最好的老师"，"爱学习模型"的实施过程也是学生好奇心不断提升的过程。有了好奇心，学生就会有善于发现问题的眼睛，从而激发学生解决问题的兴趣，达到螺旋上升式地运用"爱学习模型"，最终实现学习的不断深化和实践能力的不断提升。

在实际化学教学中，如果我们可以在运用"爱学习模型"的基础上，融合"现代学习理论"，并结合信息时代的特点来设计化学教学，那么我们的化学教学必将为学生的知识、能力、情感等各方面的发展提供更广阔的空间。

五、"5E"教学模式的启示

"5E"教学模式是由美国生物学课程研究的主要研究者之一的罗杰·贝尔开发的一种基于建构主义教学理论和概念转变理论的教学模式。之所以称为"5E"，是因为它主要由 5 个环节构成：吸引（Engagement）、探究（Exploration）、解释（Explanation）、迁移（Elaboration）和评价（Evaluation），而这 5 个环节的英文首字母都是 E，所以我们简称"5E"教学模式。它适用的范围很广，可以是某一节具体课的教学，可以是某一个具体的学科课程教学，也可以是总课程的教学。它的教学核心是"以学生为主体者，教师为引导者，强调学生自主构建知识"。

"5E"教学模式起初主要应用于生物教学，在应用过程中，"5E"教学模式逐渐展现出了它的独特优势，不但使学生在生物学学科知识上有了整体性的构建，而且在学生能力培养上更是发挥了重大的作用。

心理学上指出，学生构建新知识体系的过程主要可分为三个阶段：第一阶段，探测认知结构，了解已有概念；第二阶段，引发认知冲突，激发探究欲望；第三阶段，解决认知冲突，构建知识体系。应用到具体教学中，就是"5E"教学模式的5个环节，它们符合学生的认知发展，也与现阶段提倡的新课程改革的主旨不谋而合。如果合理地把"5E"教学模式引入到化学课堂教学中，让教师站在引导者的位置把这5个环节进行有机结合，那么化学课堂的有效性将会有一个质的飞跃。

（一）设疑导入，走进新知——"5E"教学模式的起始环节

这个阶段相当于"5E"教学模式中的第一个环节——"吸引"阶段。课堂导入是整堂课的开始环节，也是很重要的一个环节。要想在有限的课堂教学中达到"无限"的教学效果，就必须在课堂上激发学生对学习任务的学习兴趣，激发学生主动进行探究的欲望。那么如何来激发学生的学习兴趣呢？有效提问无疑是一个最好的切入方式。教师可以在课堂开始阶段创设问题情境，当然问题的设计应该尽量贴近学生的现实生活，并与课堂教学目标相联系。情境中的问题要落在学生的"最近发展区"，并能够吸引学生，引起学生新旧概念之间的冲突，从而激起学生迫切解决问题的欲望。

在这个阶段，最重要的是要培养学生的学习兴趣，让学生产生好奇，并对未知的或未曾想到的知识做出应有的反应。

这就需要教师在课前做好充足的准备。不但要备知识，还要备学生。要了解学生已有的认知水平，知道学生对即将要学习的知识的前概念，找出学生已有的知识和即将要学习的知识之间的距离，然后再创设合理的问题情境，以激发学生的求知欲望和学习兴趣。需要注意的是，教师在导入阶段不能说一些绝对的话，在某些问题、细节的处理上要尽量采取中立的态度，鼓励学生通过探究、合作等方式方法来进行疑惑的解释。

比如在讲解铝与氧化铝性质时，在课堂刚开始阶段可以创设问题情境：

① 铝的性质是否活泼？
② 铝放置在空气中是否容易被腐蚀？
③ 铝锅为什么可以正常使用？
④ 如果把汤较长时间放在锅中，有什么现象？为什么？
⑤ 家庭生活中用铁锅好还是用铝锅好？

这些问题的设置从学生已有的认知水平出发，层层深入，先通过简单推理来得出结论，后面的问题贴近生活，但是又与前面的认知发生了冲突，这样不但可以引起学生的学习兴趣，还可以培养学生遇到问题探究和查阅资料的习惯。

只有学生被认知的冲突所吸引，有解决问题的迫切愿望，学生才会自主地进行探究。所以，在这个阶段中，如何进行有效提问，对于整堂课来讲，具有举足轻重的作用。

（二）亲历过程，探究释疑——"5E"教学模式的中心环节

这是"5E"教学模式中的第二个环节——"探究"阶段。这个阶段是学生根据教师第一阶段提出的有效问题，进行自主探究的过程。在这个阶段中，学生是主体，教师起引导作用，学生有机会进行新旧知识的检验，并且会暴露出原有的技能和方法。教师可以根据导入阶段中学生产生的认知冲突，引导学生进行探究。在学生进行探究的过程中，教师要注意观察、倾听，并在适当的时候给予指导。

在探究的过程中，教师的指导方式和方法是非常重要的，教师要进行有效的指导。为了启发学生的思维，教师不能直接告诉学生应该怎么做，而是要多应用学生已有的知识来进行设疑提示教学，教师要提一些可探测性的问题来间接引导学生的探究活动。

比如：在复习铁及其化合物性质的时候，教师可以在课堂上展示月饼包装盒内的一个小包，并设计这样一些问题：①如果老师把手上的这个小包交给你们，你最想做的活动是什么呢？②你觉得包装上的信息，哪些是值得我们关注的，为什么？③猜测此小包内的物质组成，如何确定？这些问题都是教师提出的可探讨性问题，是学生可以通过自由交流研讨的问题。随着这些问题的解决，学生的探究能力可以得到进一步的提升。但是有学生在确定组成问题上发生了困难。根据信息，主要是涉及了 Fe^{2+} 与 Fe^{3+} 离子的检验，单独的 Fe^{2+} 或者 Fe^{3+} 的检验，学生都比较熟悉和理解，但是一旦遇到混合溶液

的检验,很多学生就开始犯难了。特别是两者的混合溶液中 Fe^{2+} 的检验,有些学生开始束手无策了。这时候教师就可以利用有效提问来解决此问题。

教师:已经确定有什么离子了吗?

学生:肯定有 Fe^{3+},因为加了 KSCN 变成血红色溶液了。

教师:那么 Fe^{2+} 呢?

学生:(犯难)不确定。

教师:不确定的时候一般怎么办呢?

学生:先假设也有 Fe^{2+},再验证。

教师:如何验证?

学生:找 Fe^{2+} 特有的性质,而 Fe^{3+} 不具有的性质。

教师:仔细分析下该加什么试剂,有没有滴加的顺序问题?

通过一系列的提问,教师并没有做任何结论性的回答,而是不断地深入提问,引导学生思考。学生在不断的思考过程中,慢慢地引出思路,并进行探究解惑。教师最后的问题对学生来说起到了启发思维的作用。

这个过程是"5E"教学模式的中心环节,教师要注意:多鼓励学生在没有教师的直接指导下进行学习;要提供足够的时间让学生进行探究解惑;要创设一种良好的探究解惑的氛围。

(三)师生共探,深解新知 ——"5E"教学模式的关键环节

这是"5E"教学模式的第三个环节——"解释"阶段。这个阶段是组织学生进行探究过程和结果的讨论。在这个阶段中,教师要给学生提供一个展示自己探究阶段成果的机会,鼓励学生在自己探究活动的基础上,阐述自己对所探究知识的理解,分享探究过程中使用的技能和方法,并提出探究过程中遇到的一些自己无法解决的问题。

教师可以先请学生进行谈论并尝试一起解决出现的问题。在这个过程中,教师可以运用各种传统的方法和先进的手段和辅助工具,针对学生的一些不完整的结果、错误的结论和方法、学生的一些疑问进行解释。在学生得到正确的结论后,辅助学生通过一定的逻辑推理,来使学生逐步建立起完整的、正确的科学知识体系。

比如在讲"含氮化合物"时,涉及了氨气的性质。要研究氨气的性质,学生必须要先制备氨气,然后再进行观察,思考,并进行探究实验。在这个过程中,学生相当于先复习了已有的知识——氨气的制备、氨气的物理性质

等。这里出现的新的知识就是"喷泉实验"。这时候,教师可以用事先准备好的、装满氨气的圆底烧瓶先演示喷泉实验,然后再让学生来操作,当然学生操作时氨气是由学生自己制备的。在学生操作的同时,教师可以先设计一些带有提示性的问题,比如:"氨气为什么能形成喷泉""是不是所有的气体都可以形成喷泉""形成喷泉需要什么条件"等。

当然,可以预想到,即使有再多的问题提示,总是难免有学生会做不成功,这时候,我们就可以让不成功的学生来阐述自己的操作过程,然后教师可以问:"你觉得为什么没有成功呢?"这个问题既是问此位学生,同时也是在问班上其余的学生,带着大家一起思考,让学生自己讨论。在讨论的过程中,很多学生就可以纠正自己的探究过程,对知识的理解也可以更深一层。

这个环节是"5E"教学模式的关键环节,在这个阶段,教师要注意:多鼓励学生使用自己的语言来解释探究获得的知识;更多关注学生探究的过程而不能只注重探究结果,因为过程中更容易暴露出问题。

(四)设疑启思,系统构建 ——"5E"教学模式的核心环节

这是"5E"教学模式的第四个环节——"迁移"阶段。这个阶段是在教师的引导下,让学生对新获得的知识进行扩展和应用,并与原有的知识建立某种联系,使学生可以把新知识纳入原有的知识系统,构建起新的知识体系。

这个阶段的形式可以是多种多样的,可以通过教师提问,也可以通过实践练习等。主要目的就是让学生在此过程中可以加深和拓展对新知识的理解和对新技能的运用,并在此基础上,培养学生的迁移能力。

比如:"工业流程图"题目中经常会出现这样的问题:

① 在此过程中,要提高反应速率,可以采取哪些措施?

② 为什么此过程中温度要控制在50℃左右?

③ 整个流程中存在的不足之处有哪些?

这些都是发散性的题目,不同的学生会选择不同的角度进行解释。在这个过程中,教师可以先作为一个旁观者,让学生进行交流和讨论,这样知识就得到了内化,思维得到了拓展,同时也让学生体会到化学的神奇。最后教师再作为引导者来引导学生对讨论结果做出正确的判断,并予以加深和拓展。

这个过程是"5E"教学模式的核心环节,教师要注意:多鼓励学生充分运用新知识来解决新问题;启发学生从多角度来解释问题;多问一些开放性的问题,如:"你为什么会认为……""从这些信息,你可以知道些什么""你

有什么证据",当然其本质还是要以新知识的迁移为核心。

(五)全面评价,共同提升——"5E"教学模式的重要环节

这是"5E"教学模式的第五个环节——"评价"阶段。这个阶段是教师和学生通过合理方式对学生在新知识的理解和应用能力上做出正确的评价。这个过程包括教师的评价和学生的自我评价两部分。

教师对学生的评价可以用随堂测验的方式进行,也可以在教学过程中的任何时候对学生的某个行为、某个结果进行点评。教师正确的评价有助于学生随时进行反思,及时纠正错误的方向,担任这种评价要多用一些鼓励性的话语,这样学生更容易接受。这种评价,在教师评价学生的同时,也给教师自身提供了一个评价自己教学效果的机会,以便随时调整教学方式和方法。

"5E"教学模式的评价还包括了学生的自我评价。学生在自我评价的过程中,可以发现自己在认知过程中的方法、技能、结论的缺陷,这也将有助于学生提升各方面的能力。

在这个过程中,教师要注意:教师要仔细观察和倾听学生在上述四个环节中的认知过程,以便随时评价;迅速找出改变学生想法或行为的证据;允许学生不仅可以评价学生自身,还可以评价所在的组以及班级其他小组成员。

教师所做的一切,最终目的都是为了促进学生科学知识体系的建构和方法能力的提升。"5E"教学模式作为适应新课程改革的重要方法之一,有助于提高学生的探究式学习的能力,有利于培养学生自主构建知识体系的能力。它的每一个教学程序都有利于教师连续地教和学生系统地学。它非常关注学生的学习兴趣,5个环节紧紧相扣,新旧概念的冲突是学生自主构建的动力,有了动力学生就会利用探究等各种方法进行自主构建,并进行知识的迁移。教师在整个过程中起的是桥梁的作用,真正体现了现行教育体制下的"以生为本"的教育理念。

所以,如果教师能把"5E"教学模式在化学课堂教学中应用到位,相信教师肯定可以更好地完成化学教学的三维目标,让化学课堂教学充满活力,而且更有效。

六、"四论"课堂教学模式

"以学论教"是新课程改革提出的一个重要教学理念的变革,它提倡要以

学生在课堂学习中的情态与状况为评价课堂教学成效的主要方面，真正实现教会学生更好地学的教育理念。但是通过访谈、教研活动等多种形式的交流发现，现在的很多高中化学课堂，在"以学论教"理念的落实上并未达到常态化，许多课堂的教学仍将学生的学习情况架空。如，有的老师制作的多媒体字小色浅；有的老师抛出一个问题后，不等学生回答，自己首先急着回答；有的老师形似探究的活动，实则变为告知操作过程的验证活动等。这些均有悖于"学以论教"的新理念。我们要实现"以教论学"的旧模式的转变，就需要教师在课堂教学的顺序、引导、探究与评价（即课堂论"序"、论"导"、论"究"、论"评"的"四论"教学法）的角度加以审度，并形成良好的思维导图。

（一）论"序"——以学生思维发展为主线，连"珠"成"链"

"序"为顺序，是各理论与实践之间及其各自内部要素的先后排列。恰当的顺序是以符合事物发展先后的规律组合的。整个课堂教学的顺序或进程是否合理，主要决定于它与学生的思维发展规律是否相符。恰当的课堂顺序，连接起来的不但是知识内容或与考试相应之"珠"，更应是学生思维发展之"链"。

比如，在高三"原电池"复习课中，一位老师的课堂教学结构为："考纲考点解读→真题体验分析→知识透彻回顾→模拟巩固练习"。这对于应试教育来说，无疑是紧凑而高效的。但这种"以考论教"的模式，显然与新课改所提倡的教育本质相背离，它将应试作为唯一的终极目标。然而，这却是当下复习课的常态现象，特别是对于化学这种处于高考选修课地位的学科而言，在课时紧、课务重的外力下，常以这类应试辅导课为主要课型。另一位老师则先进行了"原电池"内容的知识体系建构，然后围绕《寻秦记》中男主人公利用原电池原理设计装置进行供电以解决缺少电源的问题的一段小视频为切入点，采取了"讨论视频中所设计装置的科学性错误→利用视频中的材料纠正此装置→利用课堂提供材料，分组探究原电池的构成要素→动手自制水果电池让音乐贺卡响起来"的流程。整个课堂活动，学生的参与度均非常高，听课的老师也显然带着期盼的目光，迎接着下一颗"玉珠"被连入"链"中。

这两节课在知识点梳理上并无太大差别，主要差别在于教师的课堂结构是否符合学生的思维发展规律，即能否真正引发学生的思维激点。

美国 19 世纪下半叶的重要哲学家和心理学家威廉·詹姆斯，曾提出这样的观点：人总是倾向于关注一些对思维主体有价值的事物。因此，课堂结构要进行价值整合才能引发学生的激情，只有充分调动学生积极性的课堂，才更有利于学生各方面能力的发展。老师在课前的预设中必须以学生的思维发展为立足点，以知识顺序的合理进程为落脚点，将讨论、演示实验、分组探究、辩论等可以激起学生课堂活力的学习形式引入课堂，真正实现"以学论教"。

在连"珠"成"链"的过程中，首要环节是找"珠"，即找出各知识的主干点及学生思维的发展点，这要求老师在课前要对教材及学情充分地把握。其次是连"珠"，即将知识点和学生的思维发展点进行对接，这要求老师要深刻挖掘各知识点间与各思维点间的相互关联之处。最后是要成"链"，即课堂展示，这要求老师充分利用数字化教学媒介将"隐藏"的深意在课堂中进行"显示"。找"珠"和连"珠"是为成"链"而做的准备，而看所成之"链"是否光彩艳丽，则在于老师所预设的关联之处是否符合学生的思维发展规律，能否引起学生的兴趣。

（二）论"导"——以学生充分表达为依托，留"时"而待

一幅优秀的山水画一定有充分的空白之处，一个优秀的问题设计一定要留有学生充分的考虑时间与空间，使学生可以从"思"处锻炼思维。而依据学生的学情预设问题、依据学生的回答铺展问题、依据学生的课堂活动创生问题，都需要老师进行及时的引导，只有这样才可以引领学生超越原有的思维图示。

如一位老师在一次主题为"尾气处理"的课堂上预设了如下问题："雾霾天气形成的原因是什么？我们如何来防治？"这是一个与教学内容联系紧密，且又是当下热门的话题，也是学生感兴趣且通过讨论可以解决的问题。可是该老师没有充分利用好这个问题，未经留"白"，未经深入讨论，几十秒后，便开始自我回答，让学生失去了原有的表达机会。另一位老师在课堂上预设了一个有较大难度的工业生产问题："工业制备氨气时，为使效益最大化，应采取哪些反应条件？"紧接着，这位老师将抽象的工业条件问题又转化为以下几个小问题："反应速率与哪些因素有关？若仅从反应速率角度考虑，应采取哪些反应条件？若仅从反应平衡转化率角度考虑，应采取哪些反应条件？"然后留足时间，并分组让学生进行讨论，通过组长小结、组间补充的形式，引

导学生进行归纳分析。最后，让学生在此基础上从反应速率和平衡转化率各方面综合考虑，得出最合理的实际工业生产反应条件，完美地实现了教学目标。这两个老师的差别不在问题本身，而在于处理问题时的留白之时与等候之态，在于老师主导与学生主体之定位，在于"以教论学"与"以学论教"之本质。

新课程改革所提倡的是提升学生的自主学习能力，促进学生的全面发展，培养学生终生学习的观念。这就要求老师在课堂教学中担任好能力的开拓者和方法的引导者，而非知识的授予者，教师要在课堂教学中充分调动起学生的积极性。在以班级为单位的课堂教学中，学生表现积极性的主要方式为讨论与回答，老师的足够留白与倾听诱导是鼓励学生充分思考与表达的基础。只有充足的留白与耐心的倾听，才能激励学生充分地表达自己的思维历程与结论，才能引发出适宜的老师引导与学生互评，才能准确地找出教与学的相长点，也才能显示出教与学的智能。

在此过程中，预留问题前后的引导是启迪思维的桥梁。首先，教师要勇于引导。当学生思维启动时，不为形式的冷场而忙于填"问"；当学生思维散开时，要勇于随堂生成引导；当学生思维聚拢时，要勇于引导归纳，建构知识图式。另外，老师要善于引导。老师要善于引入学生实际生活中的问题，让学生可以说；要善于运用开放性的讨论方式，让学生在课堂中体验思维的奔放；要善于利用发展性的评价方式，让学生在成功的体感中获得终生的发展。

（三）论"究"——以学生实验探究为保障，转"心"到位

"究"即探究学习活动，这是新课程改革之本质。而评价是否属于探究式学习方式的主要标准在于课堂上学生对于问题思考的积极性和主动性。在展示课上，老师或多或少会组织一些探究活动，化学课的探究活动主要以实验探究的形式为主，但是实践证明，真正能实现用探究活动来解决实际问题的课堂并不多。究其原因，主要是老师在教学观念上没有真正地转变到位，所以体现到学生的探究活动中也未能转换到位。

仍以"原电池"的同题异构课为例，两位老师在课堂教学环节中都引入了探究活动，一位老师是引入了实验探究，他让前一排的学生将凳子向后转180°，使两排学生可以面对面地交流探讨，且要求每位同学都设计一个实验方案，讨论出最好的方案并动手实践探究。另一位老师设计的是

一个实验探究模拟题,可能由于不需要实际动手操作,所以这位老师并没有要求前面的学生转过凳子,只是口述了一下让四人一组讨论。结果,前面一组转过凳子的学生讨论热烈,边说边动手,其间还有短时的小辩论,最后通过实验探究才得到统一。另一组则讨论不到一分钟,前面的同学就转回去,各自归位而动笔开做研究题了。很明显,前面的讨论小组效果更好,学生的参与度更高。就是转凳子这个微小的动作,引发后面巨大的差别,而其中蕴含的却是学生探究讨论之心与老师对学生探究活动之念的质的差别。

教育学与心理学的理论让我们知道:探究学习产生于积极主动的学习氛围中,而不会产生于消极被动的学习氛围中;产生于"以学论教"的课堂教学中,而不会产生于"以教论学"的课堂教学中。因此,探究式学习方式的进行、"以学论教"课堂教学的实现,不但要辅之教学模式的转变,更要辅之教师教育之"心"的转变。

(四)论"评"——以学生终身发展为目标,点"赞"促学

"评",即教学评价。合理的教学评价,可以有效地增进课堂教与学的氛围,增加学生学习的惬意感。发展性课堂教学评价就是一种可以调节学生情感,并调整学生与老师之间"情际"基础上的知识、能力与情感相融而共进的一种有效评价方式,它有利于促进学生的终身学习与终身发展。

如在教学"镁的性质与制备"时,一位老师在课堂教学中进行了如下的设计:将班级的学生分为四大组,每组学生围成圈探讨生活中遇到的镁,并说明镁具有哪些性质。每组推举代表发言,老师在白板上写下观点,并与其他组成员一起为正确合理的观点点"赞",即老师用"√"来表示赞赏,为每组点评加油。随着组员的不断补充,白板上各组后面"√"越来越多,从学生兴奋的眼神中,我们可以感受到学生此刻的学习热情。

发展性评价作为一种关注学生终身发展的课堂教学评价,它更注重学生的学习过程及过程中生成的发展性目标,它将学生作为生成过程中的人,它是人文主义价值观在教学评价体质中的具体实施。从小班的贴纸奖励到一年级的集章奖励再到高年级的集分奖励,从传统的人后赞誉到人前当面表扬,再到线上的微信点"赞",发展性评价拥有不同的表象,也引发了积极的影响。这是一种与以往用于鉴别与遴选不同的评价,它提倡重视学生个性与优势的发展,重视人文性,重视学生终身的可持续发展,能激发学生积极主动

的学习激情。

发展性评价要更好地实现学生整体的终身发展,必须整合三个维度:信度、效度、时度。信度是评价的能量维度,是评价可信程度的体现,是课堂评价的内质,并最终影响着评价的绩能。它要求教师要根据学生在探究活动中的发展,捕获课堂教学中的生成,挖掘合作历程中的星光,适时适度地进行点评。老师在评价过程中,要尽量少用大而空的赞扬,更不能进行反黑为白的夸赞。效度是评价的空间维度,是评价有效程度的体现。过大的评价点和面会使课堂容量过饱和,过小的评价点和面则会使过多的知识点被遗忘。时度是评价的时间维度,是评价时代程度的体现,也体现出不同时代学生的特征。这要求老师要与时俱进,不但要将有时代特点的评价语言带入课堂,还要勇于将线上网络评价领入课堂,让课堂教学在时代脉搏的律动中引领学生的终身可持续发展。

当然,"四论"课堂教学法仍需要不断地实践与提升,如果我们可以将"四论"课堂教学法在不断螺旋上升的进程中进行到底,那么"以学论教"的新课程改革理念的实现将为期不远。

七、基于核心素养培育的"深度学习"教学模式

随着世界范围教育教学模式的转变,教育教学的目标与方式也随之发生了改变,学科核心素养的培育逐渐成为我国教学目标转变的方向。在这种大环境中,提升学生的必备能力、培养学生的开创意识与社会责任感,进而使学生成为祖国建设的未来人才,已成为我国教育教学工作者的首要使命。深度学习作为国际教育强国针对科技高速发展时期学生学习的重要方式,已成为落实核心素养的有效途径。

(一)深度学习与核心素养

1. 深度学习

深度学习(Deep Learning)也叫深层学习,是 1976 年由美国学者马顿和罗杰·萨尔乔针对学生阅读时的浅层学习进行研究而提出的一种理念。经过冉斯登等学者对深度学习与浅层学习相关内容的延展与深入后,有关深度学习的各项探索逐渐涌出。关于深度学习的研讨,在智能信息领域的成果尤其多,随之逐步迁移到教育行业中。我国在深度学习方面的探索,始于 2005 年上海师范大学黎加厚教授的定义:在理解学习的基础上,学习者能够批判性

地学习新的思想和事实，并将它们融入原有的认知结构中，能够在众多思想间进行联系，并能够将已有的知识迁移到新的情境中，做出决策和解决问题的学习。后又经教育部"深度学习总项目组"对定义进行完善：在教师引导中，学生根据某个情境性的研讨课题，全神参加，收获成果，得到提升的有实践价值的学习过程。在此进程中，学生理解学科核心体系，融入学习进程，领悟学科的思维方式，产生强烈的学习兴趣、高阶的情感体验、明确的价值取向。从定义可以看出，深度学习拥有下列特性：①知识融入的深刻性，即需深入理解知识的各项特殊性能；②问题解决的系统性，即需系统地把握问题，利用不同学科间的知识联系，促使知识间的跨越与整合，从而寻求问题的解决；③思维启动的高阶性，即在探索学习中，需运用辩证思维、抽象思维与创新思维。

2. 核心素养

在世界范围内，经济合作与发展组织提倡的核心素养内涵是当前核心素养探究的顶峰成果，它提出核心素养应包含：交相运用外界条件的能力、在群组内有效沟通的能力，以及自我认知与行为的能力。后经欧盟的发展，出现了具体的八大核心素养：母语交际、外语交际、数学和基础科技素养、数字素养、学会学习、社会与公民素养、首创精神和创业意识、文化意识和表达。美国于21世纪提出了内涵更广的核心素养理念，形成了世界性的4Cs：协作、交往、创造性、批判性思维。我国对提升学生核心素养的方式、路径等内容的全面解释，始于2016年9月13日颁布的《中国学生发展核心素养》一文，该文从文化基础、自主发展、社会参与三个角度，将核心素养划分成包括健康、学习在内的六方面素养，更细致地划分出18个基础小点。因而，核心素养是社会人为顺应信息高速变化的时代需求，而必须具备的解决未知情景问题的高阶能力，是各种关键能力的整合体。

提升学生的学科核心素养，是教育教学追求的目标。在运用深度学习提升学生学科核心素养的进程中，不但促进了学生感受真实情境的能力，培养了学生的必须关键能力，而且促使学生审度学习资源，与原有的知识图示、亲历体悟建立起关联，实现高阶层的学习效能，获得感悟现象、探求本源的高级体验。

3. 深度学习与核心素养的关系

深度学习与核心素养两者是相辅相成的。

首先，深度学习是核心素养落实的基础。核心素养是一系列必备能力与必需品格的集合体，必须利用特殊的学习方式使学生的思想深处受到启迪，从而形成稳定的处事风格，而这种思想深处的思维产生及高阶能力的培养，离不开深度学习的映照。

其次，核心素养是深度学习探求的价值。学科知识是培养核心素养的承载物，学科知识的迁移与应用是提升学生关键能力的重要方式。深度学习作为一种处于思维深处的学习方式，有利于扩展学生思维的广度与深度，而这正是核心素养所需达成的目标，也是深度学习追求的价值体现。同时，在教学过程中深度学习开展的广度，很大程度上影响了核心素养落实的程度。

（二）基于核心素养培育的深度学习的探索

核心素养的提升源于学生，需要学生践行深度学习。学生是学习的主要落实者，教师只起到引领作用，而无法全然代替。深度学习，需要学生全神沉浸、主动探求，经过了解、领悟、评价、经历新增的知识内容，同时将其深层挖掘、有机合并到学习者的原有知识图式中，使学生可以灵活地迁移运用到实践生产生活中，进而提升学生的学习能力，培育学生的核心素养。要让深度学习从"理论必行"到"实践可行"，从而实现学生核心素养的提升，教师可以从以下四方面着手。

1. 问题意识

问题意识是深度学习的基点，是创造性学习的基石，是跨越重现与模拟，进入深层探索的起点。学科教学的深度学习不在于用晦涩难懂的问题来难倒学生，而是要引领学生积极主动地产生问题，并寻求合适的方式解决问题。在学习进程中，思维的深度常取决于问题的适合程度，所谓"学"取决于"问"，有了"问"才能产生相应的"学"，才有了"学问"。而学生的"问"，需要有积极状态与自觉意识，同时要学会不断地追问，直至解决问题的本质。著名学者朱熹认为：读书刚开始需要学会提出问题，有了问题，人的大脑皮层才会处于思维状态。而产生了相应问题后，要在学习中去解决问题，最后将问题都解决变为没有问题了，这才算是真正的长进。

例如在教学"有机反应类型"部分内容时，涉及有机反应常见的反应类型："取代反应""加成反应""消去反应""氧化反应"与"还原反应"等，运用深度学习，则需产生问题意识，将有机反应的类型与前面已学过的无机反应类型建立起联系:"有机反应中的'取代反应''加成反应''消去反应'分别与无机反应中的'复分解反应''化合反应''分解反应'的反应过程非常相似,为什么不沿用无机反应的分类方式?""无机反应中对于化合价变化的反应统称为氧化还原反应,而有机中为何要将反应分为'氧化反应'与'还原反应'两类?这样分类有什么优势?"通过问题的创设,学生对有机反应的学习程度自然会更深入一层,这样的问题意识更有利于学生从有机反应的本质对有机反应间的转化进行深层理解。

只有培养好学生的问题意识,才能使学生在学习进程中进入深度学习,持续用问题作为教学引导,深入理解学科内涵,才能更丰富学生的认识层面,丰盈学生的思想层次,从而不断提升学生的核心素养。

2. 思维活度

教学不是需要注满一桶水,而是需要点燃一把火,而这把火就是学生的思维之火。学科教学的深度学习需要激发学生的思维活度,使学生融入一种积极探索的求知状态中。为此,教师更要深入理解教材与课程标准,要将教材的内容进行深度整合,并将真实的问题情景带入课堂中,引发学生的思维之火,激发学生的思维之度。激发学生思维的方式有很多:激励设疑、唤起思索;巧设问题、启迪思路;引领评判、提升思想;精修细补,升华思维等。

为了激发学生的思维,建构统整的知识系统,教师还可以采取"5W1H"法进行思维引导。"5W1H"法具体是指:Why(什么原因)、What(是什么)、Where(在哪里)、When(什么时间)、Who(什么对象)、How(用什么方法)等六个角度提出问题,从而引导学生进行思考。如在进行"氯及其化合物的性质"部分内容教学时,教师可以先从 Where 与 Who 开始说起,即从自来水的漂白用品的主要成分——次氯酸钙,或者从"84 消毒液"的主要成分——次氯酸钠为起点;继而再从 When 与 What 入手引导学生思考:"什么时候需要用到它们?""使用时真正起作用的是什么成分?";继而再追问 Why 与 How:"为什么可以使用它们来达到预期效果?能不能用其他物质代替?""如何制备它们?使用它们时要注意什么?"运用这样的思维引导方式,使学生跃出思维的局限,在已知知识与未知知识之间建立起桥梁,并活跃学生的思维能力,培养学生的思维方式。"5W1H"法如图 2-6 所示。

这样的思维活度培养方式,不但可以建构学生对本知识点的系统框架,

图 2-6 "5W1H" 法

而且有利于发展学生的发散思维与系统思维能力，提升学生的学科核心素养。

3. 媒体借力

深度学习是学习者的深入学习。随着科技发展，信息技术发生着巨大的变化，新媒体与互联网也在不断地前行，甚至部分人工智能都已被引入到现代教育教学过程中，这些都为深度学习创设了非常有效的技术支持。因而，在深度学习中，学生不仅可以借助教材来助力学习，还可以借用多媒体的优势来促进学生的深度学习。

如在进行"化学实验"部分教学时，有些实验由于反应剧烈可能会爆炸，有些反应需很长时间才会出现反应现象。这时，教师可以恰当地运用多媒体：如 flash 视频；或在实验室拍摄真实实验视频，继续运用慢动作播放或倍速播放的方式，引入到课堂教学中，提升课堂教学的效能。再如在教学"化学反应原理"部分内容时，由于反应过程难以形象化，学生学起来会觉得很累，此时教师可以利用多媒体进行形象展示，降低学生学习的抽象程度，提升学生的感受力与思维力。同样在进行"微观粒子作用力"部分内容教学时，教师也可以运用多媒体软件的模拟功能进行形象展示。

这种跃出传统手段、引入多媒体方式的深度学习，不但有助于将学科知识变抽象为形象，便于学生对知识体系的建构，更有助于学生核心素养的培育。

4. 评价反思

深度学习是基于建构主义理论而提出的，教师与学生在知识、探索及思考方面从浅入深、由表及里的学习过程。在此进程中,需要教师与学生间的相互"匹配",需要教师对学生学习过程中的有效引导与及时评价,也需要学生对自己学习过程的深度反思与不断调整,从而落实学生从知识到素养的跨越,不断提升学生的学科核心素养。因而,深度学习需要教师以"让每一位学生得到发展"为教学导向,关注学生学习规律与心理运行,深入研究学生的知识基础与学习进度,激发学生的深度思索,把课堂营造为学生知识与能力深度整合与运用的"舞台",促使学生对关联知识的系统化。而在学生进入"舞台"角色后,教师要注重对学生表现过程中的生成性评价,引导学生进行深度反思,并辅之以"纸质作业评价"与"档案袋跟踪评价"等评价方式,引领学生不断提升。《普通高中化学课程标准(2017年版)》强调,化学学科核心素养的5个方面可以归结为3个侧重维度:形成化学学科的思维方式、鼓励创新、价值追求。这不但为学生化学核心素养发展的水平给定了测量标准,而且为核心素养提出了新的发展方向与新的实现途径。

我们只有从认知自然与发展社会的宏观处考虑,从学科知识建构的细节处着手,有规律地实施深度学习,才能不断落实学科教学目标,提升学生学科核心素养。

第三节　教学思想间融合的教学实例

"翻转课堂"的教学模式正被广泛地实践着,极大地改变了传统的教学结构并重构了学生的学习过程,但如何有效地发挥"翻转课堂"的优点,真正有效地提升学生自主学习能力,发挥学生思维能力,提高教学效率,最终实现学习成绩的提升,这就需要教师充分发挥引导作用,精心地进行课前、课中与课后的教学设计。

"问题驱动"教学模式可以利用问题组来实现调动学生学习的积极性与主动性,增强学生分析问题,解决问题的能力,同时可以实现学生对知识的网络化建构,体现出了学生的主体地位。"学案导学"教学模式是一种以"学案"为教学基础,以教师"引导"学生学习为教学形式的课堂教学模式。"学案"又为学生的自主学习、探究合作提供了条件。学生通过"学案",可以一目了然本堂课学习的内容与目标,可以进行预先自学与探讨,课堂上教师可以组织学生进行问题解决、实验验证、实验探究等活动来实现重点与难点问题的突破。

由此可见，如果能够将"翻转课堂""问题驱动"及"学案导学"这三种教学模式加以统整，进行"问题驱动型导学案引领下的翻转课堂教学"(Problem Driven Guiding Case Led to Flipped the Classroom Teaching，简称"PGF"），将更有助于发挥各自的优点。

一、"PGF"教学模式的主要流程

依据"翻转课堂""问题驱动"及"学案导学"教学模式的本质，"建构主义"与"掌握学习"理论的核心，"PGF"的主要教学流程为：以"问题驱动型导学案"为引领，进行课前自主学习、课中实践探究、课后拓展应用三步的"翻转课堂"教学模式。在整个课程实施过程中，"问题驱动型导学案"是"PGF"教学模式落实性的首要引领，现代化信息技术的支持和现代教学理论的指导是"PGF"教学模式有效性的重要保障，而教师的及时引导和学生的实践探究活动是"PGF"课堂教学模式实施的两条主线。

"PGF"教学模式的整个流程及教学理念如图2-7所示。

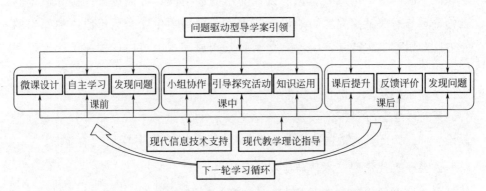

图 2-7 问题驱动型导学案引领下的翻转课堂教学模式

此教学模式的实施，首先是基于课标与学情，制定出切实的、符合学生最近发展区的三维教学目标，这样才能更好地落实新课标的教学理念。然后，依托现代信息技术，录制微课视频，便于学生进行课前自主学习。最后，基于问题驱动设计好课前、课中及课后的学生导学案。具体如何实施，我们以"原电池"的教学为例来进行探讨。

二、"PGF"教学模式的实施过程——以"原电池"课堂教学为例

（一）课前充足准备

课前的充足准备是"PGF"教学模式得以顺利进行的前提。我们可以从以下三方面进行课前准备。

1. 基于课标与学情，确定教学目标

在教学"原电池"内容时，新课程标准的相应要求是：举例说明化学能与电能的转化关系及其应用。学生在进行"原电池"的学习前，已经具有以下的知识与能力基础：①通过前面有关对金属性质、氧化还原反应等知识的学习，学生了解了金属与酸反应的规律及电子转移的本质，为本节课的课前视频学习提供了知识方面的保障；②通过初中及高中的化学学习，学生具备了一定的实验动手与观察能力、分析探究与归纳能力，为本节课进行的学生分组探究实验的教学提供了能力方面的保证。基于这样的课程标准与学情，本节课的三维教学目标主要设置为以下几点：①掌握原电池的概念、工作原理和简单原电池的构成要素，能设计简单的原电池；②通过一些实际情景问题的分析与解决及探究实验的设计与操作，提高学生综合运用原电池知识的能力，并培养学生科学的学习方法和有效构建知识的能力；③在解决实际问题的过程中感受化学的价值与魅力，激发学生学习化学的兴趣与热情，并树立化学的学科观念，提升化学学科素养。

只有教学三维目标的设定符合学生发展的规律，才能为课堂教学的进行预设方向。因此，有效的确定三维教学目标是"PGF"教学模式的前提。

2. 基于现代信息技术，录制教学视频

要实现翻转课堂的教学程序，录制必要的课前课后教学视频是必不可少的。

"原电池"部分教学内容的重点和难点均为原电池的工作原理。原电池能将化学能转化为电能的实质是电子的定向移动形成电流，而这种微观粒子的移动是抽象且肉眼无法观察到的，但是借助现代化的信息技术却可以将电子的移动过程与方向直观地展示出来，从而完成预设的教学目标。在设置教学视频时，针对不同学生的需求，我们可以设置以下两个导学微视频。①有关原电池原理的教学视频。这个作为主要视频是所有学生在课前都必须看的，

主要内容是介绍原电池的定义、工作原理，展示锌-铜-稀硫酸原电池中电子移动过程及相应的反应。②有关原电池装置改进的教学视频。这个作为选学视频，可以让有兴趣进行深入学习的学生课前或者课后观看，主要内容是找出单液原电池的缺陷，并提供带有盐桥的双液原电池的改进装置，为以后选修内容中更进一步的原电池学习埋下伏笔。

所有的教学视频可以通过 U 盘、班级 QQ 群或者网盘等方式共享给学生，让学生进行课前自主学习。

只有教学视频的录制质量有一定的保障，才能为课堂教学做好充足的准备，这是"PGF"教学模式的基础。

3. 基于问题驱动，设计学案导学

在课前自主学习阶段，为了给学生的自学指明方向，导学案的宏观引领必不可少。针对本节课的课前"原电池原理教学视频"，课前的自主学习学案设计了两大部分内容。第一部分是对视频中 4 组实验的现象及原因的回顾与分析，学生进行课前自主学习小结以表 2-1 的形式出现。

表 2-1　课前自主学习小结

序号	实验步骤	实验现象	分析原因
1	Zn 片插入稀 H_2SO_4		
2	Cu 片插入稀 H_2SO_4		
3	Zn 片与 Cu 片不接触同时插入稀 H_2SO_4		
4	Zn 片和 Cu 片用导线、电流表连接后插入稀 H_2SO_4		

第二部分是对原电池的定义、工作原理（以锌-铜-稀硫酸原电池为例）及构成要素的分析，以知识点填空的形式出现。通过这样的学习引领，让学生在看自学视频内容的过程中有重点地进行观察与思考，从而慢慢地培养自主学习的能力，养成自主学习的习惯。

只有导学案的设计合理、有梯度，才能为课堂教学的落实打下基础。因此，有效地设计导学案是"PGF"教学模式的保障。

（二）课中合作探究

课堂上的教学主要是通过"问题驱动型导学案"引领，进行课前知识回顾与课堂实验探究，在小组合作探究及情境问题的解决中实现学生对知识的把握、能力的提升及情感价值观的养成。

1. 问题驱动导学案引领课前知识回顾

这阶段主要是对课前学生的自主学习内容的小结，并归纳出普遍问题让学生进行讨论。此阶段分两步，第一步是对基本知识的回顾，对于学生填写的表 2-1，教师有针对性地选择学生的典型错误投影，学生常见典型错误实例见表 2-2。

表 2-2 常见典型错误实例

序号	实验步骤	实验现象	分析原因
1	Zn 片插入稀 H_2SO_4	Zn 片变薄,表面有气泡	Zn 较活泼,可以与酸溶液反应置换出氢气
2	Cu 片插入稀 H_2SO_4	无明显现象	Cu 较不活泼,不能与酸反应
3	Zn 片与 Cu 片不接触同时插入稀 H_2SO_4	Zn 片变薄,表面有气泡；Cu 片表面无明显现象	Zn 较活泼,可以与酸溶液反应置换出氢气
4	Zn 片和 Cu 片用导线、电流表连接后插入稀 H_2SO_4	Zn 片变薄,Cu 片无明显现象,电流表发生偏转	Zn 片失去电子变成 Zn^{2+}；电子从溶液到 Cu 片上,H^+ 得到电子变成 H_2,形成电流

同时引导学生分析、思考、讨论并做出评价。经过讨论，学生指出两点错误：第一，实验 4 中的气泡是在铜片表面产生而不是在锌片表面。第二，实验 4 中的电子沿导线到铜片上，而不是走溶液。经过对错误的讨论，提升学生对知识的理解。接下来是对基本原理的回顾。教师引导学生简单地画出锌-铜-稀硫酸原电池装置图，标出电子与电流的移动方向，并写出电极反应与总反应离子方程式。经过对电池反应的书写，实现学生对知识的内化。

2. 问题驱动导学案引领课堂学生实验探究

这阶段主要是教师利用"学案"进行问题引领，引导学生进行探究活动，并建构知识体系，解决实际问题的过程。具体到课堂上，教师可以为学生准备好实验所需的器材，引导学生按照以下顺序进行课堂学习活动：课前实验亲身体验→分组设计探究实验→巩固探究所得结论→应用知识解决问题→知识回顾形成体系→联系实际升华知识。在这些教学环节的实施过程中，教师既要充分运用学案中问题引领，又要充分运用纸质学案的记录功能做好相应文字记录。

（1）课前实验亲身体验

该环节主要目的是希望学生通过亲身实践与体验，重现课前视频中的 flash 动画。由于动画毕竟是仿真而不完全是实际，因此在学生进行亲历实验时，会出现很多与视频不同的现象，这时教师可以充分利用导学案中的"问题组"进行有向引导，引领学生在实践中观察并思考一些不容易被关注到的问题。

问题 1.组成原电池装置后，是否只有铜片上出现气泡？

问题 2.各组实验中反应速率是否有差别？通过亲身实验体验，学生发现以下现象：

① 在锌片和铜片用导线、电流表连接后插入稀硫酸中时，除了铜片表面产生气体外，锌片表面也有气泡。②构成原电池的装置产生气泡速率明显大于其他几组实验。

（2）分组设计探究实验

这一环节，主要目的是让学生利用给定的实验材料，通过分组设计实验来探究原电池的构成要素。这就需要教师进行"问题引领"，并利用好"学案"，引导学生进行实验过程、现象与结论的记录，以便实验结束后进行组间讨论。

问题 3.推理简单原电池的构成要素有哪些？

问题 4.你可以设计什么样的探究实验来探究你的假设？

学生设计了很多不同的实验操作，并都在学案中完整记录。在学生分组实验的过程中，教师对学生进行适当的个别交流与适时引导。在各组均完成后，请每组的代表简述本小组的实验过程及得出的结论，其他小组进行评价并补充。

（3）应用知识解决问题

这一环节主要目的是通过一些生活实际中遇到的问题，来提升学生对知识的深入理解与巧妙运用。同样，"问题组"的引领和学生的小组讨论必不可少。

问题 5.锌-铜-稀硫酸原电池中锌片表面为何也有气泡？

问题 6."请你当医生"中，如果你是特邀专家，你会为她开出什么样的药方？

这里的"问题 5"与前面的"问题 1"相呼应，让学生有释疑的愉悦感；而"问题 6"是实际性的问题，可以让学生在解决问题的过程中感受到化学的神奇。

需要指出的是：想要在课中真正将"问题驱动""学案引领"下的合作探究活动合理地落实到每个学生的身上，还有两点特别需要注意。第一，是

"问题链"的设计。在"问题引领"过程中，每个环节设计的问题一般不要超过三个。如果问题太少，则问题容易概括化，不利于学生展开讨论；如果问题太多，则问题容易简单化，学生不需要讨论即可得出答案，则不利于学生的思维开拓。第二，是"边缘化"的学生。每个班级总会有一些性格内向，或者思维相对比较慢的学生，这些学生在分组活动中，往往会表现得比较消极，很少甚至根本没有参与到组内的探讨与实验。这时候，教师要及时关注，针对性地轻声提出一两个相对简单的问题，单独让其回答，并在进行组间学生探讨分析时，将这些学生的观点呈现出来，让他们感受到教师与同学的关注，帮助他们慢慢地敢于表达自己的观点，慢慢地走出"边缘化"的角色。

（三）课后回归生活

此阶段为导学案的最后部分，可以设计一些学生回归生活的小实验与小探索，让学生利用家里的生活常用品来制作一些与课堂教学内容有关的小发明、小创造。例如，可以让学生回家自制一个水果音乐电池，可以让学生研究一节废干电池的内部结构，分析探讨它的工作原理等。这是检验教学效果的很好方式，是提升学生各方面能力，培养学生热爱科学、联系生活的重要方式，与新课程改革的理念相吻合。

同时，这部分的内容也可以加上一些引发思考的元素。比如，在家庭实验中，教师还可以让学生自制一个水果电池来给一个灯泡供电，然后提示学生观察灯泡的亮度变化。学生会发现灯泡的亮度时刻在变，再次通过"问题引领"，询问学生产生这种现象的原因是什么，从而引出这种原电池装置"电流不稳"的缺陷，进而引导学生观看有关双液原电池的选学教学视频，作为下一个教学内容的起点。这样就可以实现"PGF"教学模式的无限循环，一课套一课，将上一课的结束作为下一课的开始，将课堂的时间充分还给学生。

"PGF"教学模式，一方面从教学设计到教学视频的录制、网络自学、协作学习、个性化指导、教学评价等方面都是对传统教学的颠覆。把知识接受放到课前学生自主个性化学习，将课堂还给学生，课堂上学生进行新知识的讨论、验证，分组自行设计探究性实验并归纳和总结，最后进行知识能力的提升与运用。体现了以探究性实验为手段，思维为中心的真正的素质课堂教学，使学生的学习过程和认知过程相统一，从而可以更好地解决生活实际问题。另一方面，以"问题驱动"的方式进行课前和课堂上的活动，通过问题链的形式引导学生进行知识的融合与理解，并在课堂与课后进行问题的解决

第二章 教学模式对化学教学的启示 75

和回归生活化，体现了以学生为中心、以问题为线索，让学生在发现问题、分析问题和解决问题的过程中发展思维，进而学会学习，提高学生思维能力、完善人格，为其终身发展奠定基础，这也符合《普通高中化学课程标准》中关于化学课程的基本理念。

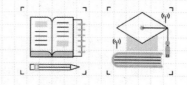

第三章
化学教学环节的设计策略

教学环节，指的是整个课堂教学的一个系统，即从课堂教学的设计开始，一直到课后的评价与反思，包括如三维目标的设置、课堂教学过渡的引领、课堂教学问题的创设、教学活动的设计、课后作业的布置、对课堂教学的评价以及课后教学的反思等很多环节，如何将课堂教学的每个环节进行优化，从而使课堂教学向着提升学生核心素养的方向发展，这是值得我们研究的一个重要课题。

第一节 主要化学教学环节的设计

一、目标设置

化学是一门与生活联系最为密切的自然科学，化学教学的最终目的是让学生可以利用化学知识解决生活中的实际问题，提高学生的学习能力和知识的应用能力。教师要授学生以"渔"，而非授之以"鱼"。化学教学若要切实达到新课程的三维目标，需要"三思"而后行。

（一）思问题障碍，以知识技能为立足点

恰当的问题障碍能激发学习者一种解决问题的动力，这种动力在心理学上称之为"内驱力"。在化学教学中，我们要采用迂回方式，在学生现有的知识结构基础上，创设能落在学生最近发展区的问题障碍。

1.实现教师主导，以问题障碍激发学生内部动力

任何问题的解决都必须有一个明确的问题障碍为前提，这个障碍会影响学生的前进步伐，但此障碍的解决必须要对学生有一定的吸引力，一旦发现并突破此障碍，学生应能体验到成功的喜悦，这样的问题障碍才会激发学生

欲解之而后快的内部动力。这就要求教师充分发挥主导作用，人为设置适合学生现阶段发展的问题障碍。

例如，在《高中化学 必修1》原电池的教学活动中，可以引入"格林太太装了两颗假牙后，经常头疼"的生活实例，设置问题障碍："你觉得格林太太装了第二颗假牙后，可能是什么原因引起头疼？""如果你是格林太太，你会怎么做？"这样使问题障碍贴近生活实际，贴近学生的知识体系，但又针对性地体现出教学的重点和难点，充分调动了学生的积极性，激发了学生解决问题障碍的内部动力。

2. 重视学生主体，以问题障碍暴露学生个体差异

每个人都有突破问题障碍的能力，但这种能力水平是因人而异的。因此，我们在突破问题障碍时，要重视学生的主体参与，让学生在积极参与中暴露自己的能力水平，以便后期教师因材施教的实施。如在解决格林太太的问题中，可以让学生通过独立思考、自主学习或小组合作等模式进行问题解决，从中发现不同学生的不同知识缺陷和能力水平。

思问题障碍，使化学教学从问题情境开始，使化学课堂真正变为"学生主体建构"的过程，以知识技能为立足点，保证课堂教学的灵活性、指向性和创造性。

（二）思问题意义，以情感态度价值观为基准点

心理学上说，要解决问题必须要找到问题的表象，寻找出问题的本质。受到社会环境、生活现实、人文主义的制约，化学学科问题普遍具有社会历史主义色彩，又紧密联系学生的生活实际，具有人文关怀主义色彩。因此，化学教学在引导学生突破问题障碍时，要以情感态度价值观为基准导向，让学生深刻理解解决此问题障碍的重要性和必要性，准确把握问题的内涵及外延，实现问题突破。

1. 以价值观为基准，感受问题的社会历史背景

化学学科中的问题均具有一定的意义。化学教学如果能激发学生的价值需求，让学生沉浸于问题思索中，让其乐于思索，勇于思索，并可以在问题思索中产生与之相符的价值肯定，以类似的价值观念去正确地表述问题，这样可以激发学生的学习兴趣，更好地实现教学目标。

例如，在讲二氧化硫的污染、硫酸型酸雨形成和危害等内容时，就可以引导学生深刻理解二氧化硫等硫的化合物在过去、现在的形成过程和对社会的危害。教师可以以此引导学生先课前预习，收集一些背景资料，在课堂上

公开交流，让学生了解有关二氧化硫的污染、硫酸型酸雨的危害等内容，深刻理解防治二氧化硫等硫的化合物污染的重要性，这样学生对二氧化硫污染的学习便水到渠成。同时，学生的环境保护意识也可以得到强化。

2. 以情感态度为基准，感受问题的人文主义关怀

问题突破一般都要经过一定时间的专注思考，只有当量变聚积到一定程度引起质变时，才会发生。而且当问题突破时，会给人一种豁然开朗、愉快的情绪感受。化学学科中包含的元素化合物知识、化学能与电能的相互转化、反应速率、有机化学基础、实验化学等内容，无不与社会生活紧密联系，而这些内容又蕴含着一种人文主义关怀。所以，化学教学要以情感态度为基准，让学生感受人文主义关怀的同时，端正态度，激发情感。

例如，在讲二氧化硫的漂白性时，可以利用视频等手段来展示现在的一些不法商贩利用二氧化硫对食品（如生姜）、纸张等进行漂白的过程，以及使用了这些漂白后的物质后给人们带来的不良后果，以情感态度为引领，引导学生对这种不法行为进行评价。这样，学生在深刻理解二氧化硫漂白性的同时，也得到了人文主义教育。在这种情感碰撞中，学生的知识自然得到了提升，情感自然得到了升华。

（三）思问题线索，以过程方法为内化点

心理学认为，学习的本质是知觉的重组和内化，是原有图式的应用和新图式的重新建构过程。学习不是简单地把旧知识和新知识无意义地任意组合，而是要经过知觉的重组，使其纳入新图式中，使其再一次具有意义。化学教学是要让学生学会整理问题解决过程中产生的各种思维碰撞火花，学会整理归纳解决问题的认知线索，使学生可以"格式塔"地重组在解决问题过程中经历的零星经验片段和方法，培养学生后续的自主学习能力。

1. 在过程中寻找思维线索

学生倾向于用固有的经验来寻找解决问题的思维线索，而思维定式在一定程度上会影响现有的问题解决。因而，在课堂小结阶段，教师要努力调动学生的学习积极性和主动性，让学生进行科学思考，使他们深入理解课堂上所涉及的"知识点"和"知识面"之间的关系，弄清楚这些知识点是如何描述出知识面的、知识面又是如何反映在这些知识点上的，然后引导学生学会把课堂中的"知识点"和"知识面"整合到自己已有的知识体系中，形成这样一种知识建构的基本思维线索。这种思维模式也是促进学生后期进行有效

学习的思维基础。

化学教学如果能让学生在此基础上创造性地思维，让学生学会用这种思维线索来绘制各种图式，重整认知体系，重建知识体系，不但有利于课堂教学三维目标的有效完成，更能成为学生更快更好成长的有效催化剂。

2. 在方法中思考操作线索

原型启发可以大大提高学生解决类似问题的能力，化学教学过程中有些基本概念和基本原理难于区分，在解决这些问题时要注重经验的积累，引导学生学会运用各种方法来获得解决这些问题的操作线索，培养学生解决问题技能的形成。操作线索中有些是一般性的，如："……是什么？""……为什么？""……怎么做？"，学生可以通过各自的知识体系再配以同学合作、查阅资料等方法加以解决；还有一些特殊的操作线索，需要在教师的引导下，对问题情境进行比较、分析、探讨才能找出。

例如，在学习氧化物分类时，经常会遇到以下几句话："金属氧化物一定是碱性氧化物"，"碱性氧化物一定是金属氧化物"，"非金属氧化物一定是酸性氧化物"，"酸性氧化物一定是非金属氧化物"，这几句话就像是绕口令一样，很容易让学生产生混淆。通过学习引导，提取问题的操作线索，在描述金属氧化物与碱性氧化物之间的关系时，可以用氧化铝和七氧化二锰来为例说明；在描述非金属氧化物与酸性氧化物之间的关系时，可以用一氧化碳和七氧化二锰来说明。掌握这些关键的启发原型，并在后续解决问题的过程中不断地充盈问题的操作线索，学生必然可以在问题解决的过程中体验到越来越多成功的喜悦，从而达到知识的内化。

总之，化学教学要实现"三思"而后行，要重视引导学生在问题情境中的思考，反对机械记忆，要在学生自主思考问题障碍、理解问题意义、寻找问题解决线索的基础上，实现教师的引导作用，形成解决问题的基本思维和基本操作。化学教学的"三思"而后行，不但有利于提高学生的知识技能，培养学生良好的解决问题的方法，促进学生形成正确的情感态度价值观，更有利于培养学生的学科精神，使学生在学习到知识的同时，实现方法、能力和情感的统一，使教学真正实现授学生以"渔"，而非"鱼"。

二、情境选择

教育学家曾经说过，把有知识问题的学生教成没有知识问题的学生的老师，只能算好老师，而把没有知识问题的学生教成有问题意识的学生，才是优秀教师。这就对教师提出了更高的要求，需要教师不仅传授学生知识，更要培养学生的问题意识，使学生成为勤学、多思、多问的优秀学生，这也符合新课程改革的要求。

如何能更好地培养学生的问题意识呢？运用"3D"教学模式来选取恰当的情境资源，无疑是一种非常有效的教学方式。"3D"教学模式即发现（discover）、领悟（digest）和发展（develop）。通过对预设情境的理解和分析，发现其中的问题，领悟其中的原理，在引发学生学习兴趣的同时，提升学生的自主学习能力，促进学生的高效持久发展。

在这种模式引领下，若能巧妙选取情境资源，则激发学生的问题意识毫无疑问地将事半功倍。那么如何来选取合适的情境资源呢？

（一）情境资源应有恰当的知识差，这是激发学生问题意识的先决条件

知识量是引发思维的基本因素，知识差指教师选取的情境资源所引发的新知识与学生已有的知识图式间的差距。可以说，知识差是激起学生问题意识及寻求解决方案的先决条件。人与生俱来就有好奇心，对遇到的新问题、新知识总有想寻求出答案的欲望，总是想把不明白的事情弄明白，也就是总希望可以通过某种方式补平这种知识差。这就要求教师在选取情境资源时，注意应用恰当的知识差，让学生必须跳一跳才能够得着，但是又不能脱离学生的最近发展区，让学生怎么跳都够不着。

如在讲"次氯酸的性质和用途"这部分内容时，我采用了"黄色的自来水中通入氯气来漂白（次氯酸的漂白性）——用自来水直接养金鱼，金鱼不能生存（次氯酸的强氧化性）——自来水在阳光下照射一段时间后，金鱼就可以在其中快乐游走（次氯酸的不稳定性）"这一有趣的主题引发学生的讨论。有的学生认为氯气有漂白性，这时可以让学生自己设计实验验证，即用干燥的氯气通入放有干燥红色布条集气瓶中，发现未褪色。学生马上又进入下一个问题：纯净的氯气没有漂白性，难道是氯气和水在一起生成了新物质，这种新物质有漂白性？接着，学生又在干燥的红色布条上喷点水再通入氯气，发现果然褪色。此时，我补充了关于氯气与水反应的知识：氯气与水反应生成次氯酸，次氯酸有漂白性。此时又有学生提问：经过氯气处理的自来水不是相当于净化了吗？为何金鱼生存不了呢？有另外学生及时解答：有漂白性的物质一般都会有强氧化性，会使蛋白质变性。看来学生的知识运用能力真

的是无穷的,最后学生得出结论:次氯酸有强氧化性,能漂白、杀菌、消毒,见光后会变质,所以自来水要经过光照后才能来养鱼。这时我进一步指导:次氯酸见光后分解成氯化氢和氧气。

这里对自来水的漂白和光照处理,就是学生的知识差,这类知识差可以让学生得到丰厚的收获,而且也会让学生记忆深刻,养鱼的自来水变成了学生认识次氯酸性质的载体。

能否让学生产生问题意识取决于情境资源知识与学生已有知识之间的知识差。恰如其分的知识差可以激励学生在已有的知识水平上去发现并领悟,最终达到发展的目的。所以,有恰当的知识差的情境资源,是激发学生产生问题意识的先决条件。

(二)情境资源应有智慧的生活性,这是激发学生问题意识的触发点

情境资源应与学生的生活实际相联系,并具有可借鉴的智慧点,即用别人的生活实际经验来引领学生的生活和学习,使学生可以站在更高的人生起点上来考虑学习之方和为人处世之道。当把生活化的智慧融入到教材知识体系中后,可以对学生形成引领作用,这样,枯燥无味的教材知识才能引发学生的思考,从而激发学生的问题意识。

如在进行"原电池"的"同题异构"时,一位教师利用了一张简单有趣的水果音乐贺卡作为情境资源。他一上讲台,就打开一张音乐贺卡,美妙的音乐飘扬开来,然后他将贺卡中的电池取走,问:为什么你们熟悉的贺卡不响了?有没有学生可以在不把电池放进去的情况下,让音乐重新响起呢?学生七嘴八舌,教师随即演示:将一块铜片和一块铁片分别与两根带有夹子的导线相连,然后两个夹子夹住贺卡的两端导线,把铜片和铁片分别插入同一个柔软的橙子中,音乐又响起。教师问:音乐能响起,说明在我操作完成后相当于达到了什么效果?学生答:相当于有电源,产生了电流。教师又问:为什么可以产生电流?产生电流需要什么条件?学生热烈地讨论、总结并提问:如果换成其他金属行不行?如果橙子换成其他水果或者用化学试剂代替行不行?一连串的问题,教师只提供了一种解答方式:请大家自己动手用实验事实验证你的问题和猜想。整堂课就在学生的提问、动手实验验证、再提问、再实验验证并总结的过程中发展并结束。

(三)情境资源应有鲜明的时代感,这是学生问题意识的落脚点

不同的时代,造就了不同的科学人才;不同的时代气息,赋予了人不同的真理。时代感可以培养学生的责任感、使命感和正义感,时代感对中学生来说,不仅是一种新鲜感,更是一种学习的新体验和生活的新境界。当我们把时代元素引入学生的课堂学习中时,更容易引发学生的问题思考及价值定位,从而激发学生的问题意识。

如在讲解"铝的性质"时,我引用了2014年江苏昆山的"8.2"特大爆炸事故,这个事故主要就是金属铝粉尘引起的爆炸,导致了很多的人员伤亡和很大的经济损失。围绕这一情境资源,我设置了以下几个问题:

① 爆炸的条件有哪些?
② 铝粉尘为什么能引起爆炸?
③ 以后如何预防这类爆炸事故?

学生对这样的热门话题非常感兴趣,也很希望可以从中获得更多的信息。他们在课堂上热烈地讨论起来,课堂气氛一下子活跃了。他们大部分都能总结出爆炸的条件,并结合铝的性质来解释这次爆炸的原因,并最终结合爆炸条件提出一些合理的预防爆炸事故的建议。比如:减少可燃物的泄漏、及时清理粉尘;充入氮气、二氧化碳等惰性气体进行保护;经常喷洒水雾,降低粉尘的干燥程度并降低温度;保持通畅,不要密闭等。但是在讨论问题的过程中,有些学生又产生了其他的问题:什么样的粉尘容易爆炸?粉尘爆炸为什么爆炸威力那么大?爆炸后是不是都可以用水来灭火?为什么爆炸后很多人是中毒而亡?对此,我在课堂上与学生一起讨论并解决了这些问题。

在这样的情境资源下,学生基于社会正义感和社会使命感来思考发问,在解决问题的过程中,不仅是得到了知识性的教育,更是得到情感态度价值观的体验,知道了学习知识不仅是为了自己,更是为社会和他人负责,这就是情境资源的时代感赋予学生不断提问的深层原因。

如果教师选择情境资源时,内容过于老套,脱离现在学生的生活和学习体验,不能引发学生的时代共鸣,那么教师就只能仍然理论化地讲述知识点,只能照本宣科了。

"3D"教学模式的引入,是激发学生问题意识的有效途径。教师选取的情境资源是否可以引起学生的兴趣,是否可以激发学生的求知探索欲望,是否可以激发学生的责任感和使命感,是"3D"教学模式能否成功激发学生问题意识的关键。当然,要充分培养学生的问题意识,除了与教师情境资源的选择有关外,还受其他很多因素的影响,比如:教师的问题设置及教师使用的肢体语言、学生的原有知识储备状态、课题教学的框架结构等,这些还需要

第三章 化学教学环节的设计策略

我们继续探索。

三、有效提问

"思维来自问题",学生的智慧之思始于问题的产生,学生的思维与知识图示因新问题的不断产生而呈无限螺旋上升的趋势。这里的"问题",不仅是指教师对教材知识的罗列与表述及对知识体系的问题呈现,更重要的是指要培养学生真正自己发现并提出问题的意识,提升学生自己探究并解决问题的能力,使学生在这些活动过程中得到知识、能力及情感体验的全方位升跃,从而提升学生的核心素养。

那么,教师应设置什么样的课堂问题来实现真正的"问题"式教学呢?我们可以从以下三方面进行尝试。

(一)兴趣激发:问题从教材走向生活

"兴趣是最好的老师",所以问题的设置必须以激起学生的学习欲与好奇心为前提,让学生的思维从被动地输入转变为主动地思索与探究。这就要求教师在设置问题时,走出教材而走进学生的真实生活。

教材问题,是根据教材内容关键点设置的问题,答案可在教材的某处直接找到,较难引起学生的兴趣。生活问题,是将教材内容与社会现象及学生真实生活有效连接而设置的问题。

与教材问题相比,生活问题具有更鲜明的时代感与亲临的感受性,更有助于激起学生的探索欲望。因此,教师不但要熟知教材知识,更要关心社会关注点,关注并整理学生在校园生活、家庭生活及人际交往中涉及的问题,将学生乐于探讨的生活实际问题引入课堂中,来激发学生的求知欲望。

例如,在讲解"过氧化钠的性质"时,教师可以打破常规教材问题:"过氧化钠有哪些物理性质?""过氧化钠能与哪些物质反应?""通过过氧化钠的性质可推测其具有哪些性质?",这些问题较为笼统,且学生无法与其自身原有知识及现实生活相联系。教师可以从与学生实际生活相关的现象出发,设计带有悬念的生活问题,如:"大家都知道水可以用来灭火,那大家有没有见过用水来生火的呢?""大家都知道二氧化碳不助燃,经常用于灭火,大家是否见过利用二氧化碳来引燃呢?"利用类似容易引起学生兴趣及强烈好奇心的生活问题作为切入口,然后在教师的引导下,分组亲身体验这些奇妙的现象,激发学生的求知欲望。这样的问题不但可以有效激活课题氛围,引领学生直观了解教材内容，更可以培养学生一分为二地考虑问题，具体问题具体分析的科学思维方式。问题只有在其与学生的实际生活紧密联系时，才会对学生产生更大的诱发力，才能更好地提升学生的思维能力，进而提升课堂教学效率。

因此，要想优化课堂教学提问，那么教师的提问内容就不能僵化，提问方式就不能模式化，要将学生的生活体验充分利用起来，利用生活化的问题来引领学生学习激情的提升。

（二）素养凝华：问题从封闭走向开放

赫钦斯说过："教育就是帮助学生学会自己思考，做出独立的判断。"所以，教师的问题设置应该冲破纯粹的以知识输入为目标，单纯只为应考的思维局限，要与新课标提倡的三维目标进行整合，将能力与情感态度的提升作为教学的本质出发点。这就要求教师设置的问题走出封闭性而走向开放性。

封闭性问题是指问题答案比较简单、可以用"是、不是、对、不对"等简单词句来回答的问题，或者是有其他一些知识性的固定答案的问题。这类问题，一般用于知识的获得与温固。开放性问题是指没有严格统一的标准答案，只做出原则性规定的问题。

与封闭性问题相比，开放性问题更提倡让学生全面地、多方位地寻求问题的答案，更能促使学生综合素养的全方位提升。因此，教师应多设置开放性问题，从而培养学生的探索精神，提升学生的探索能力。同时，在课堂上可以增加分组探讨及组间辩论等形式，培养学生的团队合作意识，引导学生在共同协作中提升各自的创新能力和学习能力。

如在教学"原电池"时，教师在课堂上引导学生通过分组实验探究原电池的形成条件，总结知识原理后，教师可顺势利用开放性问题进行升华。比如，可以引导学生在小组内探究，如何利用生活中的常见的物品设计一个原电池装置，然后各组推荐一名代表将设计方案进行全班共享并探讨分析，最后让学生进行小结提升，并将此设计作为课后的动手实验作业，让学生在下节课带入课堂，共享成果。由于问题的设置没有固定的答案，属于开放型问题，学生就可以从多种角度进行尝试，得到多彩的答案。比如，在电极材料的选择上，有的学生用铜丝作为电极材料，有的学生则用锡箔作为电极材料，更有的学生奇思妙想，用吃饭的金属汤勺作为电极材料；在电解质溶液的选择上，学生同样有不同的想法，有的学生用食盐水、食醋等厨房调味品作为电解液，有的学生用新鲜的水果（如苹果、柠檬、橙子、柚子等）作为电解液，还有的学生用了芹菜等蔬菜榨成的汁作为电解液使用。通过这样开放性问题的设置，通过学生的实践动手与合作探究，学生的思维能力得到了提升，学生的团队合作意识得到了加强。探讨结束后，教师整体评价学生的方法，引导学生用更合理的原料和方法来制作生活中的原电池装置，比如设置简易的音乐贺卡或者照明装置，让学习回归生活，并服务于生活。在整个师生共同分析探讨方案的过程中，既可以促进师生的共同思维，又可以引发师生间的过程性评价，大大提升了课堂教学效果。

因此，要想优化课堂教学提问，那么教师的提问答案就不能固化，提问目标就不能单一化，要将学生的思维与能力发展置于首席位置，要利用开放性的实际问题来引领学生综合素养的提升。

（三）能力提升：问题从预设走向生成

在教学实践中，学生是一个能动的知识探求者，教师的最大功能应该是提供一种让学生可以自由探究的机会与场所，并加以引导与评价，而不是传授固有的知识。从这个层面上来说，问题教学应全面体现学生的主体地位，使学生全身心地投入到学习环境中，这就要求教师从原有的预设性问题出发，引领学生在课堂教学活动中产生生成性的问题。

预设性问题是指教师依据教科书原有顺序将内容要素预先转变成一系列的相关问题。它忽视与学生之间的互动，使课堂教学按教师原有设计定向推进。生成性问题指在教学活动实施的进程中，即兴生成的，可促进师生、生生之间产生交流与探索的问题。

与预设性问题相比，生成性问题是一种学生的思维被激发的动态生成过程，是一个师生双向互动的过程，它更强调师生间针对预设外产生的实际问题而进行深入的探索。因此，教师需要在课前精设教学问题的基础上，充分利用课堂上学生产生的知识难点，创造性地生成相应的即时性问题，引领学生产生思维的火花，引导学生创造性地生成问题，并引领其走出知识与思维的盲区，提升学生探索问题与解决问题的能力。

如教学"镁的工业制备"内容时，教师可以提供给学生各类信息：各种碱的价格、各种含镁化合物的溶解性、各类含镁化合物的熔点等相关数据，同时可以设置以下问题：如果你是冶炼镁的企业家，你会选择什么物质作为海水中镁离子的沉淀剂；为了最终得到金属镁，你准备让镁以何种化合物的形式实现变成金属镁的转变。基于这样的开放性问题,学生的想法容易出现分歧:有的学生选择用氢氧化钙作为沉淀剂,认为氢氧化钙容易制得,价格便宜;有的学生选择用氢氧化钠作为沉淀剂,认为氢氧化钠虽然价格高,但是沉淀效果好。在最终冶炼镁的过程中,对含镁化合物形式也同样存在很多不同的意见:有的学生认为用电解熔融氯化镁来制备镁,有的学生则认为应该电解熔融氧化镁来制备镁,大家各抒己见,展开热烈的讨论。在这个过程中,教师要及时关注学生间的思维差异点,恰当进行引导式追问。在这样的开放环境中,有些学生通过思考会产生一些即兴生成性的问题,如"能不能用一氧化碳作为还原剂来还原氧化镁,从而制得镁单质呢?""能不能用碳作为还原剂来还原氯化镁,从而制得镁单质呢?"对于这些生成性的新问题,教师要积极鼓励并善加利用,引导学生从理论产物、反应原理及本质等角度进行探讨与分析,并将得到的结论进行迁移与推广,为后期其他元素化合物知识的学习打下基础。同时,教师还可以引出另外一个知识点:镁在二氧化碳中的燃烧,让学生体会到二氧化碳并不是时时都能灭火,从而培养学生一分为二的科学价值观,提升学生全方位的、辩证的思维能力。当讨论结束后,教师顺势可引导学生思考与归纳在进行工业制备时,需要考虑的一些要素:如原料的来源、生产的成本、对设备的要求、产率的高低等,促进学生相应知识体系的建构。这样的提问及对学生生成性问题的处理方式,不但可以加强学生对知识的巩固,更可以提升学生的思辨能力与问题意识。

因此,要想优化课堂教学提问,那么教师的提问形式就不能固定化,提问程度不能局限化,要利用课堂中即时生成性的问题来引领学生思维的进程。

如果课堂上教师可以充分发挥提问的艺术,将上述"三部曲"进行有机融合并合理运用,必将有助于培养学生的问题意识,有助于提升学生提出问题并解决问题的能力,有助于促进学生知识、能力与情感体验的全面升华,从而全面提升学生的学科核心素养。

四、有效等待

45分钟的课堂教学是教与学的主要场所,如何在这有限的时间内,让学生完成知识与能力的内化,是每个教师孜孜以求的目标。自新课程改革以来,"有效课堂"和"高效课堂"已成为评价课堂教学效果的一种公认的标准,在这样的认知下,学科教学朝着"有效"和"高效"不断进军。但是"高效"

并不等于"高速",各学科中的人文性是需要在等待中才能凸显的。在课堂教学中,"教学等待"对于教师精准的辨别力、沉着的应变力、高超的驾驭力及深刻的反思力的提升都有着重要的作用。

(一)课堂"教学等待"的内涵

"教学等待"是指有教育教学意义的等待。它不同于一般意义上的等待,其特殊性主要在于:第一,"教学等待"是具有一定教学目的的,是期待达成三维教学目标的情境显现;第二,"教学等待"是由教师为依托而发生的。教师是教学的主导,"教学等待"作为教学的一种过程主要是由教师主动发出的,而等待的对象是学生,可以是全体学生,也可以是部分学生;第三,"教学等待"是积极的等候,要辅以引导等其他教学方式,并不是简单的时间马拉松。

在"教学等待"的研究中较为深入的要属美国心理学家罗伊提出的"等待时间"观点。他指出,"等待时间"根据阶段的不同分为两类:一类是教师引出问题后,到学生回答问题前的时间间隔;另一类是学生回答问题后到教师对该回答做出评价前的时间间隔。教师抛出一个问题,若学生未能及时给出答案,那么大部分教师均会通过言语来引领学生思考,这类等待所消耗的时间,即为罗伊的第一类"等待时间"。当学生已经回答问题,但是答题的思路或者方向与原题略有偏差,或者答错题时,教师同样会采取各种有效方式,在学生已有回答的基础上,引导学生进一步深入探究,最终完成问题的释疑,同时教师会给予一定的积极评价,这类等待所消耗的时间,即为罗伊的第二类"等待时间"。这两类等待,几乎贯穿于所有课堂。罗伊在研究课堂提问时还发现,"等待时间"与学生答题的主动性及课堂氛围成正相关,即"等待时间"在一定范围内适当增加,可以提升学生答题的主动性及学生课堂参与的积极性,同时也会提升学生答题的状态与质量。在答题过程中,由于学生的思维处于活跃状态,该同学或其他同学还可能会引申出与此相关的其他问题,课堂变为学生生成问题并解决问题的主要阵地。在课堂解决问题的"等待"过程中,学生间的交流增多了,学生的参与度增加了。研究还发现,课堂中的"等待时间"对教师自身的发展也会带来积极的影响。当学生参与问题解决的探讨时,教师对问题的评论将会更周全;当学生自己发现并提出问题时,教师在课堂需要预设的问题减少了,转而向更深层次的问题进发。其他的一些学者也对"等待"做出了研究,并提出了"教师等待""学生等待"等理论，究其本质都属于"教学等待"。

（二）课堂"教学等待"的现状

现在大部分学校都提倡进行学科教研活动及组织公开教学展示课并进行交流。在某次活动中，我有幸学习了一堂化学公开课，课题为"化学能转化为电能"。在课堂上，教师组织了学生进行分组实验，以此来探究原电池的形成条件。这充分体现了新课改所提倡的自主、合作与探究的教学理念，可以说将学生的主体地位与教师的主导地位进行了完美结合。但是，仔细研讨下，大家又为本次课堂的"高速"而惊叹。所谓的"探究"，是在教师利用导学案限定了实验思路后的操作重现，并且在有些小组还未完成实验时，教师就草草收场，进行归纳小结，忙于进行知识信息的输出及对教学任务的追赶。另外，对本节课的教学，我还存在以下三点疑问：第一，整堂课的提问次数非常多，学生似乎整堂课都处于高度思考状态，但是，这样密集的问题，真的有效吗？第二，课堂上举手的学生集中于一部分学生，教师提问的对象也局限于这一部分学生，另一部分学生在课堂教学中不知不觉地被"边缘化"；第三，教师的课堂教学设计严谨有序，完美地形成了环环相扣，甚至达到了"无缝对接"的程度，不知道课堂中被"边缘化"的学生是否来得及"呼吸"并跟上节奏呢？

总的来说，这堂课确实是经过了教师的精心设计，但也正是这种精心，形成了无缝的紧密，从而遮掩了课堂教学中因"教学等待"而产生的"无法预约的精彩"。实际的课堂教学需要等待，"教学等待"不仅可以帮助学生内化知识，提升自主学习的能力，更是教师实施教学的智能体现。

（三）课堂"教学等待"的实施

学科的课堂教学是一个知识体系与学科素养的建构过程，这个过程需要循序渐进，这就决定了课堂教学必须要有等待的过程。那么，课堂教学到底需要什么样的"教学等待"？教师又如何来实施这样的"教学等待"呢？我们以化学学科为例，结合化学学科的特点，来探讨如何建构有效的课堂"教学等待"的策略，同时探究如何提升课堂"教学等待"的效能。

1. 课前深入研析，探究可能的"教学等待"

对课堂教学进行有效、适宜的研析与探究是在课堂中预设"教学等待"的重要保障。要想在课堂教学中实现高效的"教学等待"，就要在课前先发力。课前要对课堂的重难点及学生的学情进行深入的研究与分析。重难点的突破就是学生在课堂上需要解决的问题，教师只有对重难点把握透彻，对学生的最近发展区充分了解，才能在课堂教学的过程中适时适度地进行"教学等待"。

例如，在教学"氯水的漂白性"内容时，重点和难点都是要让学生认识到真正起漂白作用的是次氯酸，然而如何设计实验证实，这是启发学生思维的一个很好着手点，也是预设"教学等待"的一个很好落实点。基于这时的学生已有一定的分析问题与实验动手能力，教师可以通过讲解与实验等方式，首先分析出新制氯水中存在的主要成分：氯气分子、水分子、次氯酸分子、氢离子、氯离子、次氯酸根离子、氢氧根离子（少量），然后预设"教学等待"，留足时间让学生思考实验操作设计、现象及对应的结论，然后再让学生进行分组实验。

如此的"教学等待"既可以让学生对重难点有更深入的了解，也可以使教学目标更完美地实现，在课前进行重难点及学情的深入研析，主要是为探究可能产生的"教学等待"服务，教师课前对这些都分析透彻，是课堂教学适宜的"量"与"度"的基础，也是保证教学有效性的依据。

2. 课中仔细辨别，建构需要的"教学等待"

实际课堂教学是灵活且随时变化的，再完美的预设也不能达到理想中的完美，就像苏霍姆林斯基对教育的理解，教育的艺术不在于能预设到课堂所有的细节，而在于根据课堂具体情况，巧妙地在学生不知不觉中作出相应的改变。因而，对课堂上生成性的动态进行仔细辨别，是实现课堂有效"教学等待"的源泉。

例如，在教学"铝的化合物性质"内容时，讲到氯化铝与氢氧化钠的反应时，必然涉及实验操作与现象。这时候教师可以先不给学生提示，让学生自己根据提供的氯化铝与氢氧化钠试剂，分组设计探究实验。学生由于滴加的顺序与滴加的量的不同，会出现很多种不同的现象，有的小组会只出现沉淀，有的小组没有出现沉淀，有的小组可能会出现先有沉淀后沉淀消失的现象，有的小组会出现先无沉淀后出现沉淀的现象，其实这些现象都是正确的，只是由于学生在进行实验的过程中，滴加试剂的顺序与量的不同，而导致现象的不同。这时候，教师可以建构一个"教学等待"点，让现象不同的小组选出一个代表分享一下实验的过程与现象，然后让组间重新进行实验探究，"等待"学生找出氯化铝与氢氧化钠反应的规律，然后再进行归纳与总结。

由于化学是一门以实验为主的学科，在实验过程中，试剂的滴加顺序、试剂的浓度、试剂的用量等不同均会影响到实验的现象，所以化学课堂中往往会出现很多与预设不符的现象，即化学实验教学具有更强的不确定性，并且学生的不同还可能导致这种不确定性成倍地增长，因为每个学生均有其思维能动性，这就需要教师有精准的辨别力、沉着的应变力及知识的储备量，要能恰时控制并驾驭课堂，要对学生的"意外生成"进行仔细辨别。依据课堂教学的步伐，适时建构有效的"教学等待"，并灵活调整"教学等待"的时间与时机，这种灵活机动，本身也是教学效能的体现。

3. 课后深刻反思，提炼"教学等待"的精华

高效的教学是一个螺旋上升不断提高的过程，而反思则是实现这种螺旋上升的最有效的方式，有人将课堂教学比喻为一种"缺陷的艺术"，正是这些美中不足，才使得课堂教学永远沿着积极的方向摸索前行，既然这样，我们就要进行课后的深刻反思，凝结出课堂上的各种智慧，提炼出课堂上等待的精华，找出那些"教学等待"中的小缺陷，进行不断修补，为日后的相对完美的"教学等待"添砖加瓦。

例如，在教学"化学能转换为电能"部分内容时，课堂中要进行原电池"构成要素"的探究实验，为了践行新课程改革所提倡的以学生探究为主的思想，很多教师会选择给出一些实验器材与试剂，让学生自行分组进行实验探究，教师则根据预设的"教学等待"时间，进行探究实验教学的进程。但是经过教学实践我们会发现这样的问题：有些学生将器材与试剂随意组合，毫无规律；有些学生无从下手，看着书上的规律进行验证性的实验操作；只有一小部分的学生根据自己的思维设计实验，进行真正的思考与探究。这样的"教学等待"无疑需要教师进行深刻的反思与改进。根据课堂上学生的表现可以看出，本次"教学等待"低效的主要原因是缺少了教师的适当提示，没有任何提示的探究实验对于高一的学生来说确实属于高要求。针对这部分内容，经过反思，我们发现可以在学生进行分组探究实验时，给出以下两个递进式的问题提示：原电池的基本装置包含哪些要素？各个要素分别有些什么要求？让学生根据问题提示，再进行适当的探究实验设置，从而创设有效的"教学等待"，这样的效果会更好。

当然，反思不仅指对课堂上的"教学等待"进行反思，也包括对课前预设的"教学等待"进行反思。在反思"教学等待"的同时，也要反思其他与

"教学等待"相关的因素,如对课堂上的辨别、应变的反思,对课后感悟的反思等。

在进行"教学等待"反思的同时,还要注意以下几点:要根据教学情境,反思课堂中"教学等待"的时机是否恰当;要通过学生的调查,反思课堂中"教学等待"的效果是否理想;要基于教学实效的检验,反思"教学等待"的价值是否体现;经过深刻的反思,要总结出课堂教学中有多少学生积极主动参与教学活动;有哪些问题,引起了学生的关注;何种等待为实现课堂教学的高效而贡献了力量等。在此基础上,修正课堂教学的不足之处,提炼等待的精华,从而不断地提升等待的艺术,这也是一种教学智慧的体现。

总之,在课堂上进行适时适度的"教学等待",不但可以为学生学科素养的提升留下时间,而且可以促进课堂教学中师生间的互动,有利于调动课堂教学氛围,更有利于提升教师的教学效能,促进师生的共同全面发展,从而将新课改的理念进行到底。

五、过渡创设

新课程改革以来,对教学的理解也进一步深化。教学已不再只注重知识传授,还要注重技能、过程、方法与情感态度价值观的培养。与此相应的课堂中知识间的过渡、能力的提升及情感态度价值观的培养,都要注重学生在学习中的积极性与主动性,而知识间的有效情境过渡,更是打造课堂优质教学的必要条件。经调查研究却发现,在现行的课堂教学中,大部分教师更多关注的是课堂刚开始时的导入与快结束时的收尾,经常忽视课堂环节间的有效情境过渡,从而导致教学过程不紧实、教学内容不流畅。现行课堂中,教师用得最频繁的语言为:"刚才我们学习了……,接下来我们学习……",或者"我们已经知道了……那么这个问题又是为什么呢?"这种类似的连接过渡语言,既提不起学生的学习兴趣,又无实际的教学意义,仅为了承接而承接,因而降低了课堂教学的效率。那么,教师怎样创设一些有效的过渡情境,使整个课堂学习进程流畅呢?我们可以通过以下四个方面来创设课堂教学中的过渡情境与语言。

(一)"渡"得精准:提纲挈领,串联学生的"知"

以高中化学课堂教学为例,现今的高中化学教材是按照一定内容模块编写的,《高中化学 必修1》《高中化学 必修2》的内容又划分为几个学习专题,每个专题有各自的相应独立性，因此不免会呈现出专题间在时空上的断点。另外，教学的实现是以一节节的课堂来落实的，每一个课堂的进程又会呈现出几个重点或者难点。因此，专题与专题之间，课堂与课堂之间，课堂内的几个学习点之间，均需有恰当的过渡与连接，这样才可以让相应独立的内容整合为一个整体。

如在教学"铝的氧化物"时，本内容属于《高中化学 必修1》专题3第一单元的第二框，承接着前一框"铝及其合金"的内容。怎样利用教学情境过渡，将之与前一框内容无痕连接，又将本框内容无痕扩展，从而提纲挈领，这是教师在课前预设中需要思索的问题。基于这样的理念，教师可以将生活中常见的铝制用品引入课堂中，根据前一框"铝的活泼性"而提出问题：为何铝如此活泼，却仍然可以被广泛而方便地使用？从而引出铝表面的氧化膜以及氧化铝的性质。同时教师可以将厨房用品引入课堂，与学生一起探讨铝锅表面的氧化膜的性质，通过其遇到厨房中的醋酸、苏打水、强碱性洗洁精、氯化钠溶液等厨房常用物质时出现的现象，从而引出氧化铝遇到酸性、碱性物质的反应以及遇到氯化钠时的变化，将知识融入真实生活中。

此过程教师需利用教学情境过渡，将教学中的知识内涵、方法技能与生活实际有机地串联在一起，使学生融入一个真实生活情境的学习氛围中，使整个课堂融会贯通，结构紧凑，给学生以整体性的学习感受。

（二）"渡"得巧妙：深层扩展，引发学生的"思"

苏霍姆林斯基在《给教师的建议》中提出，教师在语言上的涵养，很大程度会影响学生在课堂学习中的脑动效果。他明确指出了教师的课堂语言对学生学习效率及思维方式会起决定性的作用。课堂教学的情境过渡语言，是课堂教学语言的一个重要内容，它生长于课堂内容的转接中，串联着两个不同的内容点与教学方式点，它的恰当使用是整个教学流畅整合的基础，也是引发学生思维的重要方式。

如在教学"乙酸的化学性质"部分内容时，主要涉及乙酸的两点化学性质，一是乙酸具有弱酸性，二是乙酸可以与乙醇发生酯化反应。在教学时，教师可以利用糖醋鱼的制作视频为线索，巧妙设计中间的过渡语，引发学生思维。在课堂中播放糖醋鱼制作视频前，教师先提出问题："糖醋鱼的制作过程中，主要用到了哪几种调味品？分别起到了什么作用？"让学生带着问题，边观看视频边思索。糖醋鱼制作完成后，教师引导学生进行分析探讨，并交流总结。等学生交流完后,教师继续提问:"其中使糖醋鱼显酸味的是哪一种调味品?体现出这种调味品的什么化学性质?"学生很容易就想到是食醋让鱼有了酸味,这里体现出了醋酸的酸性。紧接着,师生共同探讨醋酸酸性在生活中的体现:食醋可以溶解鸡蛋壳,食醋可以去除水垢,食醋可以给凉拌菜杀菌等。随后,教师重新回到糖醋鱼的制作,"大家还记得,在制作糖醋鱼过程中,还加入了一些料酒,同学们知道为什么加了料酒后,糖醋鱼会更加香味四溢吗?这种香味是从什么物质散发出来的呢?""这就涉及乙酸的另一个化学性质,乙酸可以与乙醇发生酯化反应。"

通过糖醋鱼的酸味引出醋酸,到列举生活中醋酸的一些"能力",使学生对醋酸的酸性有了一个直观的认识,进而使学生深刻理解醋酸的弱酸性。通过对所加料酒的作用分析,学生又实现了从乙酸酸性到乙酸酯化反应的知识过渡。教学中的过渡性语言,本身并不能表现出实质性的知识内容,但是它却是连接知识点与知识点间的航船,承载着学生的思维,指引学生从知识的此岸航向知识的彼岸。

(三)"渡"得灵活:意外生成,激勉学生的"探"

课堂教学是有计划、有目标的整体性活动,它同时拥有预先设置与意外生成两种性质。课堂前的全面预设是课堂活动正常进行的基础与保障,所以课前,教师必须预先设置好精巧的过渡语,防止过渡语的自由随意。然而,课堂教学也是一个灵动的生成过程,面临意外的生成,教师必须借助自身的教学能力,灵活调控,临场应变,设计出恰当的过渡语,激发出学生的探究热情,并将此作为一个新的知识起点,引发学生向更高知识、更强能力与更深情感方向前行。

如在教学"浓硫酸特性"时,大部分老师都会选择做"黑面包"实验,但是有时候往往因为操作(加的水太多或太少、加入蔗糖太少等)以及天气等原因,只蔗糖变黑,而面包发不起来。面临教学中出现的小状况,面对学生期待的眼神,教师必须随机应变,灵活地设置过渡语:"蔗糖为什么会变黑?黑色的物质是什么?这体现出浓硫酸的哪些特性?"在学生积极探讨研究后,教师继续利用这种意外的生成,让学生更深入地进行探讨:"大家知道,浓硫酸还具有强氧化性,可以与碳在加热条件下反应,生成多种气体,气体多了会产生什么现象呢?会不会使刚才生成的碳像面包一样发起来呢?如果可以,请大家分析探究如何进行操作?"学生的积极性立刻被调动起来,大家分组探究,最终从实验细节方面探讨出了很多有益条件,成功地完成了"黑面包"实验。学生通过"黑面包"实验的探讨,自然发现了浓硫酸的三大特性:浓硫酸易吸水,吸水时放热;浓硫酸可以使蔗糖脱水变黑,体现出它的脱水性;浓硫酸可以与碳在加热条件下反应,同时生成大量气体,体现出它的强氧化性。利用这个意外的生成,经过学生对失败实验的思考,学生对浓硫酸的三大特性理解将更透彻。

课堂上的"失败"与"意外",教师不用避开或者即刻弥补,在意外处给学生留出"空白"探讨时间,让学生通过讨论来解决出现的问题,这样的意外生成,对学生来说有时候比预设实施更具吸引力,更能激发学生的探讨与研究精神,同时学生通过探讨所得到的知识与能力将更加牢固。

(四)"渡"得实际:撩动心灵,激发学生的"情"

有很多教师在课堂教学时,经常会出现这样的过渡语:"好,这个内容我们就讲到这里,下面我们来讲……"这样的课堂,就像给学生吃了一顿夹生饭,干硬生涩,难以消化。作为一门科学课,其教学目标主要是促进学生在知识、能力与情感方面的发展,其中对学生情感的培养是学生学习内驱力的重要方面。所以,在课堂教学中,教师过渡语中的情感设计尤其是重中之重。

如在教学"焰色反应"内容时,教师可以选用过年过节时,天空中五颜六色的礼花为场景,围绕焰火的鲜亮颜色展开教学:"同学们想在教室里'放'一次五彩的烟花吗?"在学生惊诧的表情下,教师可以用盛放各种金属离子溶液的小喷瓶,分别向酒精灯火焰上喷洒溶液,酒精灯上方立即出现各种鲜亮的颜色。然后将其中的几种溶液混合后,再喷洒于酒精灯火焰上,火焰上同时出现了多种颜色,像一个彩色的球被火焰托住,此时教师可以根据实验现象,顺势过渡:"我们不但在教室内制成了烟花,而且还制成了一种少见的五彩球,同学们想知道其中的奥秘吗?"从而自然而然地过渡到了焰色反应部分的内容。通过对现象的分析与理解,挖掘出产生焰色反应的本质。

这种配合生活情景的过渡,不但可以激发学生的学习兴趣,引发学生的积极思维,更能让学生充分体会到生活中处处都体现着学科本质,激起学生的热爱生活、关注生活、体悟生活现象及本质的积极情感,这样教学的三维目标将完美实现。

过渡语既是教师在课堂教学中的交流工具,又是一种课堂教学的艺术体现。作为学科教师,更要关注过渡语的设计,灵活地设置出精妙的过渡语,

"渡"起学生与教师、"渡"起学生与教材、"渡"起学生与学生,"渡"出学生的兴趣、"渡"出学生的思维、"渡"出学生的激情,用巧妙的过渡语将课堂中的学生与教师、教材中的不同知识点、教学中的学生能力与情感串联起来,创设有效的过渡情境,打造课堂教学的无痕之美。

六、板书设计

板书是课堂教育有机整体中的重要部分,它是教师利用图文、线条、符号等方式,重整其课堂教学思路的重要形式之一,是教师课堂活动的智育载体。优质的板书,不但可以激起学生的学习热情,提升课堂的教学效能,更能引发学生的思维之花,丰硕学生美育之感,丰盈学生的精神之树。为此,板书的设计要充分展示学生的主体性质,遵循学生的学习规律,激发学生的个性思维,引领学生的深度探索。

(一)留白——使板书成为兴趣的引发剂

如在高三一轮复习"电解池"部分内容时,在统整基础知识的前提下,我让学生在板书上填写设计思路,分组进行实验合作探究,并进行小组成果展示。"电解饱和食盐水"板书设计如图 3-1 所示。

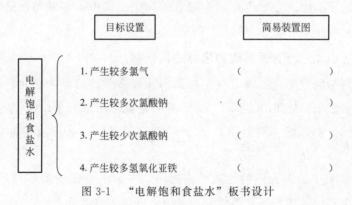

图 3-1 "电解饱和食盐水"板书设计

设置问题情境:电解池装置中,电极材料的不同、内部设计的差异将会引发不同的现象,达到不同的效果。请你根据不同的目标,设计出对应的电解池简易装置图,并说明你的设计原理,写出对应的电极反应与总反应方程式,实现化学学习从"宏观→微观→符号"的化学学习进阶过程。

以问题链方式呈现的板书刚一呈现,学生就异常活跃,为了满足不同学生的不同知识结构及不同兴趣,我以四人为一组,可以挑选其中 2~3 个问题进行探究与分享。在本次的课堂教学实施过程中，我没有进行常规方式的教学，而是利用板书进行目标引领，把解决问题的主动权释放给了学生，把实验探究的选择权交还给了学生，切实提升了学生的合作交流能力、探索实践能力及概括表述能力。如在实现产生较多次氯酸钠这一目标设置环节中，有的小组选择将装置竖起来放；有的小组选择将产生的氯气通入另一个盛有氢氧化钠溶液的烧杯中，但两者的设计均遭其他小组的质疑：这样未被吸收的氯气直接排入空气中，是否会造成环境污染？进而引发学生们后续对环保问题解决方案的设计。

通过分享与质疑可以看出，这样的板书留白，不但可以引发学生的学习兴趣，更可以激发学生的探究思索，使不同的学生个体均得到思维的律动，进而产生小集体间思维的碰撞；这样的留白使得学生的知识链条更连贯，思维探索更广阔，组间探讨更充盈。

教学过程中，教师要选取有效的教学方式，并恰当地给学生留出空白的"问题自留地"，引发学生去探索与发现。学生经常遇到问题，才会经常思索问题，才会经常产生新问题，并进行创新性的解决，这是提升学生创造能力的重要方式。而利用板书留白，在引领学生探索方向的同时，解决问题的主动权归还给了学生，让学生在自身原有的知识图式中去探索与融通，更是一种可以提升学生各方面能力的优质方式。

（二）点睛——使板书成为思维的催化剂

课堂教学的效率，不仅取决于教师的热情多少，而更重要的是取决于学生的探索有多少，思维有多深。"睛"指的是整个课堂教学中统领性的知识、能力或情感。点好睛，不但可以理清课堂教学之思，更可以串起学生思维之路。

如在教学"二氧化硫的性质"内容时，在学生查阅资料预习的基础上，我要求学生找出体现二氧化硫性质的词语，并设置网状板书，"二氧化硫的性质"板书设计如图 3-2 所示。

我将二氧化硫置于网的中间，让学生思考并与同桌探讨分析，同时设置问题：如何可以让二氧化硫安然地存在于网中间而不逃逸出来污染空气？板书一出，快速引发了学生的表现欲望，都希望可以在白板上留下自己的痕迹，参与热情非常高，一个具有本班特色的网状板书跃然于白板上。

有的同学说"二氧化硫是酸性氧化物，它遇到水的反应应与二氧化碳类

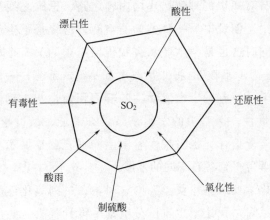

图 3-2 "二氧化硫的性质"板书设计

似,会生成一种酸。因此它具有酸性,可与氢氧化钠等碱性物质发生反应";有的同学补充"亚硫酸酸性大于碳酸,所以二氧化硫还可与碳酸钠、碳酸氢钠等溶液反应生成二氧化碳";还有的同学说"二氧化硫在空气中遇到水、氧气等物质,会产生酸雨腐蚀建筑,所以它是对环境不友好的物质";话刚说完,立刻又有学生补充"就是因为它能与氧气、水反应生成硫酸,所以工业制硫酸就是利用它的这些性质,它还是有很大用处的";另有一些细致观察生活的同学,提出疑问:"二氧化硫不是有毒吗,为什么它居然会出现在红酒的主要成分中?"这一问题又引发了大家的热烈探讨。在学生的分享、补充与质疑中,在学生思维的交融中,我们可以看出,学生已经有了辩证唯物主义思想的思维方式,而且将知识与生活实际进行了联系,体现出了学生思维能力与科学素养的提升,这使得本堂课的教学五彩缤纷。

这样的精彩,离不开板书设置的引领。板书设置不但为生生对话、师生对话创造了条件,而且也为学生与各种资源及实际生活的对话架起了桥梁,它是教师与学生共同的思维创作,其中有知与能的提升,更有情与美的感受。板书作为无声的教学言语,不但可以升华学生从有声言语中得到的信息,形成课堂独特的思维氛围与审美情感,而且可以催化学生的思维方式与思维效能,创设出"此时无声胜有声"的课堂教学思维之境。

(三)创新——让板书成为美育的着色剂

板书的设置,不但可以由教师来掌控,更可以由学生来把握,使学生成为板书之美的创设者和思维之蕴的诠释者。

学生利用自身对知识的理解，建构内容之路、思维之线与情感之悟，并将之体现于板书中，创设出另一种美学的空间，这将是学生创造性思维培育的又一个契机，同时这也是学生展示自我价值需求的又一个舞台。叶圣陶老师认为，"教，是为了不教"。将课堂教学重要组成部分——板书设置的主动权和创设权交给学生，有利于激发学生的学习积极性与主动性，提升学生的思维创新性与连贯性。课堂中的学生是最具有潜能、最可挖掘的重要资源，充分释权代表着充分信任，也将代表着学生能够充分地展示与表现，实现真正意义上的不同学生得到各自不同的发展。

如在教学"化学反应基本类型"内容时，在讲到氧化还原反应与四种基本反应类型的关系时，我让学生自己分组动手设计板书，画出反应类型之间的相互关系图。思维使于问题，在问题的引领下，学生迅速进入角色。在大家的合作探讨下，设计出了两种可爱的板书图画，"化学反应基本类型关系"板书设计如图3-3所示，并在师生的交流与分享中，促进了学生对内容的深入理解。

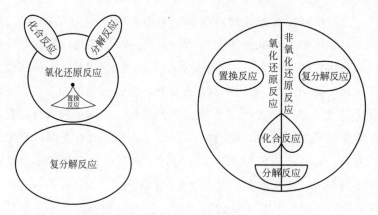

图 3-3 "化学反应基本类型关系"板书设计

板书深入探讨：氧化还原反应是指有元素化合价发生变化的反应。在四种基本反应类型中，置换反应是一种单质生成另一种新单质的化学反应，可简单表述为 $A+BC=B+AC$，其中 A 与 B 元素的化合价必然会发生变化，因此置换反应肯定属于氧化还原反应；复分解反应，可简单表述为 $AB+CD=AD+CB$，是一种交换离子或离子团的反应，因此元素的化合价均未发生变化，属于非氧化还原反应；化合与分解反应则有些反应中有元素化合价发生变化，有些反应中没有元素化合价发生变化，因此有的属于氧化还原反应，有的属于非氧化还原反应。此时教师继续引导学生在每一个区域内写出符合该位置的一个常见的化学反应方程式，并进行组内交流，相互点评。这样一张兼具思维脉络与美学意义的板书图画，为课堂教学进行了美育的着色。

板书是课堂教与学思路的精华，是教师与学生、学生与学生之间精妙对话的结晶。好的板书，可以诱发学生的思考，引发学生的想象；好的板书既有科学性，又有艺术性。让我们坚持教学之心，设计好白板之"书"，为高效的课堂教学增光添彩。

七、作业设计

伴随着新课改的实施与推进，"以人为本""提升学生核心素养"的教学目标日益彰显，也潜移默化地引领着教育教学工作者们教学理念的转变。为此，一线教师们以教学的主阵地——课堂教学为抓手，不断地调整课堂教学模式，改进课堂教学方式，转变课堂教学角色，并取得了一定的成效。但对课堂教学有益补充的课后作业的评价，却未得到应有的关注。

如果将课堂教学比作是教师与学生间面对面的语言交流，那么对课后作业的评价就是教师与学生间背靠背的心灵交流，这两种交流方式互为补充，都是促进教师与学生之间全方位、多角度相互了解的重要方式，课后作业是课堂教学的重要补充和必备延伸。因此，对课后作业的恰当评价，更是丰富课堂教学的一种重要方式。

（一）作业评价现状

恰当的作业评价，不但可以促使教师及时了解学生对课堂学习内容的掌握情况与理解程度，促使教师反思课堂教学方式，完善课堂教学不足，而且可以促使学生调整自己的学习方法，弥补自己的知能漏洞。

现行的作业完成与评价方式主要存在以下不足。

1. 作业评价的主体单一

通过调查发现，现行作业评价的主体较单一，主要为各学科的任课教师。新课程改革提出要实现"以生为本""提升学生核心素养"的教学目标，提倡要将学科学习的主体交还给学生的理念。而作为课堂学习重要补充的课后作业的评价，也是学科学习的一个重要方式，我们也应该将其有效地"交还"给学生。

2. 作业评价的形式传统

通过对学生已批阅作业的调查发现，现行教师的批阅方式，主要有"书面批"和"面批"两种。

其中"书面批"主要是以对的打"√"错的打"×"为主，同时辅之一些老师们个性化的批阅方式：画圈、打分、标注页码、留言来提示或者进行激励等。而"面批"主要是通过试卷留言、课代表召唤、扣押作业等方式来让需要面批的学生过来，继而教师对面批学生进行就题论题的讲解，教师讲，学生听，这样的面批真的有效吗？后期经过对这些面批学生的错题再练发现，这些学生对错题重现后的正确率只有 32.39%，即这样的面批效能不是很高。

（二）作业评价方式的类型

1. 机器软件批阅

"机器软件批阅"指的是利用扫描仪对作业进行扫描，利用软件来批阅作业。这种方式对选择题批阅是非常有效的，可以快速统计出错误率和错误学生的名单，而且可以按照错误率的高低对学生进行排序，进而可以有针对性地进行后续学生的指导。

2. 教师书面批阅

"教师书面批阅"指的是教师在学生的作业上进行书面的符号标注。这是最为传统的作业批阅方式，但也是了解学生学习情况最基本的、不可或缺的批阅方式。

在批阅时，我们可以加入一些新的元素：除了用传统的对错、画圈、打分等方式外，还可以利用指示性的留言："参阅前面某某试卷某某题的解法""参阅某某同学对本题的解法""参阅教材某某页的知识"等；还可以用不同颜色的笔作不同的特征符号，来表示教师对不同学生的期待值。

3. 教师当面批阅

"教师当面批阅"又叫"面批"，指的是教师与学生面对面就学生作业中出现的情况进行分析与讨论。这也是现在教师用得比较多的一种作业评价方式。与"教师书面批阅"的方式相比，"面批"增加了一些师生间语言与情感的交流，对师生情感的提升非常有效，体现了"以人为本"的教育教学理念。

教师在进行当面批阅时，要注重面批的方式：对需要进行面批的学生可以进行分时段交流，每 10 分钟左右安排 1 位学生，其他学生先在座位上自我订正，理清思路，从而减少其他学生的等待时间；同时，在对学生进行面批时，要让学生先讲教师来听，让学生讲其解题的思路与过程，教师在听的过程中，找出其存在的问题，然后再进行引导纠正，提高面批的效率。

4. 学生书面批阅

"学生书面批阅"指的是利用学生，来对其他的学生作业进行书面评价的方式。实践证明，这是一种提升学生知识水平与能力的非常有效的方式。

在批阅时，要求批阅同学以平时任课老师的符号标注方式进行批阅，允许其加入一些个性化的评价符号，但是必须要让其他学生清楚明白。当然，在运用"学生书面批阅"时，需要对批阅的学生和被批学生的作业进行选择。

5. 学生课堂讲解

"学生课堂讲解"指的是让学生成为课堂的主讲人，让学生来讲解某个作业上的题目或者延伸出来的某个知识点。

这种方式的作业评价，讲授的学生会更充分地进行准备，让其自身对作业的理解更深入；听的学生会保持质疑的态度来听，可以培养他们的质疑精神与理解能力，同时也会听得更有兴趣。当然，在选择讲解学生的时候，也要关注所选学生的一些细节，比如此学生的语言、心理等，要辅助其做好讲解工作，而避免出现上台后被取笑而产生不良情绪的情况。

这五种作业的评价方式，是现在使用比较多的方式，当然还存在着一些其他的作业评价方式。在这五种方式中，不同的学科与不同的教师个体，所使用的主要方式可能也会有所不同。这些作业评价方式没有绝对的好和不好之分，它们各有利弊，只是在不同的情况下，我们要选择最合适的作业评价方式来使用。

（三）作业评价方式的使用

以上的作业评价方式，在实际的作业评价过程中，需要侧重选择并相互配合，才能发挥出作业对学科教学最有效的辅助与延伸功能。

针对选择题的批阅，首选以"机器软件批阅"的方式为主。如我校大部分学科采用了"扫描仪"加"智学网"的批阅方式；部分英语老师采用了"摄像头"加"识图软件"的批阅方式，效果都非常好。

对于其他几种批阅方式的选择，我们以高三作业的批阅为例，来进行分析与探讨。

1. 前期复习作业评价方式的选择

高三复习的前期，主要是指高三教学上学期的前3个月，即9月份到11

月份。在这个阶段，学生的知识点还没有系统地建立联系，解题的规范性还不够，因此，在这个阶段对学生作业的评价主要采取"教师书面批阅"与"教师当面批阅"的方式。此时，教师在进行作业评价时，可以分以下两步走。

首先，教师可以对学生作业进行全面的书面批阅，仔细批阅所有学生的所有作业题目，通过学生作业的错误情况来深入把握学生对知识的掌握程度，以便进行下一课时的课堂教学。在此阶段的书面批阅中，要重点找出两种类型的情况：大部分学生都做错的题和个别学生做错的题。

其次，针对书面批阅情况，进行后续作业评价方式。对于大部分学生都做错的题，教师要针对学生错误的情况进行深入分析：如果是学生解题思维上的问题，比如化学试卷的有机流程题与实验方案设计题，则需要找出学生的思维错误点，在下一堂课上进行重点分析；如果是学生的书写格式上的不规范，比如化学试卷中的计算题，则可以找出一位相对规范的学生作业，在课堂上进行展示与评价。对于个别学生做错的题，教师可以选择合适的时间，进行当面批阅：针对格式不规范的，给他一个格式规范的作业，让他对比，找出自己的不足再进行订正；针对解题思路不清晰的，让学生先论述自己对本题的理解，有些学生讲着讲着思路就清晰起来了，如果还是不清晰或者有错误的，教师再引导帮助学生理清思路，再让学生自己订正后上交，教师进行再评价。

2. 中期复习作业评价方式的选择

高三复习的中期，主要是指高三教学上学期的后 1 个月与高三教学下学期的前 2 个月，即 12 月份到下一年 4 月份。在这个阶段，学生的知识相对比较完善，解题的规范性基本形成，因此，在这个阶段对学生作业的评价，主要采取"教师书面批阅""教师当面批阅"与"学生书面批阅"相结合的方式。

在高三复习的中期，学生经过前期的练习，在知识的融合与格式的规范上已经有明显的成效。此时，教师在进行作业评价时，可以减少"教师书面批阅"的成分，加大"教师当面批阅"与"学生书面批阅"的评价方式。

首先，教师对学生的作业进行书面批阅和遴选，主要通过批阅了解学生的典型错误，并遴选出个别格式不规范的学生作业。对于遴选出的学生作业，教师在进行批阅时不要留下红笔批阅痕迹，将其挑选出来并按照不规范的题目类型对学生进行分组。

其次，针对批阅和遴选情况，进行后续作业评价方式。对于学生的典型错误，教师在深入分析的基础上，进行课堂分析与讲解，引导学生走出思维的误区。对于个别格式不规范的学生，以分组后的小组为单位，让同一组的学生将组内其他同学的此题进行循环批阅，分析其他同学错误的地方并相互探讨，最后写出简单的"书面作业评价"，交给老师审阅，老师再当面对这些学生进行上交评价的面批。这样的学生批阅方式，可以促使学生在批阅中了解解题规范，提升作业质量。

3. 后期复习作业评价方式的选择

高三复习的后期，主要是指高三教学下学期的后 1 个月，即 5 月份。在这个阶段，大部分学生基本已经将知识融会贯通，规范已经稳定养成。因此，在这个阶段对学生作业的评价，主要采取"教师书面批阅"与"学生课堂讲解"相结合的方式。

在高三复习的后期，学生经过了较长时间的练习，在知识的理解、解题的规范与技巧上已达到较高水平。此时，教师在进行作业评价时，可以在"教师书面批阅"的基础上，进行"学生书面批阅"的评价方式。

首先，教师对学生的作业进行书面批阅。本阶段的批阅，主要挑选出两类情况：学生的典型错误和一些解题方法巧妙、思路灵活的作业。同样，教师批阅到这两类作业时，不要进行红笔留痕，将其挑选出来复印一份并去掉姓名，再交给本学生。

其次，针对批阅情况，进行后续作业评价方式。对于学生的典型错误，教师将其作业投影，并让对应的学生在课堂上，对着投影进行错误分析，并给出正确的结果，加深学生对错误的认识，促使其不再出现同样的错误。对于解题方法巧妙、思路灵活的学生作业，同样投影，邀请本同学上讲台讲述其解题思路，以及想到这么做的理由与所需要用到的知识基础，同时下面听讲的学生可以随时举手发表自己的观点，与台上的同学进行分析与交流，甚至产生辩论。

新课程改革提倡培养学生的"自主学习"能力，提升学生的"核心素养"，这不仅要求教师在课堂教学中进行落实，还要在课后作业的评价中进行体现。对待不同时段、不同内容、不同层次学生的作业，要恰当地选择某种或者多种作业评价方式进行作业的批阅，要在作业评价中也让作为学习主体的学生"动"起来,从而不断地提升学科教育教学的效能。

八、整体把握

所谓整体把握,是指大脑依据原有知识图式,对新介入的客观事件,采取整体反应的方式,从而理解事件的本质与规律。在学科教学中,对课堂教学进行整体性把握,不但有助于提升学生对知识的理解能力,更有助于提高课堂教学的效能,提升学生的核心素养。

从课堂教学的整体把握层面来说,就是要求教师在把握课堂教学的各种要素基础上,对教学进行整体性的创设,从而提升课堂教学效能,提升学生的学科核心素养。如何实现对课堂教学的整体性把握呢?我们可以从以下四个方面进行探索。

(一)宏观辨识教材脉络,分析重点难点

教师在课堂教学进行前都会进行教材的认知,宏观认识教材脉络,分析重难点,然后进行重难点的突破。但是,如果没有学生对教材内容的宏观把握,那么学生在课堂中的学习就只能处在被动的状态中,学习效率也将受到阻碍。宏观辨识教材脉络,是指学习者在感知教材内容时,对教材知识的整体认知,利用直观感受短时间对教材要领进行粗略领悟。它是学习者从整体出发,利用主观认知,并应用学习者已有的知识图式与理解能力对教材的宏观辨识。因此,要提高课堂教学效果,就必须要将学生的学习主动性引燃,教师要在自己充分把握教材的基础上,在课堂教学前或课堂教学中,充分留给学生宏观辨识教材脉络的时间,并在这样的前提下,分析重难点,进行有效突破。

如何落实学生对教材脉络的宏观辨识,我们可以从以下三方面着手。

1. 学生自主建构知识图式

学生要建构自己的知识图示,就需要宏观辨识教材知识。当然,学习的建构受学生自己知识与能力水平的限制,不一定非常完美,教师可选择一些学生的图示进行课堂展示,并让其他同学进行补充与完善,同时教师辅助指导。

2. 学生自主设置探讨问题

学生在建构了自己的知识图式后,对课堂教学的整体知识有了宏观的了解,在此过程中,不同的学生会遇到不同的困难点。教师可以在课堂中鼓励

学生自主设置问题,通过同学的互助及教师的引导,高效地解决学生的困惑点,聚集破解教学的重点与难点。

3. 学生自主学习可会内容

学生的学习潜力是无限的,很多教材知识是可以利用学生的自主学习来理解的。如果教师不分难易,只按知识系统全盘地讲授给学生,不但耗费大量的课堂有限时间,而且会减少学生很多自我提升的契机。教师要在学生能运用自己的能力就能理解的知识点上,少花甚至不花时间,将时间用于解决学生的思维困惑,真正地辅助学生解疑释惑。

(二)借引多维教学信息,引导学生注重生活

新课程理念注重学科教学的落地,强调知识的引发要来源于生活,注重学生的发展之需,关注将理论知识蕴含在实际生活中,并服务于学生现在与未来的实际生活。这就要求教师要关注学生的生活与社会的焦点问题。

在课堂教学的实施过程中,教材内容的习得只有和生活实践问题的解释与解决相关联,才可以发挥出学科知识的无限魅力,才能吸引学生并有效地提升学生解决实际生活问题的能力。为使"生活化"教学更高效地实施,教师要依据学习目标和教学要求,选用大量的教学资料。

从教学资料供给者的类别来说,教师可以是课堂资料的重要供给者,且教师的学科素养很大程度上影响了教学资料供给的广度与深度。学生作为学习的主体,也是课堂资料的重要供给者。例如在进行"物质的分离与提纯"这一内容的教学时,我引导学生在课前搜集生活中所涉及的物质的分离方法,思考使用这种方法的可能原因有哪些,并组织学生在课堂上进行分享、交流与探讨。

现在学生接触社会的方式与感知信息的通道非常广泛,因而理解知识的角度也更宽泛:有的学生提到浪里淘沙,可以用沙漏就可将水中的沙子淘出来,如果将沙漏的孔径变大,即可以得到较大直径的沙子,这类似于过滤;而将沙漏的孔径减小,又可以得到较小孔径的沙子,这类似于渗析。有的同学提到洗过的衣服在太阳下晒,可以使衣服变干,这是将水与衣服分开的过程,属于蒸发,若将蒸发出来的水再收集起来,便可得到我们所需的蒸馏水,这又属于蒸馏……学生举出了大量的实例,并在课堂上对这些方法中所涉及的原理进行了热烈的探讨。整堂课就在学生的分享、探讨与教师的引导中结束。这样的课堂不但有助于学生对本知识内容的理解,而且提升了学生学习本知识的兴趣,真正地将学科知识丰富到了学生的真实生活中去。

从信息的内容来说，尽管联系实际生活是化学学科的一大魅力，但这种魅力的发挥，不能仅限于生活实际素材，还要联系社会的热点信息与高科技的发展状况，让学生在先进学科知识的引领下，在热爱学科知识的情感中，将学科知识融入到实际生活中。

（三）情景问题贯穿教学，提高学生探究效能

随着核心素养教学理念在课堂中的深入，教师的教学理念不断更新，在课堂中环绕知识脉络，引领学生产生问题，并通过探讨与实践推动课程的前行，让学生成为课堂的主体，调动学生实现自己的个性化学习。但在这样的理念下，又出现了另一种极端现象：整堂课都是学生的探讨，每个内容点都设计不同的情景问题，课堂上从一个情景问题的探讨，走向另一个情景问题的研究，缺少了知识点间的关联性。如在教学"Fe^{2+}与Fe^{3+}的相互转化"内容时，有的教师引入大家熟悉的现象：苹果切开一段时间后变黄，来引入Fe^{2+}向Fe^{3+}的转化；继而又介绍当保存氯化亚铁的溶液时，经常需要加入一些铁粉为情景问题，来引发对Fe^{3+}转化为Fe^{2+}的思考。且不说苹果中是否确实含有Fe^{2+}的真实性，这样的情景问题其实不需要学生深入探讨，就可以推理出教师的用意，失去了探究的真正意义。要想提升学生探究效能，教师在课堂设计中就要进行整体性的把握，营造真实的、可以贯穿课堂各个知识点的、综合性的情景问题。如同样进行"Fe^{2+}与Fe^{3+}的相互转化"的教学设计，教师可以以"铁树补铁"作为情景信息，教师可以将一盆铁树放在讲台上，问题同时也就自然产生了：古代人对铁树怎么补铁？现代人对铁树怎么补铁？古代人对铁树补铁是把生锈的铁钉钉到树干上或者就扔到花盆里，产生的问题是生锈的铁钉为什么能够给铁树补铁？我们把这个实验做一遍，发现生锈的铁钉浸到酸溶液里面，颜色先变黄，过一会儿又变成浅绿色，于是解决第1个问题：Fe^{3+}怎么转化到Fe^{2+}。再提出问题：现在我们还是用这个方法来补铁吗？有没有更便捷的方法？回答：可以把硫酸亚铁喷到叶面上，注意不要碰到衣服上。我们可以在讲台上铺一块白布，将硫酸亚铁喷到白布上看看会怎样。发现喷上去一会儿白布变黄了，于是解决第2个问题：Fe^{2+}到Fe^{3+}的转换。一盆小小的铁树，就可以整合所有知识点，像这样贯穿整个课堂教学的情景问题，更有助于提升学生的学习兴趣，提高学生的探究效能。

（四）综合把握节奏之律，体验课堂行云之美

节奏，原属于艺术范畴，是乐曲、歌舞等艺术的表现方式。古代《礼乐

记》中有"节奏,谓或作或止。作责奏之,止则节之"之说。课堂教学也是一项教育行业的活动,也拥有其特殊的节奏。综合来说,课堂教学的节奏是指教学进程中的变化性。富有行云流水之美的课堂教学之律,不但可以提高课堂教学的能效,而且可以调剂师生的心理,提升师生的身心愉快感。要做到综合把握课堂教学节奏,就需要教师在课堂教学之前进行精心准备,课堂设计要灵活机动。每个课时都要明确学生的学习目标、提炼学生的学习难点、灵动课堂的教学方法、明了情景问题的探索。

在课堂教学的重难点解决过程中,要注重"动静相生"。"动"指的是课堂教学中学生的一种灵动状态,以学生积极融合的探讨、论述等为表现形式;"静"指的是课堂教学中学生的一种静默状态,以学生的积极思维、潜心思考为表现形式。教师在课堂进程中,要注重动静结合的有节奏的教学,建构"动静相生"的教学节奏之美。在课堂教学的方法上,要为学生创设"思论相合"的学习舞台。课程改革提出要提高学生的核心素养,提倡发展学生的思维品质、探究能力与协作精神,因此,在课堂上,教师要给学生提供一个展示的舞台,让学生在积极思考的基础上,大胆论述自己的观点,并进行课堂师生间的共同探讨。教师也可以利用自己的语调、幽默的语句来提升课堂的节奏之美。

不管是以教学的短期目标还是长期目标为评价的标准,教学的过程都是一项重要的教育指标。注重过程的教育方式,其实就是重视学生的学习历程与感悟;注重过程的整体性课堂把握,其实就是重视对学生的正确价值引领。在课堂教学中,应用各种教学方式,将教师作为主导的"目标-方法-评价"主线与学生作为主体的"思维-活动-体悟"主线进行有机统整,从而落实课程改革的提升学生核心素养的目标,使学生得到全面的发展。

九、反思培养

反思是指回过去想,反过来看,重新思考并寻求改进方案。学生的课堂反思能力,是学生对自身课堂学习过程中涉及的方法、内容、探究活动及思维进程等方面的再次审度。学生的课堂反思能力,关系到学生整个学习过程的效率,也是新课程改革中重点关注的一个方面。培养学生课堂反思能力的过程,一般分为三步进行:一是以教师为主线,引发学生课堂反思能力的产生;二是以教师为引导,促进学生课堂反思能力的提升;三是以学生为主线,推进学生课堂反思能力的超越。

（一）以教师为主线，引发学生反思能力的产生

以教师为主线，引发学生的反思，是学生反思能力产生的初始阶段，也属于被动的思索阶段。在这个过程中，学生还未建立起对反思的认识，不理解反思的功能。鉴于此种情况，老师要根据常规的反思模式，引发学生对反思的兴致，激起学生的反思能力。

1. 设置课堂反思情境

教师为主线的学生课堂反思情境，大概分成两部分：课堂前 5 分钟与课堂后 5 分钟。课堂前 5 分钟，教师主要引导学生反思上堂课的教学内容与技能主线。课堂后 5 分钟，教师主要引领学生串联起本节课的知识链，反思课堂进程中的活动方式与思维模式，并设置一些有利于下节课反思的提示问题，为下节课的反思做铺垫。

2. 规范课堂反思内容

处于此阶段的学生，还未完全清楚认识到自己要反思些什么。所以，教师要规范学生的反思内容。使学生能真正进行有事可做的反思。课堂前 5 分钟的反思要根据前一课的某个重要知识点或整个课堂教学内容的框图，使学生利用反思来评断自己在前一课中的学习任务理解状况。课堂后 5 分钟的反思，是根据本堂课的重要知识内容及思维方式进行归纳总结式的反思，并辅助学生形成知识新图式。利用问题链的形式，推动学生反思，测验学生的新知识与新技能的掌握情况。

3. 培育课堂反思技能

学生的反思，不但是知识内容的重现，更重要的是要体现出对知识的迁移与运用。所以，培育学生的反思技能尤其重要。在教师为主线情境下的学生反思技能培育阶段，要使学生认识深化，明确课堂反思不仅是针对课堂知识内容，还要反思课堂的思维模式与活动方式；不仅要反思某个难题的解答步骤，还要反思这个难题的解答思路与方法。

4. 定制教学反思量表

教师可以探讨商定教师为主线的反思量表，让学生针对量表中的项目进行逐一反思，并将反思的结论进行量化评断，慢慢养成不断反思的学习习惯。另外，利用教师为主线的课堂反思量表，教师也能随时把控学生的学习状况，

以此来微调教学的形式与进程。

以"化学电源"的教学为例，可制定教师为主的教学反思量表，如表 3-1 所示：

表 3-1　教学反思量表

反思的进程	反思的内容	已完成的反思	未完成的反思
课堂前 5 分钟	形成普通原电池的必要条件		
	简单原电池电极反应及总反应的书写		
课堂后 5 分钟	原电池的知识图式		
	如何改进可获得各种燃料电池		
	课堂中的活动方式与思维模式		

（二）以教师为引导，促进学生反思能力的提升

以教师为引导，促进学生的反思是学生反思能力提升的中间阶段，也是学生从被动思考到主动思索的转变阶段。在这个过程中，学生已建立起对反思的认识，而且可以较为主动地进行反思。学生在教师的引导与协同下，作为主体参加到教学反思进程中。

1. 师生协作设置课堂反思情境

在这个过程中，学生的教学反思情境一般也分为课堂前、课堂后两个部分。但是，这两个部分在时间的分配上没有那么相对固定，可依据学习任务及学生理解状况来及时调整。特别是课堂后的教学反思，教师要多采用引发思索的方式，在学生的困难、疑惑处巧设梯度问题链，达到师生间和谐的教与学。

2. 师生共同规范课堂反思内容

"系统论"认为，学生接受老师的讲授，是学生对课堂信息的同化与存储的过程；学生针对知识的练习，是学生对课堂新知的表述与检测的过程；学生面对课堂的反思，是学生对课堂过程的再审度与内化的过程。以教师为引导的学生课堂反思内容，是教师与学生共同商定并规范的，有较强的灵动性。课堂前一段时间，可根据上堂课的学习内容，挑选重要的知识框图来反思；课堂后几分钟，要针对性地引导学生对本堂课的重要新知及对应评测练习进行深度反思，同时，教师讲评时要给学生留出相应的空白时间，使学生有充足的空间来积极思考并融入课堂反思。

3. 师生共同培育课堂反思技能

学生针对课堂知识内容的反思，属于较低级别的反思；针对思维方式、解答技术的反思，是属于较高级别的反思。在这个阶段，教师要引导学生对各自的思维方式进行反思，即培养学生反思各自解决难题的思维之路，在反思的进程中取长补短。对于结果正确的问题，要总结记录各自的思维历程；对于结果偏差的问题，要从各自的思维历程中寻找出易错点，归纳方法，吸取经验与教训。另外，教师要培育学生归纳解决问题的思路和方式，提升学生课堂反思的技能，使学生达到"举一反三，触类旁通"的反思技能。

4. 师生共同定制教学反思量表

在这个阶段，教师与学生要共同商定反思的各级指标，在课堂的交往与合作中，生成更适用的反思内容，生成动静结合的反思量表，师生共同定制的反思量表如表 3-2 所示。学生在教师引导下，商定课堂反思内容的具体细节。这阶段的反思量表可分为三大类进行：课堂新知、随课练习及思维方式。在课堂新知部分，学生要反思新知识的重难点、混淆点、与前知的联系点和知识框图等；在随课练习部分，学生要反思练习题涉及的知识点、出题意图、易错点、内容表达方式和选项设计等；在思维方式部分，学生要根据课堂上教师组织的活动与问题链，进行活动方式与思维模式的实践反思。

表 3-2 师生共同定制反思量表

指标1	序号	重点	难点	混淆点	与前知的联系点	知识框图
课堂新知	1					
	2					
指标2	序号	涉及知识点	出题意图	易错点	内容表达方式	选项设计
随课练习	1					
	2					
指标3	序号	活动内容	原活动方式	改进活动方式	原思维模式	改进思维模式
思维方式	1					
	2					

（三）以学生为主线，推进学生反思能力的超越

学生自我反思能力的提升与超越，是学生课堂反思能力培养的最高目标，是学生从初级的被引反思到中级的参加反思，最后到高级的自觉反思阶段。

在此过程中，学生的教学反思行为已经慢慢地融进了学生的学习进程中，成为学生的习惯学习方法和习惯思维方式。

1. 学生自我选择课堂反思情境

学生的自我反思，来源于学生在学习过程中遇到困惑点产生的疑虑。强烈的疑虑思维习惯，是学生实践自我反思的动因。学生的自我课堂反思情境是学生依据自身学习状况自选自定的，突破了前两个阶段严格制定的课堂前与课堂后的两段式界限。学生自制的反思情境，体现了学生丰富的自主创设性与决定性，是一个灵活机动、随时调整的反思过程。在此进程中，学生打破陈旧的理念和思维，运用创新性的质疑观念，不断依据学习情境、知识难点来及时调整各自的反思配比。

2. 学生自我制定课堂反思内容

学生的自我课堂反思内容，依据学生各自对课堂知识体系的理解境况而自主制定。这个过程属于学生自查自补的阶段，学生既可以选择反思某个知识图式下的某个练习或例题，也可以选择反思某个重要的知识点，更可以选择反思整个知识内容的图式。学生在自我反思的进程中，教师仍要展现出相应的引领效能，例如教师可以在课堂教学前设置相应的学习清单，促进学生在课堂上对学习内容的反思及学生间的互评与互疑，提升学生的自我反思效能。

3. 学生自我揣度课堂反思技能

现代教育的重心已从知识本位，转向能力与素养的本位，能力与素养本位的本质是提倡践行以生为本的教学理念。到达这个阶段的学生，已有了一定的反思方式，并具有一定的自我反思实际问题的能力。这时候，教师在课堂上的功效主要体现在对教学活动的组织与引航上，教师要在课堂上给学生创设出更多自我反思的空间，充分发挥体验与探究的功能，引领学生在课堂学习中自我揣度反思技能，将外显的知识内融为自我反思的技能，促进学生实现终身学习、时刻反思的教学目标。

4. 学生自我设计教学反思量表

在这个阶段中，学生对反思的理解已经达到比较成熟的水平，学生可以依据自身对学习内容的理解方式，制定具体的反思时间与反思范畴，设计出学生各自的特性化自我反思量表，学生自我反思量表如表3-3所示。

表 3-3　学生自我反思量表

序号	反思内容	反思时间	反思成果	反思不足	此内容下阶段研究方向与目标
1					
2					
3					

这个阶段的反思内容与反思成果，将以思维图式的方式进行展示，偏重于学生自主构建知识框架并自主拓展思维能力。学生在进行思维图式的绘制时，要冲破原有知识图式的限制，对新旧知识进行有机统整，实现对新知识的内化与迁移。

当然，这个阶段学生反思能力相对"超越"的完成，并不表示学生的反思能力已经到达顶峰。在这个阶段中，教师的不断引领和学生相互间的不断质疑与互评仍需进一步实施，以使学生的自我反思能力可以不断地"超越"，实现学生自我反思能力螺旋上升。

第二节　案例分析

案例 1　《高中化学 必修 1》(苏教版)：化学能转化为电能

"化学能转化为电能"部分内容属于高中化学板块"化学反应与能量"中的内容，是高中化学反应原理的重要内容之一。从教材安排上看，它起到了承上启下的作用；从实验角度看，本单元包括知识、操作、探究、评价能力等。而这时的学生已经学习了元素化合物知识、氧化还原反应原理及单液原电池的基本构成，并能够判断电池的正负极，书写简单原电池的总反应方程式及正负电极反应方程式。学生已经具有了一定的实验基本操作、实验设计与实验创新能力。

在这样的教材与学情基础上，同时基于新课程标准对学生核心素养能力的发展目标，以及化学以实验为主的学科特点，教师在教学"化学能转化为电能"部分的内容时，可以进行如下的实验教学设计。

（一）实验教学目标

① 通过观察、分析及实验探究，理解盐桥的作用及双液原电池的优势。

② 通过对生活中常见电池的分析与探讨，完善原有原电池的认识模型。

③ 通过对手机电板、汽车、飞机供电电池的分析与选择，体会化学学科的思维方式。

④ 通过氢氧燃料电池、氢氯燃料电池的创新设计，以及废旧电池的处理与回收，提升创新能力，形成环境保护与可持续发展观念，增强社会责任感。

（二）实验内容设计

① 自主设计实验，探究盐桥的作用。

② 设计探究实验，探究串联原电池的优势。

③ 设计创新实验，探究氢氧燃料电池的原理。

④ 氢氯燃料电池的绿色实验。

（三）实验方法设计

① 情景引入法：利用相关视频及图片的引入，激发学生学习兴趣。

② 分组讨论法：实验教学过程中，以四位同学为一个小组，进行分组讨论与探究实验。

③ 实验探究法：实验教学过程中，分别进行了四个分组实验探究活动：探究盐桥的作用；探究多个正负极串联原电池的优势；探究氢氧燃料电池供电装置设计；探究氢氯燃料电池绿色供电方式。通过实验探究的设计，可以提升学生实验能力与思维能力。

④ 创新实验法：燃料电池中的燃料很多为气体，这就要求对原电池装置的设计进行创新，设计一个更适用于气体的电池实验装置。

⑤ 电压表代替法：由于用电流表时，容易满偏，长时间使用容易造成电流表的损坏，所以本实验教学采用电压测量法。

（四）教学过程设计

1. 视频引入

由电视剧《寻秦记》中关于原电池的视频引入，引出话题，激发学生学习兴趣。《寻秦记》中供电装置与《高中化学 必修1》中原电池装置对比如图3-4 所示。

【过渡】这样的装置真可以为我们提供稳定电流吗？

为此，我用实验事实说话，演示 Zn-Cu-稀硫酸单液与双液原电池实验，引导学生通过观察电压表指针变化来分析以下几个问题，同时进入任务1的学习。

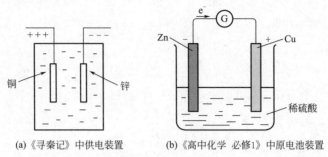

(a)《寻秦记》中供电装置　　　(b)《高中化学 必修1》中原电池装置

图 3-4　《寻秦记》中供电装置与《高中化学 必修 1》中原电池装置对比

2. 宏观辨识与微观探析

【学习任务 1】探讨 Zn-Cu-稀硫酸双液原电池的优势，探究盐桥的作用，教学流程如图 3-5 所示。

【评价任务 1】诊断并发展学生观察、分析的水平（基于经验水平还是基于概念原理水平）和实验探究的水平（孤立水平还是系统水平）。

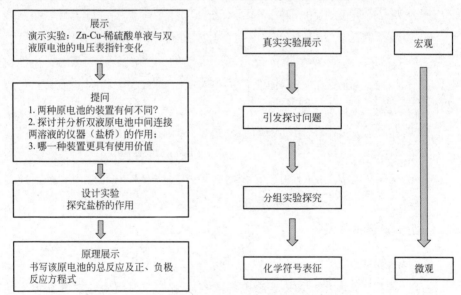

图 3-5　学习任务 1 教学流程图

在学生分组设计实验"探究盐桥的作用"时，我给学生提供了"点滴板"进行微型化操作，"盐桥"用浸有饱和食盐水的滤纸代替，学生选择将紫红色的酸性高锰酸钾溶液滴在滤纸上，一段时间后看到紫红色向负极移动，这时盐桥的作用显而易见，同时也解决了原电池中离子移动方向的问题。然后通过电极方程式的书写，实现从"宏观"到"微观"的进阶。微型化操作探究"盐桥的作用"如图 3-6 所示。

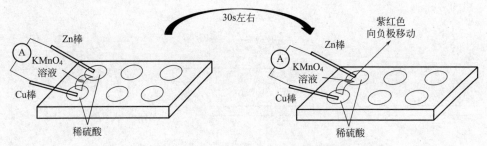

图 3-6 微型化操作探究"盐桥的作用"

知识来源于生活，紧接着，我通过生活中各类电池的图片展示，引导学生对铅蓄电池功能与构造不同的思考，引发学生对串联电池优势的探究，进入任务 2 的学习。

3. 证据推理与模型认知

【学习任务 2】分析生活中常见电池的工作原理，并建立原电池的认识模型，教学流程如图 3-7 所示。

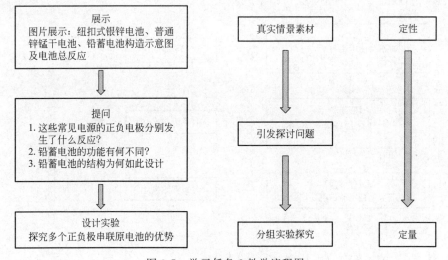

图 3-7 学习任务 2 教学流程图

【评价任务 2】诊断并发展学生对原电池本质的认识进阶（局部水平还是整体水平），和对原电池认识思路的结构化水平（视角水平还是内涵水平）。

探究实验设置如下，用电压表分别测定单个、两个串联原电池及三个串联原电池的电压,分别为 0.9V、1.8V 及 2.7V。通过实验的设置,实现学习从"定性"到"定量"的转化。测量单个、两个串联及三个串联原电池电压如图 3-8 所示。

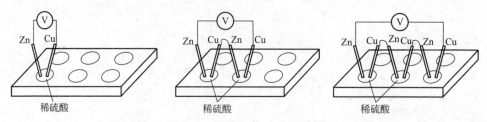

图 3-8 测量单个、两个串联及三个串联原电池电压

通过情景问题的设置:"手机电板会使用铅蓄电池吗?如果是汽车、飞机等需要供电呢?"引发学生进入任务 3 的学习。

4. 科学探究与创新意识

【学习任务 3】探究汽车、飞机等供电装置的最佳选择与产电原理,教学流程如图 3-9 所示。

【评价任务 3】诊断并发展学生对化学价值的认识水平(学科价值视角、社会价值视角、学科和社会价值视角)。

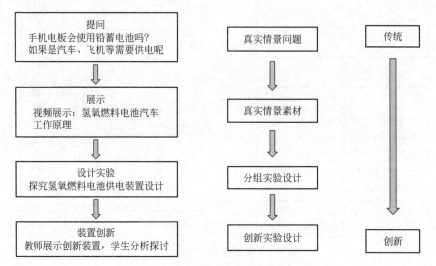

图 3-9 学习任务 3 教学流程图

通过视频展示氢氧燃料电池汽车的工作原理,引导学生对燃料电池装置设计的思考。在分析评价学生设计的基础上,展示教师的创新成果,并让学

生分析并探讨教师的创新实验,实现评价主体的多元化。

分析与评价后,教师演示创新型氢氧燃料电池实验。通过实验,实现了"传统"向"创新"的迈进。

继续通过"问题的设置"与"ppt 的展示",让学生了解很多燃料都可以做成电池,包括氢气与氯气。同时引导学生思考:像氯气这种有毒气体,在设计时需注意的问题,引发学习任务 4。

5. 科学态度与社会责任

【学习任务 4】探究其他燃料电池的绿色化工作方式及废旧电池的回收与重新利用,教学流程如图 3-10 所示。

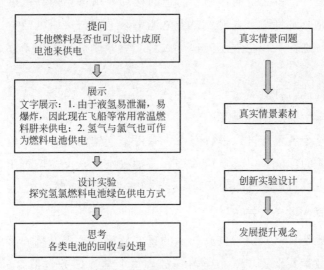

图 3-10　学习任务 4 教学流程图

【评价任务 4】诊断并发展学生对化学学科观念的认识水平(理论联系实际观念、节约成本观念、保护环境观念、可持续发展观念)。

通过引导学生思考,增强学生的环保意识。通过对废旧电池的处理问题的探讨,提升学生可持续发展观念。

学习的最终目的是服务于生活,服务于社会。因此,我们还进行了课外延伸活动,让化学回归生活,即学习任务 5。

6. 课后延伸

【学习任务 5】课后作业:调查、分析并探究"我"身边的化学电源。

【评价任务 5】诊断并发展学生的化学核心素养的水平(必修水平、选择性必修水平、选修水平）。

调查、分析并探究"我"身边的化学电源，并选择一个化学电源进行深入研究，形成探究性实验报告，带入课堂与学生进行交流与分享。

（五）教学特色

1. 特色实验教学设计

在本实验教学过程中，注重了实验的微型化、可视化与创新化。

微型化实验：利用点滴板进行原电池装置的设计，不但节约药品用量，便于后期废液的处理，更有利于进行串联电池的实验设计与操作。

可视化设计：将盐桥的作用、离子的移动，用可见的颜色进行可视化展示；串联电路分别将两个电池、三个电池串联电路与一个电池电路的电压数据进行对比，进行可视化展示。这可以将实验教学简单、生动并高效地呈现给学生。

创新化设计：将氢氧燃料电池的发生装置进行"创新性"并"微型化"改进，便于学生的操作与观察。

另外，这个装置还可以进行有毒、有污染气体的制备与实验，如铜与稀硝酸、浓硝酸的反应，只要反应前用针筒抽去空气，反应后再用针筒抽出产物气体，即可进行产物气体的检验、性质实验及后续处理。

2. 发展学生核心素养

学习任务是具体知识与核心知识的重要桥梁，是提升核心素养的重要纽带。本实验教学共设置了5个学习任务，每个学习任务包括3～4个学习活动，活动的设计指向学生的能力进阶及核心素养的提升。"学习任务1"突出宏观辨识与微观探析，"学习任务2"突出证据推理与模型认知，"学习任务3"突出科学探究与创新意识，"学习任务4"突出科学态度与社会责任，最后通过"学习任务5"的创设，检验学生的核心素养所达到的水平。学生在完成任务、经历活动的过程中，实现化学学科核心素养的发展。

（六）教学反思

1. 本实验教学过程采用发展性的课堂教学评价方式

本实验教学过程中评价的方式过程化，更注重学生在探究实验设计与实验过程中思维与实验能力的评价；评价的主体多元化，采用多元化的评价主体进行评价，如采用了教师评价、小组评价、自我评价等方式；评价的功能育人化，充分发挥评价的促进和激励作用，实现实验教学对学生的育人功能，真正实现了发展性的实验课堂教学评价方式。

2. 本实验教学过程注重生活实际情景问题的创设

原电池的内容与生产、生活有着密切联系。"图片展示纽扣式银锌电池、普通锌锰干电池、铅蓄电池构造示意图""视频展示氢氧燃料电池汽车工作原理"，这些真实的情景问题引发了学生的学习兴趣，激起了学生的探究热情，使学生从生活世界走入化学世界。"氢氧燃料电池绿色供电方式的探究""各类废旧电池的回收与处理"，这些问题情景的设置促进了学生的思维发展，并促使学生在这一过程中体会化学学科的社会价值，增强环境保护意识与可持续发展的观念。"课后作业：调查、分析并探究'我'身边的化学电源"的设置，提升学生的实践能力，发展学生的探究精神，又使学生从化学走向生活。

3. 本实验教学过程充分发挥了实验教学的育人功能

本实验教学紧紧围绕发展学生化学核心素养为前提，注重学习任务与评价任务、学习方式与评价方式的整体性、一致性设计，通过学生在小组讨论与探究、创新实验的设置与思考等活动中的表现，运用提问与评价的方式，充分调动学生的积极性，促使不同的学生得到不同的发展，发挥了实验教学与评价的发展与育人功能。

案例 2 《高中化学 选修 4》(苏教版)：酸碱中和滴定

【教材分析】

"酸碱中和滴定"位于教材专题三中第二单元：溶液的酸碱性。它是继"配制一定物质的量的浓度溶液"以后的一个定量实验，也是教材中三个定量实验之一，是学生体验从定性实验到定量实验，将理论学习付诸实践操作的一个重要转换，不但可以加强学生对科学实验严谨的认识，而且可以更深切地让学生认识定量实验在化学学习中的重要意义。

"酸碱中和滴定"内容在教材中起到了承上启下的作用，前面所学的物质的量的浓度的计算、弱电解质的电离平衡、溶液的酸碱性、酸碱指示剂的变色范围和应用等知识，为中和滴定的实验原理、滴定时指示剂的选择以及滴定终点的判断打下了良好的基础，使化学研究从定性分析又一次转化为较精确的定量分析。而滴定的终点又涉及反应后生成的盐溶液的酸碱性，这又为后面"盐类的水解"部分内容的教学埋下了伏笔。同时,滴定法又是大学分析化学中最为基础,且又最为重要的分析方法,这也为学生在大学阶段进行化学学科的深入学习打下了坚实的基础,对提升学生化学学科的核心素养起到了积极的作用。

【学情分析】

教师要上好一节课,不仅要备教材,也要备学生,本节课的授课对象是普通高中高二学生,他们具有以下的基础。

① 知识基础:已掌握了酸碱中和反应的本质,已经认识了溶液的酸碱性,学习了 pH 的简单计算,同时具备一定酸碱指示剂的使用知识。

② 能力基础:高二学生经历了初三、高一的化学知识的学习,具备一定对于定性实验现象的分析、描述、探讨的能力,对于学科知识的抽象思维与逻辑分析能力,运用化学知识解决实际问题的迁移能力。同时,在进行"一定物质的量的浓度溶液配制"的学习过程中,已经对定量实验有一定的理解与实验基础,但自主与合作的意识不强。

③ 潜在困难:在学生以往观念中,酸碱中和是 pH = 7 才算恰好完全反应,但教材中介绍的指示剂并不完全符合实验的要求,给学生带来不小的困惑。选择这样的指示剂能否准确判断滴定的终点呢?同时,酸碱中和滴定过程中 pH 的变化规律也与学生的理论认知有偏差。另外,学生的实验操作技能比较薄弱。

【教法学法】

教法:教师主导,通过情境创设、任务驱动、协作交流、引导帮助、鼓励评价等形式,帮助学生解决问题,从而促进学生完成知识的自我构建。

学法:学生主体,通过讨论合作、实验探究、对比分析、归纳总结、迁移运用等学习方法自主形成概念,发展观念。

【教学目标】

① 通过实验操作与分析,理解酸碱中和滴定的原理、过程、指示剂的选择及终点的判断。

② 通过酸碱中和滴定的运用,完善溶液酸碱性与酸碱中和反应的认知模型。

③ 通过定性与定量的实验以及 pH 图像的绘制,体会从宏观到微观,从定性到定量的化学学科思维方式。

④ 通过课内联系生活及课后对废水中酸浓度的测定、食盐中碘元素含量

的探索，培养学生的环保意识及将所学知识运用于社会与生活的学科责任感。

【教学重点与难点】

重点：酸碱中和滴定的原理与终点的判断。

难点：培养学生"联系生活，服务社会"的思维方式。

【教学设计思路】

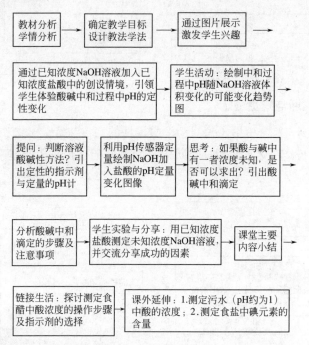

【教学过程】

1. 图片引入

图片展示测定和控制溶液酸碱性在工业、农业、环保方面的意义，引出酸碱中和在生产生活中的重要价值，激发学生学习兴趣。

2. 思考探究与图像绘制

【学习任务1】通过创设情境，引导学生绘制 pH 变化趋势图像，探讨分析酸碱中和过程中溶液 pH 变化情况，定性理解溶液酸碱性与 pH 之间的关系。

【评价任务1】诊断并发展学生分析的水平（基于经验水平还是基于概念原理水平）。

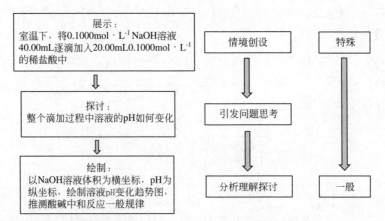

3. 定性判断与定量测定

【学习任务2】分析用于判断溶液酸碱性的定性与定量方法。

【评价任务2】发展学生对判断溶液酸碱性的认识进阶（基于定性、基于定量）。

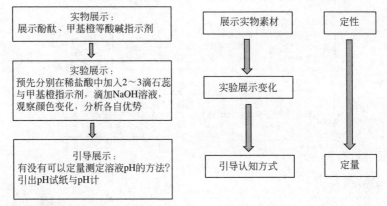

4. 宏观辨识与微观探析

【学习任务3】利用 pH 传感器，电脑绘制中和过程中 pH 变化图，与学生所画之图进行对比，分析研究图像变化的微观本质；同时通过微观 c（H^+）的定量计算，求出不同误差范围对应的 pH 值，从而指导对指示剂的选择。

【评价任务3】诊断并发展学生对现象与本质思路的认知水平（表面水平还是内涵水平），以及学生对微观本质的推理水平（独立水平、联系水平、迁移水平）。

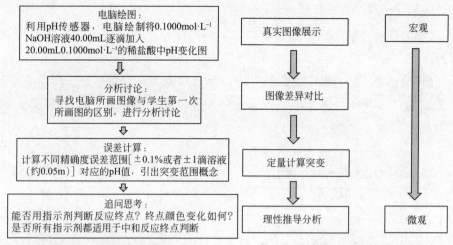

5. 证据推理与模型认知

【**学习任务 4**】利用视频展示滴定全过程，引导学生在认识酸碱中和滴定的基础上，进行分组测定未知浓度 NaOH 溶液的实验，建立解决问题的一般认知模型，并运用此模型来设计食醋中醋酸浓度测定的实验方案。

【**评价任务 4**】发展学生实验探究的水平（孤立水平还是系统水平）；诊断并发展学生对所遇问题的认识进阶（浅层水平还是深度水平）。

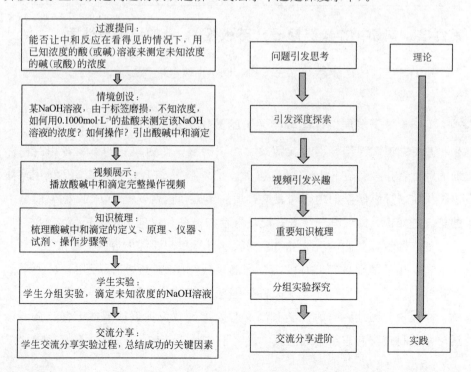

6. 科学态度与社会责任

【学习任务 5】回顾课堂基本知识，链接生活巩固所学，课外拓展提升发展。

【评价任务 5】诊断并发展学生认识新知的能力（实际水平、运用水平）以及学生对化学学科观念的认识水平（理论联系实际观念、可持续发展观念）。

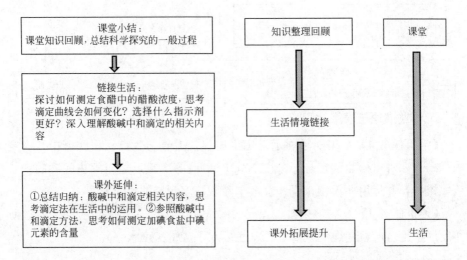

案例 3 《高中化学 选修 5》（苏教版）：苯的结构与性质

基于发展性的课堂教学评价，本节课的教学主要从以下三个方面进行渗透。

（一）基于发展性课堂教学评价的教材解读

教材知识和课程标准是教师教学知识的纲，作为教材的引领者和课程标准的解读者，教师在设计教学方案时，应对教材内容仔细研究并深刻理解。这将决定着课堂教学的内容和课堂教学的实施，这也是基于 PCK 框架模型中的第一种知识，即"某一核心知识及内容在横向和纵向上的交错链接的知识"的体现，即教师要明确所教授内容的教学目标和此课程内容的核心价值。

有机化学基础是研究有机化合物的组成、结构、性质及应用，且为学生在化学、医学、材料科学、生命科学等领域的继续发展提供理论和实验基础的一个模块。因此，有机化学基础反对死记硬背，提倡理解性记忆，强调渗透化学学科理念和思维方式的教学。对于"苯的结构与性质"，在《高中化学必修2》中已经涉及，此处是对前面已经出现知识的加深和拓宽，因此，在选修模块的"苯的结构与性质"的教学中，我们的教学目标不仅是通过一些仪器和数据来更深入了解苯的结构特征、通过书上苯的性质实验的装置图来更深刻理解苯的化学性质，更要引导学生体会到"结构决定性质，性质体现结构"的化学学科思想；学会带着质疑、问题的精神来分析教材上的装置，并勇于提出自己的改良实验方案进行共同探讨和分析；培养学生乐于探究、勇于创新的精神，培养学生终生学习的兴趣和能力，这才是化学课程的核心价值体现，也是化学教学设计时要重点考虑的问题。

确定了教学的目标和核心价值，就指明了教学的一个最终方向，解决为什么要教，具体教什么的问题。但是如何来实施教学，这还需要进行学情的探索。

（二）分析学生，促进基于发展性课堂教学评价的学科能力培养

学生并不是空着脑袋进入课堂的，学生的学习是一个螺旋上升的过程，学生总是在一定的理论和实践基础上进行新的理论和实践的探索。因此教师必须注重学情的分析，只有把学生已有的知识框架分析透彻，才能有效地针对不同的学情来进行有效的课堂教学。在进行新知识的教学设计前，要先找出学生现有的知识原点和知识框架，找出学生的最近发展区，并根据学生的认知规律和学生的知识瓶颈及学习中遇到的障碍来确定课堂教学的重点和难点。只有这样才能将课程标准和教材上的新知识纳入到学生原有的知识体系中，引导学生建构出新的知识体系，实现学生知识、能力、情感的内化。

对学生已有知识的探索，教师可以通过课前交流、访谈、问卷调查等形式进行。比如，在进行"苯的结构与性质"教学设计前，笔者首先根据预设的问题，在优秀、良好、较弱的学生层次中分别找两位（一位男生，一位女生）学生进行简单交流。

从中获知，在知识积累方面，学生基本知道苯的环状结构和苯的取代反应，并基本都能写出苯与液溴、苯与硝酸发生反应的方程式，但是反应条件这些具体的细节、过程不是很清楚。在方法技能方面，大部分学生觉得有机部分包括苯在内，都是属于纯记忆的，不需要理解，只要记住方程式就可以了，至于苯的结构特征，能发生取代的原因以及能不能发生加成反应基本一无所知，所以学生这部分的技能几乎为零。在情感体验方面，大部分学生在被问到对"苯的结构和性质"的感受时，就是觉得记忆的内容太多，觉得很枯燥乏味，但是为了应试又不得不记忆，所以学生对这块内容的兴趣和应用

也是比较欠缺的。

基于这样的学情，兼顾到课堂教学时间的有限性，本节课并未直接讲解苯的结构和化学反应，而是直接从教材上的苯与液溴的实验操作和装置入手，来分析教材上实验装置的优缺点，并通过学生已能写出的反应方程式，让学生设计实验证明此反应是取代反应还是加成反应，最后通过反应类型和前面学过的烷烃、烯烃、炔烃的结构与性质的关系，来更深入地分析和理解苯的结构特征。

学生是知识建构的主体，只有分析出学生已有的思维图式和发展障碍点，在充分了解并分析学生的现实学情后，才能根据不同的学生进行不同的教学设计，进而进行教学实施。

（三）探求实施，引领基于发展性课堂教学评价的学科思维建构

教学实施就是将教材与课标所涉及的知识体系，通过一定的方式和手段，将其转变为易于被学生接受的知识的过程。不同的教学实施者采取的方式各不相同，但是什么样的方式更易于学生的理解，更有利于学生化学核心价值的培养呢？

通过上面对"苯的结构与性质"核心价值和学情的探索，结合发展性课堂教学评价理论，教师可以通过提问的方式层层深入，达到教学效果，"苯的结构与性质"课堂教学设计与实施如图 3-10 所示。

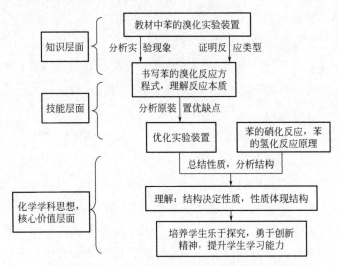

图 3-10 "苯的结构与性质"课堂教学设计与实施

教学过程

【演示实验】

参考教材，组装实验装置（苯的溴化实验装置如图 3-11 所示）进行实验，请学生观察实验现象。

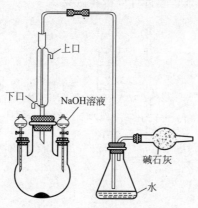

图 3-11　苯的溴化实验装置

三颈烧瓶内反应剧烈，溶液近乎微沸，并有大量红棕色的气体，一段时间后，烧瓶底部出现褐色液体，锥形瓶中出现白雾。

问题 1：通过实验操作，苯与液溴在铁共存下是否能反应？

问题 2：冷凝管有什么作用？冷凝水的流向如何？最后为什么要放含有碱石灰的球形干燥管？

问题 3：苯与液溴如果发生加成反应，产物是什么？如果发生取代反应，产物是什么？

问题 4：如何设计简单实验来验证此实验中苯与液溴的反应类型？

【学生探究 1】

学生讨论、分析、设计实验探究方案，验证反应产物。

方案 1.取部分锥形瓶中溶液，加入稀硝酸和硝酸银，出现了淡黄色浑浊，证明反应为取代反应。

方案 2.取部分锥形瓶中溶液，用玻璃棒蘸取溶液滴在 pH 试纸上，试纸变红，证明反应为取代反应。

设问：直接取锥形瓶中的溶液进行方案 1 或者方案 2 的验证实验，是否存在不合理之处？结论是否一定正确？如果有缺陷，则如何来优化实验装置？

【学生探究 2】

学生讨论，分析。经过探讨，分析出反应物中的溴蒸气会进入锥形瓶中，干扰实验的验证，因此很多学生设计了多种不同的实验装置。

问题 5：有的同学设计了改良后的实验装置（苯的溴化实验优化装置Ⅰ如图 3-12 所示），请大家对装置进行分析和研究。

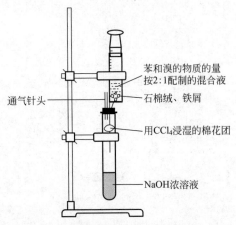

图 3-12　苯的溴化实验优化装置Ⅰ

问题 6：鉴于图 3-12 的优化装置，如何进行产物的鉴别？
问题 7：溴苯是无色油状液体，在实验中为何看到的是褐色？
问题 8：如何对溴苯进行提纯？请设计合理的实验方案。

【学生探究 3】

学生经过分组讨论发现，对于优化后的实验装置，产物溴苯由于密度较大，可以直接从针筒前端的小口进入到下部的试管中。同时，由于溴苯中会混有未反应完全的溴单质，因而会看到产物呈现出褐色。下部试管中装有的氢氧化钠浓溶液，正好可以将溴苯中混有的溴单质除去，进而得到比较纯净的产物溴苯，所以这套实验装置对于溴苯反应的发生以及产物的提纯，都有着明显的优势。

学生继续讨论又发现，这样的装置，对于另一个产物溴化氢的检验，却存在着很大的不便。思维的活跃源于问题的产生，就是这种不方便，引发了学生的思考，从而又有学生提出了升级版本的优化实验装置，苯的溴化实验优化装置Ⅱ如图 3-13 所示。

在升级版的实验装置中，针筒变为了具支试管，并在具支试管下端开了

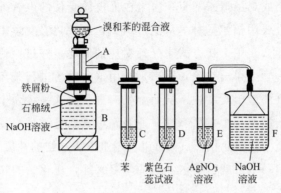

图 3-13 苯的溴化实验优化装置 Ⅱ

一个小孔，小孔处塞了石棉绒，再加入少量铁屑粉。这样的装置只要将分液漏斗中的溴和苯的混合液放入容器 A 中，几秒内就可以发生反应。下面集气瓶 B 中氢氧化钠溶液的作用，与上面氢氧化钠浓溶液作用相同，也是用于提纯产物溴苯。与前面的优化装置相比，这套装置的右侧增加了很多个试管，试管中分别加入了不同的溶液，这非常方便于溴化氢产物的检验：C 中加了苯，可以除去溴化氢中挥发出的溴单质，从而减少了后续对溴化氢中溴离子检验的干扰，再经过后面紫色石蕊试液与硝酸银溶液，可以进一步确认产物溴化氢，最后的氢氧化钠溶液用于吸收未反应完的溴化氢气体，防止环境污染。因而整个装置，是一个既严密又有一定创意的实验装置，既可以快速地制备产物、完整地提纯产物，又可以严密地检验产物，有效地证明了此反应的反应类型为取代反应。

这是发展性课堂教学评价用于教学设计的一个有效实例。通过这样的教学设计，让学生在讨论与分析中产生问题；在解决问题的过程中，构建起各自的知识体系，完善各自的知识图式；在知识的建构过程中，锻炼自身的化学学科思维，提升自身的化学学科核心素养。

案例 4 《高中化学 选修 5》（苏教版）：蛋白质与核酸

本研究以"蛋白质与核酸"教学内容为例进行探讨，探究如何将发展性课堂教学评价的理念落实到真实的课堂教学中。

1. 生活化情景的再现

为了引出有关蛋白质变性的知识，我投影了一组图片，发生重金属中毒时，患者用牛奶或鸡蛋清来解毒；医生在为皮肤受伤的患者擦拭酒精；在制作植物标本时，要用福尔马林。从这一组图片出发，引发学生的思考，引导学生讨论：为什么要用上述方式来处理对应的问题。经过探讨，并将其与生物知识相联系，学生得出结论：原来是要用这些物质进行杀菌消毒，利用的原理是重金属会使蛋白质变性，从而杀死病毒。从这一系列生活实际现象出发，引出了蛋白质的一个重要特性，即遇到重金属等物质容易发生变性。变性是一种不可逆的化学变化，人类可以利用蛋白质这样的性质而为人类服务。这样的生活情境一下子就引发了学生的学习兴趣，让化学的知识融入了我们的日常生活。

2. 专业化知识的拓展

在有了兴趣之后，学生就需要提升专业化的知识，来丰富并拓展我们的生活实际。在展示静态化图片的基础上，引入动态化的视频展现，为学生展示"利用蛋白质特性，为国家安全做贡献"的视频——指纹鉴定视频。

视频中从大家熟悉的福尔摩斯出发，说明化学及其他科学知识在刑事侦破案件中所起的重大作用，然后引出现代化的科技破案手段：用化学试剂将物品上的指纹取下，然后再通过茚三酮配合其他操作步骤，使指纹凸显出来，从而与公安系统中的存录指纹进行对比。这种指纹鉴定法不但可以在刑事案件中一显身手，还可用于对走失儿童的辨认。由于儿童的成长过程中不确定因素太多，因此，多年后靠外观的辨认相对比较困难，这时指纹可为我们提供巨大的参考依据。视频引出了蛋白质的另一个特性——遇茚三酮显紫色。

3. 高科技能力的应用

在学生有了学习知识的兴趣、领略了熟悉的物质世界为我们的生活带来的巨大优势后，我进而向学生展示了一些更高科技的化学化工产品，引发学生的探索创新欲望。比如核酸中的脱氧核糖核酸的双螺旋链，形成了人类的遗传物质DNA。因此，我在课上介绍了用DNA技术进行的各项鉴定，继而播放了对应的DNA的鉴定视频。视频中展示了医生利用DNA进行亲子鉴定及遗传基因的检测的整个过程，引发学生兴趣的同时，这些视频也为学生们展示了一个比指纹更精确的、确定人员间关系的检验方式。

除此以外，我还介绍了化学领域更高科技的创新发明——分子剪刀与液体检测仪，并各播放了一段相应的视频。其中分子剪刀是用有机物质制成的，属于分子大小范围的剪刀，它可以剪切原子，通过见光与避光，使手柄的烯烃呈现顺式与反式,从而实现简单的开与合。如果分子剪刀可以实现大规模使用的话,那么我们 DNA 链上的某些遗传病基因的片段、某些癌变的基因片段,就可以利用它来实现去除或更换功能,从而有效降低遗传病的发生及癌症病人的痛苦。另一化学高科技发明是液体检测仪,在这一设备问世前,飞机场和高铁站的工作人员常对液体物质的安全性束手无策,而有了液体检测仪,乘客只需将液体连瓶放入仪器中,3s 左右,即可判断出该液体的安全性,从而有效防止意外事故的发生。这些均与有机物密切相关。

通过此三个环节的实施,不但可以让学生理解学科的知识,更可以基于发展性课堂教学评价的理念,实现让学科知识从生活中来,回到生活中去,从而不断提高学生的学科核心素养。

案例 5　高三专题复习:有机化学(苏教版)

高三化学自新课程改革后,面临前所未有的艰巨任务,对此,要进行微型专题复习。其中有机化学是每年必考的内容,一般为一个选择题和一个合成大题。有机合成大题中的有机物结构推理和书写部分有机反应,已成为一个热点题型,所以我们要进行高效率的微型专题复习,向课堂抓效率,向此题型争分数。那么如何来进行这一堂高效率的微型专题复习课呢?我们要集集体智慧,编写一份有效、实用的学案,从"考纲要求"出发,根据学生的盲点,展开"典型例题精练",然后进行讲解,并配合知识点的回顾,然后再配合"随堂练习",最后配合一份综合的练习。

【典例精讲精练】

例 1. 阿立哌唑(A)是一种新的抗精神分裂症药物,可由化合物 B、C、D 在有机溶剂中通过以下两条路线合成得到。

线路一:$B \xrightarrow[K_2CO_3]{C} E \xrightarrow[BaCO_3]{D} A$

线路二:$C \xrightarrow[BaCO_3]{D} F \xrightarrow[K_2CO_3]{B} A$

(1) E 的结构简式为_____。

(2) 合成 F 时还可能生成一种相对分子质量为 285 的副产物 G，G 的结构简式为_____。

【参考答案】

(1) 　(2)

【试题解析】

本题结合了现实生活中的一种新的抗精神分裂症药物——"阿立哌唑"，是以"阿立哌唑"的两种制备过程为基础来命题的。而且题中给出了有机反应物的键线式，属于中等难度题，着力考查利用已有的知识体系，即各种官能团的性质，来解决实际问题的能力，也考查了学生对知识的迁移能力、对反应物的分析能力以及对可能产物的推理能力。

本题第（1）小题主要是通过物质结构来推理产物的结构，所以关键是抓住反应物和最终产物"阿立哌唑"之间的结构特点来推理。本题第（2）小题主要是通过数据和常见有机化学反应来确定有机产物，解答时关键要抓住相对分子质量这个关键点，根据相对分子质量来推理 G 的结构简式。所以第（2）小题其实考了很多的知识点和能力，要求学生学会在已知知识的基础上学会分析和推理，对学生能力要求比较高。

【答题情况】

此题的第（1）小题比较简单，学生基本都可以答出来。但是第（2）小题对学生的知识和能力要求比较高，答出的学生不多。

【教学突破】

第（2）小题学生答不出的原因，主要是由于物质 C、D、F 本身结构都比较复杂，所以即使很多学生看到出现"还可能生成一种相对分子质量为 285 的副产物 G"这句话时，会想到要计算反应物 C、D 的相对分子质量，但还是没有勇气去把它们都计算出来，总想能不能有其他方法避开这种繁琐的计算；即使有的学生有勇气付出行动来计算，很多都算错了；还有些学生可能觉得烦，直接就放弃，随便乱猜了一个。

要解决这个问题，关键还是先要解决键线式与结构简式和分子式之间的关系。因为要计算相对分子质量，就必须要写出有机物的分子式，所以如何从有机物的键线式来正确地写出它的结构简式并写出其分子式是解决这个问题的关键。面对这种情况，上课时需要重新回顾常见有机物键线式的书写。可以从书本上的例题开始回顾。

【课堂讲解】

键线式中的每个拐点和端点都表示一个碳原子，每根短线表示一对共用电子对（即一根碳碳单键），双键和三键用平行的两根或三根短线表示出，氢原子可以省略，除碳氢外的其他原子必须在键线式中表示出来。比如常见的一些物质的结构式、结构简式与键线式之间的关系，即常见有机物的表达式如表 3-4 所示。

【课堂投影】加以一定程度的讲解。

表 3-4 常见有机物的表达式

物质名称分子式	结构式	结构简式	键线式
戊烷 (C_5H_{12})	H H H H H H—C—C—C—C—C—H H H H H H	$CH_3CH_2CH_2CH_2CH_3$ 或 $CH_3(CH_2)_3CH_3$	∧∧
丙烯 (C_3H_6)	H H H—C—C=C—H H	$CH_3—CH=C$ 或 $CH_3CH=C$	⟋⟍
乙醇 (C_2H_6O)	H H H—C—C—O—H H H	$CH_3—CH_2—OH$ 或 CH_3CH_2OH	⟋OH
乙酸 ($C_2H_4O_2$)	H O H—C—C—O—H H	$CH_3—\overset{O}{C}—OH$ 或 $CH_3—COOH$ 或 CH_3COOH	⟋C(=O)OH

【课堂练习】

写出下列键线式所代表的物质的分子式。有机物的分子式如表 3-5 所示。

表 3-5 有机物的分子式

键线式	分子式
△(OH)(OH)	
⬡(O)(O)	
□(O)(OH)	

让学生思考练习,并投影学生的答案来核对并讲解。有机物的分子式的答案如表 3-6 所示。

表 3-6 有机物的分子式的答案

键线式	分子式
(环丙烷二醇 OH, OH)	$C_3H_6O_2$
(四氢吡喃结构)	$C_3H_6O_2$
(氧杂环丁烷-OH)	$C_3H_6O_2$

通过练习,学生对键线式可以回顾起来,而且还可以让学生同时复习到同分异构体的现象,体会到同分异构体的神奇。

通过键线式,我们就可以来解此例题了。首先判断出本例题中 C 的相对分子质量为 216,D 的相对分子质量为 231,F 的相对分子质量为 366。再分析:由 C 与 D 生成 F 的过程中质量减少了 81,也就是失去了一个 HBr 小分子。由 C 与 D 生成 G 的过程中质量减少了 162,也就是 G 比 F 又少了 81,所以可以联想到生成 G 的这个过程相对于在生成 F 的基础上再失去一个 HBr 小分子,这样就可以得出结论。

所以这一小题其实考了很多的知识点和能力,要学生学会在已知知识的基础上分析和推理,对学生能力要求比较高。

随堂练习 1. 敌草胺是一种除草剂。它的合成路线如下:

(合成路线图:A (萘酚) →NaOH→ B (ONa) →1) CH$_3$CHClCOOH, Δ; 2) H$^+$→ C (OCHCOOH) →1) SOCl$_2$, Δ; 2) NH(CH$_2$CH$_3$)$_2$, Δ→ D(敌草胺))

回答下列问题:

若 C 不经提纯,产物敌草胺中将混有少量副产物 E(分子式为 $C_{23}H_{18}O_3$),E 是一种酯。

E 的结构简式为 _____。

【参考答案】

(结构式:萘基-O-CH(CH$_3$)-C(=O)-O-萘基)

【试题解析】

本题是一道基础有机合成题，仅将敌草胺的合成过程列出，着力考查阅读有机合成方案、利用题设信息解决实际问题的能力，也考查了学生对信息接收和处理的敏锐程度、思维的整体性和对有机合成的综合分析能力。

本小题是提供了反应初始物质的结构简式和副产物的分子式和类别，要求学生推理此副产物的结构简式的小题。重点考查学生对知识的迁移和对信息获取和加工的能力。

【答题情况】

得分率并不是很高。很多同学不会知识的迁移，所以想不出副产物的结构简式。

【教学突破】

解答有机推断题时，我们应首先要认真审题，分析题意，从中分离出已知条件和推断内容，弄清被推断物和其他有机物的关系，以特征点作为解题突破口，结合信息和相关知识进行推理，排除干扰，作出正确推断。一般可采取的方法有：顺推法（以有机物结构、性质和实验现象为主线，采用正向思维，得出正确结论）、逆推法（以有机物结构、性质和实验现象为主线，采用逆向思维，得出正确结论）、多法结合推断（综合应用顺推法和逆推法）等。关注官能团种类的改变，搞清反应机理。

此小题就要采用"多法结合推断"，既要正向从反应物的结构和性质入手，又要从产物的分子式和酯类这个信息出发，来正确推理。

酯类肯定是有酯基的，常规反应是由羧酸和醇反应得到的。再从副产物的分子式出发，得出副产物 E 的碳原子数比原产物 C 的碳原子数多了 10 个，正好是反应物 B 的碳原子数，而且 B 到 C 的反应又是在酸性条件下进行的，由此可以判断，在制备 C 的过程中，B 会被酸化，生成 ，而 C 的结构中又有羧基。因此，可以进行知识迁移，猜测 可能类似于醇的作用，和 C 生成副产物 E，然后写出分子式再验证一下，这样就可以通过分析得到最终正确的答案。

即 ⌬-OCH(CH₃)COOH 与 ⌬-OH 反应生成副产物 E：⌬-OCH(CH₃)C(O)O-⌬。

例 2.（2012·海南化学卷 18-Ⅱ）（14 分）化合物 A 是合成天然橡胶的单体，分子式为 C_5H_8。A 的一系列反应如下（部分反应条件略去）：

$$A + B \xrightarrow{\triangle} \underset{COOC_2H_5}{\text{环}} \xrightarrow[CCl_4]{Br_2} C_{10}H_{16}Br_2O_2 \xrightarrow[①]{} \underset{COOC_2H_5}{\text{环}} \xrightarrow[h\nu]{Br_2} C \xrightarrow[ii) H^+]{i) NaOH/H_2O} C_8H_{10}O_3$$
①　　　　　　　　②　　　　　　　③　　　　　　④

已知：CH₂=CH-CH=CH₂ + CH₂=CH₂ $\xrightarrow{\triangle}$ 环己烯

回答下列问题：

(1) A 的结构简式为 _____；

(2) B 的分子式为 _____；

(3) ②的反应方程式为 _____；

(4) C 为单溴代物，分子中有两个亚甲基，④的化学方程式为 _____。

【参考答案】

(1) CH₂=C(CH₃)-CH=CH₂

(2) $C_5H_8O_2$

(3) （二溴化合物）$\xrightarrow[C_2H_5OH, \triangle]{NaOH}$ （烯化合物）+ ...

(4) （含Br、COOC₂H₅的化合物）+ 2H₂O $\xrightarrow[ii) H^+]{i) NaOH}$ （含HO、COOH的化合物）+ $C_2H_5OH + HBr$

【试题解析】

本题涉及结构简式、分子式和有机化学方程式的书写这三个知识点，在经过前面的例题和课堂练习后，学生可能对结构简式、分子式这两个知识点比较理解，但是有机方程式的书写部分学生还是会有问题。这就要对有机反应再重新简单回顾，特别是反应条件。

【答题情况】

结构简式和分子式的书写还可以，但是很多学生对有机方程式的条件没有写全，或者漏了部分产物，所以在有机方程式书写上失分还是比较多的。

【教学突破】

此题又增加了一个方程式的书写，这就要求学生对各种官能团的性质要非常熟悉。可以借此机会简单回顾下一些典型的官能团的性质，然后解题。课上可以投影以下转变来简单复习各官能团的主要性质。常见官能团之间的转化如图 3-16 所示。

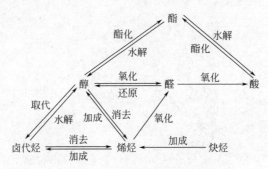

图 3-16　常见官能团之间的转化

(1)"化合物 A 是合成天然橡胶的单体，分子式为 C_5H_8，故 A 为 $CH_2=C-CH=CH_2$ 。
　　　　　　　　　　　　　　　　　　　　　　　　　$|$
　　　　　　　　　　　　　　　　　　　　　　　　　CH_3

(2) 是 $CH_2=C-CH=CH_2$ 与 B 发生类似 " 反应而生成的，故 B 为 ，分子式为 $C_5H_8O_2$；

(3) 反应 ① 为 Br_2 参加的加成反应，则反应 ② 为消去反应：

(4) 反应③的条件是光照，"C 为单溴代物，分子中有两个亚甲基"，故发生的是取代反应，产物 C 的结构简式为 　　　　。C 的结构中有 Br 原子和酯基两种官能团，都能在"NaOH/H₂O"的作用下水解，故方程式为：

$$\underset{\underset{COOC_2H_5}{Br}}{\text{[环己烯]}} + 2H_2O \xrightarrow[\text{ii) H}^+]{\text{i) NaOH}} \underset{\underset{COOH}{HO}}{\text{[环己烯]}} + C_2H_5OH + HBr$$。

随堂练习2.(2012.苏锡常镇四市3月调研17)(15分)以苯甲醛为原料合成化合物E的路线如下：

[合成路线图：苯甲醛 →①浓硝酸、浓硫酸→ A → ②HCN → B → ③H₂O/H⁺ → C → ④催化剂/△ → D → ⑤Fe/HCl → E]

在C转化为D的过程中可能生成了一种高分子化合物F，写出C→F反应的化学方程式：_____。

【参考答案】

$$n \underset{\underset{NO_2}{}}{\text{HO-CH-C-OH}} \xrightarrow{} \underset{\underset{NO_2}{}}{\text{[-O-CH-C-]}_n} \quad (2分)$$

【试题解析】

本题是由一个已知物质来合成一个未知新物质的流程题。苯甲醛也是比较常见的，简单的物质。而且流程中各步的反应条件和产物都已经给出，所以总体上难度不是很大。

着力考查利用已有的知识体系，即各种官能团的性质，也考查了学生对知识的迁移能力、对已知反应的过程推理能力。

本小题考了一个由已知反应物来推测高分子产物，而且是写化学方程式，那么就要注意书写时的反应条件以及高分子反应产物的书写和配平问题。

这种类型的小题是近几年江苏高考经常考核的知识点，所以学生要注意把握这种题型，争取在这种题型上不失分。

【答题情况】

学生书写方程式时，有些学生把产物的 n 漏掉了，也有些学生把反应物前的 n 漏掉了。

【教学突破】

解答有机推断题时，我们应首先要认真审题，分析题意，从中分离出已知条件和推断内容，弄清被推断物和其他有机物的关系，以特征点作为解题突破口，结合信息和相关知识进行推理，排除干扰，作出正确推断。

此小题就要采用"正推法"，根据加聚反应的原理推测出产物的结构简式，再书写出方程式。注意反应用"——→"表示，注意产物的书写和反应的配平。

第四章
化学教学实验设计

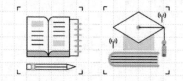

第一节 化学实验教学的作用

化学是一门以实验为基础的自然科学,化学教学本身并不只是传授给学生一些初步的化学概念和规律,而是通过一系列有效的教育教学手段,全面提高学生的智能,使他们能够掌握和运用一些化学原理和实验手段,学会科学研究的基本方法,学会辩证而客观地认识世界。

而实验教学能为学生正确认识物质及其变化规律提供实验事实,它具有目的性、探索性、现实性和易感知性,同时实验教学也是对学生进行科学知识、科学方法、科学能力、科学思想和科学品质教育的最生动、最活跃的教学形式。

如何利用好各种形式的实验教学,使学生的化学学科核心素养得到全面的提升,是化学学科教学需要研究的重要课题。

一、助力化学课堂教学

原电池是高中化学教学中连接必修与选修的一个重要知识点,也是化学学科中能量转化的重要体现,对于学生的化学能量转化观点的产生与理解,以及学生化学核心素养的提升有着重要的作用。然而在现行的实际课堂教学中,由于装置较大、药品用量较多、现象不易观察等各方面原因,很多教师都停留在理论讲解原电池产生的原理与条件上,而将原本生动有趣的实验体悟课堂,变成了枯燥乏味的理论记忆课堂,剥夺了学生观察、感受与亲身体验知识的机会,阻碍了学生核心素养的提升。如何能方便有效地将原电池的实验带入到课堂教学中,我们可以从以下两个方面进行原电池实验的改进。

1. 原电池实验的微型化改进

大部分教师在课堂中展示的原电池实验装置所使用的容器是烧杯或者电解槽，将锌电极、铜电极及电流表用导线相连后，放入稀硫酸中，然后观测装置内的现象与电流表的指针偏转。这样的装置既浪费原料又不环保，且现象不明显：首先两个电极需要的表面积比较大，其中锌电极由于杂质等各方面原因，一旦使用一次后，表面会变黑而无法循环使用；在反应过程中，锌电极还容易释放出刺激性气味的气体，污染环境；由于装置的容积较大，需要的稀硫酸的量也相对较多，而原电池使用后的稀硫酸很难再重复利用，造成稀硫酸溶液的浪费与废液处理的压力。如果安排的是学生实验，要处理这些废弃的电极与废液更将是个不小的工程。

为此我设计了一个简单易行，效果明显又节约试剂用量的原电池实验装置，改进的锌-铜-稀硫酸单液原电池如图 4-1 所示。

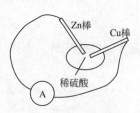

图 4-1 改进的锌-铜-稀硫酸单液原电池

如图 4-1 所示，选择使用小型表面皿代替电解槽，用锌棒与铜棒代替锌片与铜片，实现原电池的微型化。使用小型表面皿，只需要 1mL 试剂就足够产生电流，大大节约了试剂的用量。同时由于未隔着塑料或者玻璃等容器观察，且锌棒表面积小，产生的气泡也没有那么多，因而可以清楚看到铜棒表面的气泡，现象十分明显。

2. 原电池实验的可视化改进

用测电压代替测电流，实现原电池的可视化。为了展示原电池装置中确实可以产生电流，苏教版教材使用了灵敏电流表来检测。这样的装置在实际操作时会发现，若电流表使用的量程太大，电流表指针偏转幅度很小，几乎看不到；若选择的量程较小，指针又容易满偏，从而损坏电流表。为此，在尝试了很多次后，我发现选择电压表来测电压，可以有效解决这个问题。我们知道，电流与电压是成正比的，电压的产生与大小也可以表示出此装置中电流的产生与大小，因此测电压既可以有效地说明原电池的发生，又可以有效保护电表的安全。同时用测电压法还可以定量地表示几个串联原电池之间的电压关系。

二、培养学生核心素养

"核心素养"是指学生通过校园教学而形成的发现问题、分析问题进而解决问题的素质和能力,它是在学生接受学校教育的过程中,逐渐培养成的适用于个人终生学习及社会长久发展的必备能力。它是一个时间与空间相统一的概念,是一个可培育、可持续、可发展的,且在不同地域有不同内涵与外延的,是促成学生养成终生学习习惯的一种源动力。

(一)绿色力的提升,是培养学生核心素养的前提

绿色力是指在教学过程中,要注重绿色环保的理念,尽量减少教学过程中对环境造成污染的一种素养。

对于化学学科来说,主要体现在化学实验的设计上。如在讲"氨水的挥发性与碱性"时,大部分教师都会用图 4-2 所示装置来设计探究性实验。

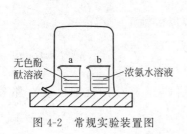

图 4-2　常规实验装置图

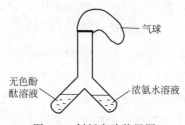

图 4-3　创新实验装置图

实验过程中,用一个大烧杯套在 a,b 两个小烧杯上面,一段时间后,可以看到小烧杯 a 中无色酚酞溶液变红,此实验操作方便,现象明显,时效性好,较适用于课堂演示。但是,因为大烧杯的不密闭性及浓氨水的强挥发性,以及实验后的仪器回收整理,均导致大量氨气的逸出,污染空气,严重影响教师与学生的身体健康。针对这样的环境污染问题,我们可以借助一根 Y 型试管来重置实验,如图 4-3 所示,在 Y 型试管的左侧加入无色酚酞溶液,右侧加入浓氨水溶液,在试管口套上一个小气球,一段时间后,同样可以观察到无色酚酞溶液变红。同样的实验,用图 4-3 的装置,既可以减少药品的用量,更可以免除了污染空气气体的外逸,实现了绿色环保的理念。

图 4-3 装置还适用于很多涉及环境污染的实验。如在"白磷与红磷的燃烧"探究实验中,我们可以将教材中的外露实验装置改进为同样放在 Y 型试

管中进行。在 Y 型试管的一侧放一小颗红磷，另一侧放与红磷大小相近的一小颗白磷，上口用小气球进行密封，调节气压，并将 Y 型试管浸入装有热水的小烧杯中，观察白磷的燃烧。这样可以有效防止燃烧产物外逸入空气中，又安全又绿色环保。

通过这样绿色环保实验的设计，不但可以让学生体验到对化学实验的探究与操作，更可以让学生建立起节能环保的意识，让学生体验到化学在社会可持续发展中需要提供绿色力的情感态度与价值观，增加学生的社会责任感。

（二）学科力的提升，是培养学生核心素养的基础

学科力是学科生长繁衍的力量，学生的学科核心素养不但要依靠各学科的重点知识、重要技能与核心情感态度，更要凌驾于本学科之上，形成一种学科间互融的素养，要将各学科的知识、技能融会贯通。

如在讲"铜与稀硝酸反应"时，比较多的老师会使用图 4-4 装置图来探究实验产物。

但在实际操作中，往往会因为试管不密封或试管中残留有空气，而使产生的气体迅速变成红棕色，从而影响实验现象的观察与产物的判断。如果在整个实验过程中，利用一氧化氮首先将装置中的空气排尽再观察，那又需要生成大量的一氧化氮来实现，耗时耗原料，并产生大量有毒气体。

为此，有参考资料提出一种稍显优越性的改进方案，如图 4-5 所示，利用右端低左端高的 U 型管来实现本实验。具体操作为：在 U 型管中加入适量稀硝酸，至右端液面与管口齐平，且左右两侧液面高度相同，在右端塞上一个插有铜丝的橡胶塞。实验开始后，右侧产生气体，且为无色，右侧液面下降，在整个实验过程中，可以通过调节铜丝的高度来控制反应的开始与停止。但在实际操作中却发现，反应一段时间后，由于右侧产生气体，压强增大，以及调节铜丝高度时对铜丝的拉动，经常会导致右侧上面的橡胶塞松动，而使得气体迅速变为红棕色，并逸出 U 型管污染空气，同时左侧是连通大气的开放端，稀硝酸也必将挥发入空气中，因此实际实验效果并没有想象的理想。这时，我们可以跨越学科的限制，将物理学中的一些核心知识带入化学实验中，设置出一种更利于观察现象、更方便控制反应进程、也更安全的实验改进装置，如图 4-6 所示。此改进方案中，将原两端开放的 U 型管，改为用较低的一端为原始封闭的装置，只有较高一侧连通大气；将插入橡胶塞的铜丝，改为用装有铁丝的封闭玻璃管，并在玻璃管外绕几圈铜丝来代替，将其浸入 U 型

管的稀硝酸溶液中,并通过在 U 型管外侧放磁铁来控制此绕有铜丝的玻璃管的位置,从而控制实验的进行与终止,这样的实验装置相对来说更方便、更安全,而且右侧可更长久地观察到气体的颜色。这种改进装置的设计与物理学中的压强、磁性等核心知识息息相关,实现了跨学科核心素养的有机整合。

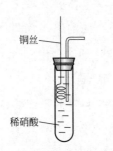 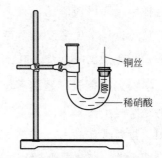

图 4-4　铜与稀硝酸反应装置　　　图 4-5　铜与稀硝酸反应改进装置（Ⅰ）

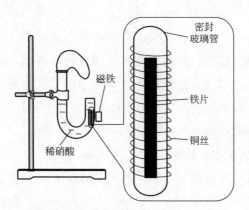

图 4-6　铜与稀硝酸反应改进装置（Ⅱ）

为了更有效地培养学生的学科力素养,各学校还可以辅助设置不同的课程体系,对学科课程进修分类、分层教学。如可将课程分为专业学科课程、综合学科课程、特别学科课程等类别,也可将课程分为基础类学科课程、提升类学科课程、研讨类学科课程等层次进行开展。

学科间融合的学科力的提升,是培养学生核心素养的基础。有了跨学科的知识与技能的综合运用能力,才能真正实现新课程所提倡的核心素养的培养。

(三) 创新力的提升,是培养学生核心素养的保障

创新力是指学生以现存的知识与思维方式为基础,提出新的方法,或创

造出新的思路,并且有一定的良好效益的一种素养。只有学生的创新力得以提升,才能为学生核心素养的发展提供源源不断的动力。

如在讲"氨气的尾气处理"时,我们常用两种形式的装置:一种为用一个倒扣的漏斗置于装有水的烧杯中;另一种是烧杯中装有四氯化碳与水的分层液体,将产生氨气的导管伸入到四氯化碳层中。这两种方式对于防止倒吸效果还是不错的,但是一旦氨气溶于水中形成氨水后,便会挥发出刺激性气味的氨气于空气中,污染空气。而第二种方案中的四氯化碳本身就是有毒物质,实验结束后的处理也是一种负担与浪费。

基于这样的考虑,我们可以利用常见的长颈漏斗来进行创新性的氨气处理方案设计,如图 4-7 所示。

取一个双孔橡胶塞,一个孔中塞入长颈漏斗,另一个孔中插入一根带有橡胶管的直角玻璃弯管,向大试管中加入适量的水,将双孔塞塞入大试管中,调节长颈漏斗高度,使长颈漏斗底端插入到液面下。继续向长颈漏斗中加水,使长颈漏斗中的液体体积大约在它容量的 2/3 处。此时,可以将 a 处连通氨气,不会发生倒吸过程。此法安全、简便、有效,同时也减少了氨气的逸出对环境造成的污染。

若将 a 管连接一整套装置的出口,则此装置又变成一个很好的检查气密性的装置。检查时,首先将 a 连接所需检查装置的出口,然后在长颈漏斗中加入适量水,则又可通过长颈漏斗中的水柱高度是否有变化来检验所连接装置的气密性。

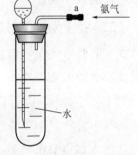

图 4-7 创新性氨气处理方案

若将 a 管与一有刻度的针筒相连接,大试管中放入铁片,长颈漏斗中加入稀硫酸,即此装置又可改装为一个很好的测定铁与稀硫酸反应速率的良好装置。

学生学科核心素养的培养是一个长期的、复杂的、曲折的过程,需要教师与学生的不断努力,不断探索。相信通过长期的教学中的绿色力、创新力与学科力的探索与提升,将对学生核心素养的培养产生巨大的推动作用。

第二节　化学实验教学的主要方式

一、利用演示实验，培养学生的学习兴趣

演示实验具有鲜明性、生动性和真实性，是激发学生学习兴趣，培养学生观察能力的重要手段。当然在做演示实验时，为了能更好地达到教学目的，我觉得可以从以下三个方面入手。

（一）创设趣味实验，培养学生的注意力

以往有学生反映，学化学难，记不住教材内容。而创设趣味实验进行教学，效果就很理想。如在讲授酒精性质时，用一块棉手帕，在盛有70%酒精的烧杯中浸泡，待均匀湿透后取出。展开手帕，用镊子夹住两角，在火焰上点燃，当火焰熄灭后，手帕完好无损。奇妙的实验表演，一片哗然欣喜，学生注意力集中，大大地激发了学生探索科学、揭示奥秘的兴趣。学生进入了学习心理的最佳状态。

（二）找个别学生做演示实验，调动学生的积极性

演示实验本来是由教师在课堂上做并指导学生观察的实验，在初学时，这种演示实验必须由教师亲手去做，它对于以后的学生实验有着示范的作用。

到了一定阶段，就可以最大限度地将演示实验转化为学生在教师指导下完成的演示实验。一些学生在前面做实验，下面的同学也仿佛自己在做实验，全部注意力都集中在一起，使得整个课堂的教与学融为一体。动手做实验的学生由于是在全体同学面前做实验，注意力高度集中，收效特别好。这不仅创造和培养了他们的观察能力、思维能力和实际操作能力，也锻炼了他们胆大、心细、勇于表现的良好品质。

（三）演示实验操作前，明确观察的目的和任务

例如，在讲化学反应时，常利用镁条的燃烧实验来说明，但是这个反应有强烈的发光发热等现象，如果没有事先明确实验目的，学生就会被这些表面的实验现象所吸引，这样就不能达到预期的实验目的。所以在做该实验前先提醒下学生，此实验的目的在于说明化学变化，这样学生观察的重点自然就会放在是否生成新物质上，也就是要仔细观察反应前、反应后镁条的变化，

而发光发热等现象是次要的。

所以做实验时，首先要告诉学生实验的目的是什么，要完成哪些任务。这样，才能使学生在实验中集中精力，有选择地进行观察，才不至于造成学生观察上的侧重点错误，主次不分，导致不能达到实验目的。

二、利用学生分组实验，培养学生实验技能和动手能力

现在的学生缺乏动手能力。化学实验教学中，最能形成学生实验技能的还是学生实验，利用学生实验，培养学生动手操作能力，是实施素质教育的重要途径。

做实验的过程就是理论联系实际的过程。因此，要认真组织好每一次的学生分组实验。如，试管的正确操作方法，要求他们能正确地拿试管，夹持试管，洗刷试管等。在进行碱和酸的反应实验中，要求他们会振荡试管；用试管加热物质，注意试管的倾斜方向等。要使学生掌握操作要领，培养动手能力。

学生动手实验时，教师必须及时防止和纠正在实验操作上的错误，训练学生正确地进行实验。例如：学生做粗盐提纯的实验时，常因仪器不干净、过滤时漏斗里的液面高于滤纸边缘，做不出理想的实验效果，教师就应及时引导学生分析原因，找出操作上的错误后，重新操作，保证实验现象明显，效果良好。学生通过动手操作，掌握了一定的实验基本技能后，坚持经常练习，久而久之就会熟能生巧。事实证明，通过组织分组实验，不仅培养了学生的动手能力，还培养了实事求是的科学态度和严肃认真的工作作风。

三、利用探究性实验，培养学生知识整合能力

新课程改革后，教科书中除了内容有所改变外，其中的板块也有所变动，如增加了"活动与探究"板块，此板块主要是提示学生自设一些实验来探究某一物质的性质，或者验证某些反应的类型和产物。这说明，现在的化学教学更注重学生的探究活动和知识的灵活应用。

例如，在学完卤素化学性质以后，让学生探索"自来水中氯含量的检测"。这个实验的本质其实就是氯离子的定性检验和定量计算，这就要求学生对前面所学知识学以致用，所以同学们设计各种方法，得到各自相应的结果，取得良好的教学效果。

例如，乙醛与新制 $Cu(OH)_2$ 反应，在条件不同时会发生一些副反应，

特别是在碱性强弱不同、温度不同、$Cu(OH)_2$ 与乙醛的用量比不同或使用久置的 $Cu(OH)_2$ 时,都可能出现不同的现象,最后看不到红色沉淀。当温度不够高时,生成的 CuOH 是黄色沉淀;当 $Cu(OH)_2$ 用量较多时,除生成红色的 Cu_2O 沉淀外,还生成黑色的 CuO,两者混在一起,就变成棕黑色沉淀。所以,要使实验获得理想的效果,必须找出最佳反应条件。

通过这组实验的对比观察,可激发学生对化学实验的兴趣,进一步明确反应物的用量、浓度、反应的温度对化学反应的影响,从中确定最佳的反应条件,同时提高学生的观察能力。

四、有目的进行拓展实验,选择性进行家庭实验

(一)有目的进行拓展实验

有些实验书上没有明确要求,但是能用学生已经学过的知识来解决并需要学生把前面的知识整合的实验,我们可以有选择性地作为拓展实验让学生来动手做。

比如,我们经常做的一道理论题:在没有其他试剂的情况下,如何区分两瓶没有标签的碳酸钠和盐酸溶液。在鉴别过程中,学生积极开动脑筋,想办法,通过实验、分析、鉴别,推断出所鉴别的物质。这种实验过程,就是学生积极思维的过程。可见,利用选做实验,不仅可达到大纲所规定的教学任务的目的,而且学生的思维能力、分析和解决问题的能力都得到了培养。

(二)选择性进行家庭实验

因为实验生动、直观、有趣,学生更有兴趣自己操作、探究,所以适当开展一些家庭小实验,可以迎合他们的心理,调动学生学习的积极性,而且可以培养他们的创造性。

现在的选修化学——《化学实验》书中也增设了"拓展课题"项目,这块内容中有很多都是与日常生活密切相关的,作为学生肯定会很乐意把它们作为家庭实验来完成,当然部分实验药品可以考虑由学校提供。

比如:

① 茶叶中钙、铝、铁等元素鉴定。(提示:利用沉淀法)

② 新装修居室内空气中甲醛浓度的测定。(提示:常用酸性高锰酸钾来测定)

③ 真假碘盐的鉴别。(提示:假的碘盐就是不含碘或者碘含量很低、不达

标的，国家标准碘含量：20～50mg/kg）

④ "蓝瓶子"实验。（提示：主要讨论影响反应速率大小的条件）

⑤ 蔗糖燃烧实验——又名"燃糖成蛇"实验。（提示：本实验主要讨论催化剂对反应速率的影响）

⑥ 根据木炭具有吸附能力的性质，让学生制作一个简单的家庭小净水器等实验。

学生在做家庭小实验时，需要独立思考，去想象、去钻研问题，在不同程度上创造性地运用知识，这就有助于学生智力与创造才能的发展。这些小小的制作，小小的发明，为将来学生成为科学的创造者奠定了良好的基础。

当然，家庭小实验也存在不安全的因素，对一些没有危险的实验可以让学生回家做，而不安全的实验就不做，或带到学校来做，以减少伤害事故。

五、充分利用多媒体教学技术来展示部分实验

多媒体教学技术一般包括实物投影、摄像、剪辑技术，多媒体网络技术等方面。

（一）实物投影在化学实验教学中的应用

由于化学实验多数是在试管中进行，小小的试管中所发生的反应现象要让后排学生看清楚是不可能的，这样使后排的学生失去了应有的兴趣。为了提高演示实验的可见度，传统的方法一般采用放大实验仪器、抬高实验装置、增加实验药品的用量、巡回展示实验结果等方法。然而，实验仪器的放大是有限的，巡回展示实验结果又浪费时间，且有些现象是瞬间产生的而无法观察到，以至影响教学效果。采用投影技术，可克服上述缺陷，大大提高演示实验的效果。

例如：做稀释浓 H_2SO_4 实验时，对实验中关键的观察点——温度计读数的变化，通过投影技术进行放大，使验证性实验的验证更具科学性，更具说服力。

（二）摄像、剪辑技术在化学实验教学中的应用

① 有些实验的全过程需要较长的时间，且伴随着一些无关紧要的现象，干扰学生正确观察实验现象，影响实验的效果。由于学生课堂学习时间是有限的，要让学生在有限的时间内尽可能多地获得信息，给予学生信息要有选择，使学生观察到的现象对所学得的知识有价值。因此，采用摄像、剪辑技

术,对实验全过程进行加工,既给学生提供了实验的全过程,又突出重要的实验现象,同时也不失实验的真实性。

例如:氯水见光分解实验可采用此技术在课堂上播放,大大增强演示实验的时效性。学生看到氯水在几小时的光照后才开始慢慢地冒小气泡,24小时才有气体明显产生,不仅对实验结论信服,更体会到有些化学反应是很缓慢发生的,增强了学生对实验观察的有效性。

② 还有些实验具有一定的危害性和危险性,在课堂上无法实施演示,借助于摄像教学,既保证学生的安全,又保护环境,还达到了良好的教学效果。通过摄像技术还可以对实验中的错误操作引起的危害进行真实再现,引起学生的重视,帮助学生掌握正确的实验操作步骤和操作技能。

例如:稀释浓 H_2SO_4 实验,课堂上一般演示正确的操作,对不正确的操作进行讲解,通过摄像对浓 H_2SO_4 滴入水中放出大量热量使 H_2SO_4 液体飞溅现象进行演示,使学生加深对这一知识点的理解,这样的教学可以使学生正确掌握实验操作规则和正确认识实验装置,对实验的成功起到一定的作用。

③ 有些较复杂的化工生产过程也可以通过摄像、剪辑技术来展示,使抽象的教学内容直观化,便于学生对这类知识的理解和掌握,对一些价格昂贵的实验、要求较多的操作技术或装置复杂的实验也可以借助教学摄像来完成,保障演示实验的安全性、正确性、有效性、规范性。

(三)多媒体网络技术在化学实验教学中的应用

化学实验的操作步骤和操作规范都有一定的要求,一旦学生操作失误,不仅会引起实验失败,也可能引起实验事故,更会引起学生的恐惧心理,影响学生学习化学的兴趣。采用多媒体网络技术,应用典型的软件资料,可以对操作易出错的后果进行模拟。这样,让学生在计算机前先进行模拟操作,在掌握了正确的操作和对不正确的操作理解的基础上,再进行真实实验,将大大提高学生实验的有效性。

例如:氯气的实验室制法中,实验结束后应先将导管移出水面再移去酒精灯,此操作一旦失误,有一定的危险性。为了解决这一难题,通过多媒体技术,设计、制作了氯气的实验室制法的软件,对这一操作做了一些特别的处理,让学生先进行模拟实验,一旦操作正确,计算机给予奖励提示,鼓励学生,而一旦学生操作错误,计算机则对水倒流试管底部、试管破裂的危险场面进行模拟。

再如：对点燃未检验纯度的氢气发生爆炸进行模拟，使学生加深由于操作错误而引起危害的认识，然后再进行正确的实验。通过多媒体技术的模拟，不仅提高了实验的成功率，而且更深刻理解了正确操作的重要性。

多媒体技术为学生提供了一个模块式实验环境，可通过声音、画面、文字于一体展示微观世界；对一些装置和操作较复杂及有危险性的实验，让学生先进行模拟操作，再真正实验，这样有利于培养学生的知识迁移能力、解决问题的能力、相互协作能力和创造能力。

当今是网络化时代，网络技术的发展将为学生的自主学习提供最丰富的信息资源，使学生的知识来源更广泛、更丰富，使学生可以不受时间、空间的限制，对有关实验问题进行探讨、推理。同时，培养学生获取信息，分析、归纳、整理信息，运用信息解决问题的能力。

第三节　化学创新实验教学实例

一、铜与浓硝酸、稀硝酸反应

铜与浓硝酸、稀硝酸的反应是高中化学无机部分的一个重要实验，也是培养学生物质转化观念、促使学生深入理解物质浓度对物质氧化性及产物影响观念、培养学生环保意识的重要环节。为此，苏教版、新人教版、鲁教版教材中均设计了相应的实验方案，三个版本教材中铜与浓硝酸反应的实验装置图如图 4-8 所示，而将试管中的浓硝酸换成稀硝酸，即可以完成铜与稀硝酸的反应。

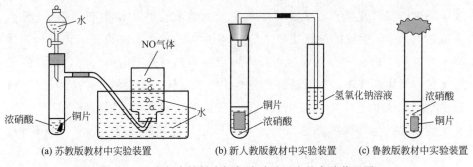

图 4-8　三个版本教材中铜与浓硝酸反应的实验装置图

(一)教材中铜与浓硝酸、稀硝酸反应实验缺陷

1. 空气干扰

三个版本教材中设计的铜与浓硝酸的实验,由于开始时试管中均存在一定量的空气,因此均不能证明铜与浓硝酸反应产生的气体就是二氧化氮,很有可能是生成了一氧化氮,进而被空气中的氧气氧化成二氧化氮。

2. 实验难控

三个版本教材中,铜丝均是直接放入试管中与浓硝酸接触,从而使反应发生。这样的方式难以方便地控制反应的停止,不但浪费原料,还会产生大量的有毒气体,增加尾气处理的难度。

3. 尾气难除

反应中产生大量的二氧化氮,后期会产生一部分一氧化氮。虽然与鲁教版相比,苏教版与新人教版中都采用了一定方式来处理尾气,但这三个版本的教材中均难以除尽反应试管中的氮氧化物,在清洗装置时,必然会造成氮氧化物的外逸。

4. 手持不便

除了鲁教版可以便于教师手持走动给学生观看以外,另外两种版本的教材实验均不便于手持。鲁教版虽然较方便手持,但却很容易造成氮氧化物的外逸,从而影响学生与教师的身体健康。

为此很多教师进行了各种有益的尝试。

(二)铜与浓硝酸、稀硝酸反应装置已有的改进

1. 铜与浓硝酸反应装置已有的改进

夏顺生老师设计的铜与浓硝酸反应实验装置如图 4-9 所示。该装置先利用 A 中产生的二氧化碳,赶走装置中的空气;然后让 B 中的铜与浓硝酸反应,生成二氧化氮;生成的二氧化氮遇到 C 中的水,变为无色的一氧化氮。如果将 B 中针筒中的水注入 B 装置中,即可衍生为铜与稀硝酸的反应,可看到产生无色一氧化氮气体;利用注射器向 B 中注入空气,使无色气体变为红棕色;最后再利用 A 中产生的二氧化碳,赶出残留的有毒气体,进行尾气吸收。这套实验装置虽然可以排除空气的干扰,但是装置比较复杂,操作不够简便,当产生气体过快时,容易造成危险。

另外,顾建鸣老师和马东老师设计的实验装置在 2015 年全国第十二届化

学实验创新研讨会上获得一等奖，如图 4-10 所示。

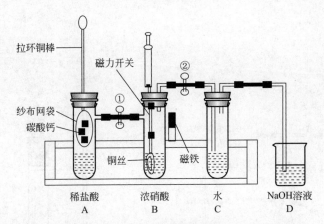

图 4-9　夏顺生老师设计的铜与浓硝酸反应实验装置图

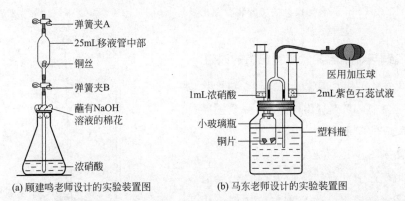

(a) 顾建鸣老师设计的实验装置图　　(b) 马东老师设计的实验装置图

图 4-10　2015 年全国第十二届化学实验创新研讨会中获得一等奖的实验装置图

图 4-10(a)装置中，针筒通过上部的橡皮管口注入水，使刚开始生成的二氧化氮转化为一氧化氮，后期还要在移液管中注入水，再利用针筒使移液管中产生负压，将浓硝酸吸上去，这样操作，既难以控制后期硝酸的浓度，也很难利用针筒来使移液管中产生足够大的负压。图 4-10(b)的装置设计复杂，难以完成对比实验，即铜与稀硝酸反应。

在此基础上，有些老师对实验装置做了改进，伍强老师设计的实验装置如图 4-11 所示；李润老师设计的实验装置如图 4-12 所示。

154　基于发展性评价的中学化学教学实践

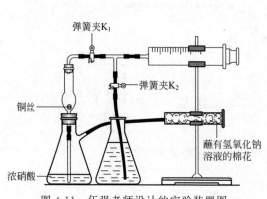

图 4-11　伍强老师设计的实验装置图

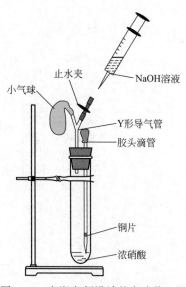

图 4-12　李润老师设计的实验装置图

2. 铜与稀硝酸实验装置已有的改进

在 2015 年全国第十二届化学实验创新研讨会中，贾超老师设计了一个铜与稀硝酸反应的实验装置，获得了一等奖，实验装置如图 4-13 所示。

此装置中，在拔下胶塞时，仍会有少量氮氧化物逸出，污染空气；同时，由于使用植物油，很容易在产生气体时将胶塞冲出，引发危险。

吴正帅老师设计的铜与稀硝酸实验装置如图 4-14 所示。通过洗耳球对止水夹①和④的空气鼓入，来实现反应的开始和结束及一氧化氮的颜色变化。但是装置复杂，操作不够简便，中间集气瓶处的塞子很容易被产生的气体冲出，造成危险。

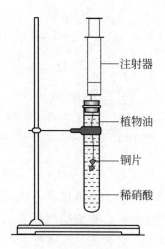

图 4-13　贾超老师设计的实验装置图

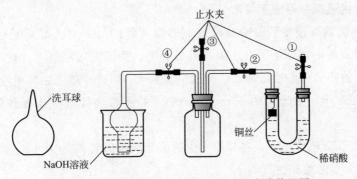

图 4-14 吴正帅老师设计的铜与稀硝酸实验装置图

（三）本研究的铜与硝酸反应实验装置设计

以上这些装置，虽然在气体的观察与检验及尾气处理上有很大改进，但是装置仍然相对较复杂，不方便控制反应的停止，当气体较多时，仍有较大的安全隐患。

另外还有很多老师都对此反应进行了改进，但是都不能同时兼顾装置的安全简便、气体的观察与检验、随时控制反应的停止，以及尾气的安全处理。为此，本研究设计了以下实验装置来对铜与硝酸的反应进行改进，以便于教师课堂教学的演示与学生的观察。

1. 实验装置的设计

本研究的铜与硝酸创新实验装置如图 4-15 所示。

针筒 a、b、c 均为 20mL，针筒 d 为 10mL。针筒 a、b、c、d 均连在带有流速控制器的输液管上。

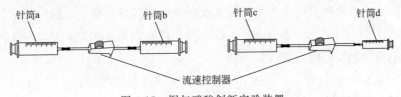

图 4-15 铜与硝酸创新实验装置

2. 实验操作与现象

（1）铜与浓硝酸的反应

① 取两个 20mL 塑料针筒，分别编号为 a 与 b。

② 在针筒 b 中加入绕成圈的少量细铜丝，吸入约 5mL 蒸馏水后，将其连

接到带有流速控制器输液管的一端。

③ 将针筒 a 连接到带有流速控制器输液管的另一端；打开流速控制器，挤压针筒 b 的活塞，使所有水流入针筒 a 中；关闭流速控制器，拔下针筒 a，将针筒 a 的针口向上挤压活塞，使水全部流出，以排尽整个装置中的空气。

④ 在针筒 a 中吸入约 10mL 浓硝酸，并重新连接带有流速控制器的输液管。

⑤ 打开流速控制器，将针筒 a 中的浓硝酸挤入针筒 b 中，迅速看到针筒 b 中产生大量的红棕色气体。

⑥ 将针筒 b 的针口向下，挤压针筒 b 的活塞，使得其中的溶液全部沿着输液管流入针筒 a 中，关闭流速控制器，反应立刻停止，看到针筒 a 中的溶液呈绿色。

⑦ 拔下针筒 b，在针筒 b 中吸入适量蒸馏水后，重新连接输液管并微微振荡，看到针筒 b 中的红棕色气体变为无色。

⑧ 再次拔下针筒 b，吸入适量空气，气体又变为红棕色，并将针筒 b 放入盛有氢氧化钠溶液的烧杯中，吸入适量氢氧化钠溶液，并将针筒 b 放置在此烧杯中一段时间，进行尾气处理。

（2）铜与稀硝酸的反应。

① 另取一个 20mL、一个 10mL 的塑料针筒，分别编号为 c 与 d。

② 在针筒 d 中加入绕成圈的少量细铜丝，吸入约 5mL 蒸馏水后，将其连接到带有流速控制器输液管的一端。

③ 将针筒 c 连接到带有流速控制器输液管的另一端；打开流速控制器，挤压针筒 d 的活塞，使所有水流入针筒 c 中；关闭流速控制器，拔下针筒 c，将针筒 c 的针口向上挤压活塞，使水全部流出，以排尽整个装置中的空气。

④ 在针筒 c 中吸入约 8mL 稀硝酸后，再吸入约 5mL 空气，并重新连接带有流速控制器的输液管。

⑤ 打开流速控制器，将针筒 c 中的稀硝酸挤入针筒 d 中（注意：在针筒 c 中留下 2～3mL 的稀硝酸，防止针筒 c 中的空气进入针筒 d 中）。一小段时间后，针筒 d 中产生少量无色气体。

⑥ 将针筒 d 的针口向下，挤压针筒 d 的活塞，使得其中的溶液全部沿着输液管流入针筒 c 中，关闭流速控制器，反应立刻停止，看到针筒 c 中的溶液呈蓝色。

⑦ 此时，再将针筒 c 的针口向上，打开流速控制器，挤压针筒 c 的活塞，

将针筒 c 中的空气挤入针筒 d 中，迅速看到针筒 d 中的气体变成红棕色。

⑧ 拔下针筒 d，将针筒 d 放入盛有氢氧化钠溶液的烧杯中，吸入适量氢氧化钠溶液，并将针筒 d 放置在此烧杯中一段时间，进行尾气处理。

3. 实验创新的优点

本实验创新装置，具有以下优点。

① 装置简单，操作简便，可以随时控制反应的进程，随关随停。

② 试剂用量少，但是实验现象却十分明显，方便教师手持给学生观看。

③ 装置密闭，有毒气体不易外逸，尾气处理方便，绿色环保。

④ 方便将两个实验产物进行对比，引发学生对溶液绿色与蓝色的探讨。

⑤ 溶液产物一氧化氮与二氧化氮的检验方便，便于学生分析探讨稀、浓硝酸与铜反应时的产物。

⑥ 实验装置新颖有趣，可以激发学生的创新意识。

⑦ 稀硝酸与铜反应较慢，因此本研究在实践探索基础上，发现使用 5mol·L^{-1} 的稀硝酸，反应相对较快。

二、钠与氧气加热反应

1. 问题的提出

钠与氧气在加热条件下反应生成过氧化钠，是钠的一个重要化学性质，与钠在空气中直接氧化成氧化钠的过程相结合，可以让学生充分感受到化学反应条件对产物的影响，因此本实验的成功与否，将影响学生对化学反应的深入理解。苏教版教材中对本实验的设计为：将一小块金属钠放在石棉网上加热，观察现象。按此方式进行实验，通常只能看到石棉网中间有黑色的液体，液体周围有一点白色或不明显的淡黄色物质出现，很难观察到明显的淡黄色固体过氧化钠，而且加热熔化所需时间较长。

针对这些问题，近些年来许多教师对此反应进行了改进。

（1）改进支撑物

有的教师将石棉网改成蒸发皿进行加热，可观察到一段时间后钠熔化成小球，继而燃烧产生黄色火焰，燃烧后蒸发皿底部会产生部分淡黄色固体。但由于蒸发皿为陶瓷材质，导热慢，因而熔化所需时间较长；同时由于蒸发皿不透明，学生很难观察到燃烧的整个过程；如果钠取用时量较少的话，黄色火焰也很难从蒸发皿的上口看到；另外由于钠燃烧时温度较高，燃烧后的蒸发皿底部容易产生裂痕甚至破碎。

在此基础上，有的教师尝试用破碎的坩埚底部来进行钠的加热。由于坩埚相对蒸发皿来说稍薄，因此加热熔化的时间上稍微短一点。破碎的坩埚可以打开学生的一部分视线，使学生可以看到黄色火焰，但人很难观察到燃烧的整个过程，实验时生成淡黄色固体的成功率也不高，大部分情况会生成白色固体。

还有的教师在燃烧匙中进行钠的点燃，虽然时间上明显缩短，但产物中会产生一层黑色的固体，边缘的固体稍微带黄，无法分辨产物。还有的教师将钠放入硬质玻璃管中加热，发现加热一会儿钠开始燃烧，但没多久火焰就因为玻璃管中氧气含量降低而熄灭，因而只能看到白色固体；在此基础上又有老师邀请学生辅助，在硬质玻璃管的一端用书本扇风，实验装置如图 4-16 所示。发现钠可持续燃烧，且燃烧后产物的淡黄色较为明显，但这样操作很不方便，且学生在扇风的过程中会增加白烟的量，从而影响学生对燃烧过程的观察。

（2）改进氧气的来源

有的教师对此实验中的氧气来源进行改进，不利用空气中的氧气，而是直接利用制取的氧气来与钠反应，典型的自制氧气与钠反应装置如图 4-17 所示。

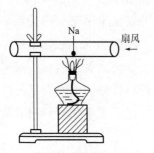
图 4-16　硬质试管中扇风点钠装置

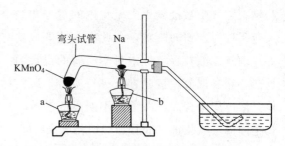
图 4-17　自制氧气与钠反应装置

为尽量避免空气中其他杂质气体的干扰，操作时先点燃酒精灯 a，对弯头试管进行加热，当水槽中导管产生大量气泡时，用带火星的木条靠近导管口，木条复燃，则证明装置中空气几乎被排净。然后再点燃酒精灯 b，通过透明玻璃管可以清楚看到整个实验过程的现象，且固体的淡黄色颜色明显，5min 都不会变色。但此反应装置比较复杂，操作过程均较为繁琐，而且弯头试管需定做或自己弯曲试管,对于实验条件有限的学校来说,不利于推广使用。

以上的改进方式都不能同时兼顾反应时间短,反应过程易于观察,反应现象明显,反应产物颜色保持时间长等问题。

经过不断尝试与对比,发现了一个更为便捷、更具优势的实验方法:用铝箔来做钠的承载物,在空气中加热至钠熔化,在钠燃烧后立即撤去酒精灯,可以清楚地看到钠燃烧过程中淡黄色固体生成的整个过程。此实验装置操作简便,过程清晰可视,产物的颜色(淡黄色)30min 后仍清晰可见。

2. 实验器材与药品

10cm×10cm 的铝箔、三脚架、酒精灯、镊子、小刀、火柴、滤纸、保存于煤油中的金属钠。

3. 实验装置与步骤

钠放置于铝箔上加热装置如图 4-18 所示。

此实验的操作步骤:

① 将铝箔、三脚架、酒精灯按图 4-18 方式放置好;

② 用镊子将钠从煤油中取出,用小刀切取绿豆大小的金属钠,利用滤纸吸干钠表面的煤油,放置于铝箔上;

③ 点燃酒精灯,给钠加热;

④ 约 5s 后,钠熔化成闪亮小球;

⑤ 在钠开始燃烧后,立刻撤去酒精灯,继续观察钠的燃烧。钠燃烧后撤去酒精灯装置如图 4-19 所示;

⑥ 燃烧过程中可看见淡黄色固体从边缘开始往中心生成,且生成的过氧化钠以针尖形式竖立于铝箔上,颜色鲜亮且美观。

⑦ 30min 后再观察固体,仍为淡黄色。

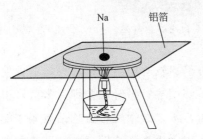
图 4-18 钠放置于铝箔上加热装置

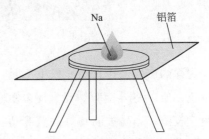
图 4-19 钠燃烧后撤去酒精灯装置

4. 实验总结

本实验创新后有以下优点：

① 实验装置所用材料均为实验室必备物品，易于推广实施；

② 由于铝箔是平面的，便于学生观察实验过程中的所有现象；

③ 由于铝箔为金属，导热性强，使得熔化燃烧的时间大大缩短；

④ 实验现象明显，成功率高，几乎没有失败的情况发生；

⑤ 产物过氧化钠的颜色（淡黄色）持续时间长，便于学生课后继续观察与探究。

三、焰色反应

1. 问题的提出

苏教版教材中在常见物质检验部分涉及了焰色反应实验，并在"活动与探究"板块进行了实验设计，具体操作如下：

取一根铂丝（或用细铁丝代替），放在酒精灯（或煤气灯）火焰上灼烧至无色。用铂丝蘸取少量氯化钾溶液，置于火焰上灼烧，透过蓝色钴玻璃观察火焰颜色。再用稀盐酸洗净铂丝，并在火焰上灼烧至无色，蘸取少量硫酸钾溶液，重复以上实验。教材上的焰色反应实验操作如图4-20所示。

图4-20　教材上的焰色反应实验操作

这样的实验操作，略显以下不足：由于实验所用的酒精灯火焰本身就略显黄色，所以使得检验钠元素时，黄色不够明显；另外检验钾元素时，由于紫色比较浅，容易被酒精灯的黄光所掩盖，所以必须透过蓝色钴玻璃才能看到，但是真正在使用蓝色钴玻璃时，其实现象没有那么明显，特别是做课堂演示实验时，后排的学生基本看不见。

为了使操作更简便，现象更明显，我在查阅资料的基础上，对本实验进行了改进，并且经过实践的检验，获得良好的效果。

2. 实验装置与操作步骤

（1）氢气火焰制作

利用大试管、长颈漏斗、带活塞的玻璃导管、铁架台、铁夹等组成一套简易的启普发生器装置，如图 4-21 所示。当加入适量锌片和稀硫酸，检验完氢气纯度并点燃后，发现火焰仍然呈现黄色，这是因为玻璃的主要成分中含有钠元素。为了使火焰呈蓝色火焰，我们可以选择用一片铝片卷成一个圆锥形，并剪去最上面的尖顶，将它套在氢气出口处的玻璃导管上，自制氢气蓝色火焰，如图 4-22 所示。

使用时，首先放入试剂，一段时间后收集氢气出口的氢气，并检验纯度。然后套上事先准备好的圆锥形铝片，并点燃氢气。刚开始火焰会略显黄色，大约 30s 后，火焰就会呈现淡蓝色。

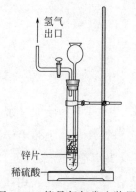

图 4-21　简易氢气发生装置

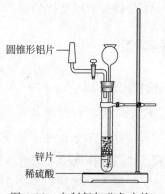

图 4-22　自制氢气蓝色火焰

图 4-23　气压式喷水壶

（2）喷壶装液备用

将氯化钠、氯化钾、氯化锂、氯化铷、硫酸锶、硫酸铜、氯化钡等物质配成较浓的水溶液，装入气压式喷水壶中，气压式喷水壶如图 4-23 所示，并拉动抽气杆 10 次左右，为后续的持续喷雾做准备。

（3）焰色实验操作

第一步：点燃已经准备好的氢气，并燃烧一会儿，直至火焰颜色为浅蓝色；

第二步：使用装有溶液的气压式喷水壶，将喷壶内的液体喷向氢气火焰；

第三步：观察不同液体遇到氢气火焰时呈现的不同颜色。

3. 创新实验优点

本创新实验，有以下几个优点。

① 使用氢气的无光焰（蓝色火焰），比原有酒精灯的黄色火焰现象更明显，特别对于钠元素的黄色，减少了颜色的干扰。

② 使用气压式喷水壶，拉动抽气杆 10 次后，按住喷雾手柄，可以连续喷雾三十多秒，不但便于学生对火焰颜色的持续性观察，而且可以让火焰明亮稳定，减少因气流的变化而使火焰晃动。

③ 所用的溶液采用浓度较大的溶液，从而使得火焰的颜色更明显，特别对于钾元素的观察，无需再通过蓝色钴玻璃来观察，简化了实验的操作，更直观明显。且一次准备，可以提供多个班级进行使用，循环利用率高。

④ 所有材料均为实验室或者家庭常见的仪器与设备，来源广泛，更可以让学生积极参与到实验仪器的创新上。

四、喷泉实验

1. 问题的提出

氨气的喷泉实验是教材中的一个重要实验，教材上的喷泉实验装置如图 4-24 所示，具体操作如下：在干燥的烧瓶内充满氨气，塞上带有玻璃管和胶头滴管的胶塞。打开橡皮管上的止水夹，挤压胶头滴管，观察现象。

教师在实际操作时发现，书中的实验装置存在一些不足：由于做实验所需的氨气是实验室事先制备好的，带到教室的过程中容易泄漏，容易造成环境污染；同时由于空气的残留以及泄漏时空气的进入，也容易导致实验中的"喷泉"体积不多，甚至会导致实验的失败；另外，在进行多个班级的连续教学时，需要准备多个圆底烧瓶，不便于教师的携带及教学的展示。

图 4-24 教材上的喷泉实验装置

为了解决以上问题，我翻阅相关文献，在参考前人改进装置的基础上，设计了一种可以重复使用的喷泉实验装置，并在实际教学中显示出了优势。

2. 实验装置及操作步骤

（1）自制花洒喷头

取一根 250g 的"果粒橙"饮品所带的吸管，沿着中间的弯曲处剪断，取较短的一端。将头部剪成倒"V"型，并用小火微热倒"V"型两侧，趁热按压，将倒"V"型两侧的开口封住，再用细针在已封住口的倒"V"型附近扎几个小孔，一个花洒就制成了。自制花洒喷头（正面与侧面）如图 4-25 所示。

（2）组装实验仪器

可重复使用的喷泉实验创新装置如图 4-26 所示。

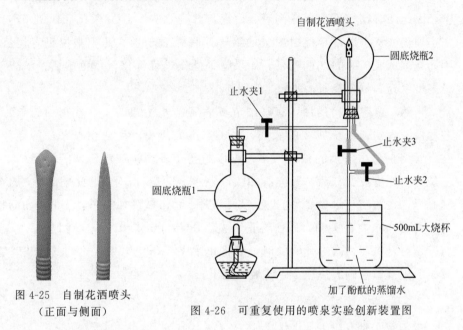

图 4-25　自制花洒喷头
（正面与侧面）

图 4-26　可重复使用的喷泉实验创新装置图

（3）喷泉实验操作

第一步：检查完装置气密性后，在圆底烧瓶 1 中，加入 1/3 烧瓶的浓氨水及少量沸石，在大烧杯中加 4/5 烧杯体积的蒸馏水，并在水中加入 5～6 滴酚酞试剂。

第二步：打开止水夹 1 与止水夹 2，关闭止水夹 3，点燃酒精灯，给圆底烧瓶 1 加热。

第三步：当滴有酚酞的水溶液变红后，继续等待 30s 左右后，关闭止水夹 2，打开止水夹 3，使氨气从止水夹 3 所在的导管中逸出，将其中的空气也赶走。此时，移走酒精灯，关闭止水夹 1。下面红色的溶液慢慢往上喷射出来，形成红色喷泉。

（4）重复实验操作

第一步：一次实验结束后，打开止水夹3，拔掉止水夹3一侧的橡皮管，使烧瓶2中的液体向下重新流入大烧杯中。

第二步：重新连接止水夹3处的橡皮管，更换滴有酚酞的水（换成无色的），重复操作（3）中第三步的实验步骤，实现喷泉实验的循环使用。

3. 创新实验原理

加热圆底烧瓶1中的浓氨水，此时氨气的生成速率远远大于它的溶解速率，因此此时氨气不会形成倒吸。后期打开止水夹1、2，关闭止水夹3，且停止加热浓氨水以后，此时氨气的溶解速率相对于生成速率来说更有优势，因而立刻形成美丽的红色喷泉。如果整个操作过程都比较规范的话，水溶液最终可以充满整个烧瓶，效果非常明显。

当然，要想成功的话，有些细节方面还是要注意的：带着花洒的导管，要尽量深入到圆底烧瓶2的底部，便于空气的排出；连通止水夹2的导管，在圆底烧瓶2中，不能深入太多，可以与塞子齐平，或者比塞子略高一点；大烧杯中的溶液变红后，要继续加热浓氨水30s左右，将圆底烧瓶2中的空气赶尽；在关闭止水夹2，打开止水夹3时，稍微持续加热一会儿再撤去酒精灯，再将止水夹1关闭，以便将止水夹3所在的导管中的空气也赶尽；一次实验结束，需要再次进行实验时，要将止水夹1与止水夹3之间的橡皮管拔掉，否则会影响圆底烧瓶2中溶液的流出。

4. 创新实验优点

本创新实验有以下几个优点。

① 装置中的氨气是现场制备的，减少了在实验室准备过程中，以及收集满氨气的圆底烧瓶2在从实验室运送到教室的过程中的泄漏问题，而且可循环使用，一次装试剂可以完成12～15次的喷泉实验，几乎可以满足一个年级的需求。

② 可以使整个装置中（包括所有的导管中）都充满氨气，因此"红色喷泉溶液"几乎可以充满整个烧瓶，使学生更深刻地理解氨气的极易溶解问题，并深刻体会到气体压强所带来的神奇效果，使学生加强防倒吸的安全意识。

③ 使用了自制的花洒，使喷泉实验更具有观赏性，让学生可以更深刻地体会到化学之美。

五、银镜反应

1. 问题的提出

苏教版的化学教材《必修2》与选修教材《有机化学基础》部分，都涉及了银镜反应的相关实验，其中《必修2》在糖类部分设置了"活动与探究"栏目，具体实验操作如下。

在洁净的试管里加入 2mL2％的硝酸银溶液，振荡试管，同时滴加 2％的稀氨水，直到析出的沉淀恰好溶解为止（制得澄清的银氨溶液），再加入 1 mL 10％的葡萄糖溶液，将试管在温水浴里加热 3～5min，观察并记录实验现象。

按照教材中的叙述，银镜反应实验是在水浴加热的条件下，在一个小玻璃试管中完成的，而且耗时较长。本实验操作要制出均匀、光亮的银镜，对试管与温度、时间的要求都比较高，而且这与学生的生活实际也不紧密。既然称为银镜，那我们可不可以在课堂上快速地、真正地做一面镜子出来，让这个实验生活化，给学生一个小小的震撼呢？

为此，我查阅资料，模拟工业上实际镀镜的过程，将此实验改进为一个在常温下进行的反应，进行了制备平面镜与凸透镜的尝试，获得了成功。

2. 实验装置及操作步骤

① 将平板玻璃用玻璃棒搁置，放在水槽上，平板玻璃置放于水槽上的装置如图 4-27 所示。

② 给小喷雾瓶（如图 4-28 所示）标号，分别为 1 号与 2 号。

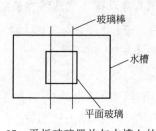

图 4-27 平板玻璃置放与水槽上的装置

图 4-28 小喷雾瓶

③ 在 1 号小喷雾瓶中，加入约 3mL2％硝酸银溶液，滴加 2％氨水至沉淀恰好溶解。

④ 在 2 号小喷雾瓶中，加入约 2mL10％葡萄糖溶液，再加入 5～6 滴

15%氢氧化钠溶液。

⑤ 将1号小喷雾瓶内的溶液均匀地喷洒在玻璃片上，再将2号小喷雾瓶中的溶液均匀地喷洒在玻璃片上。

⑥ 静置大约1~2min，将玻璃片上剩余的溶液倾倒入水槽内，观察制成的平面镜。

⑦ 将1号小喷雾瓶内剩余的溶液倒入表面皿的凹面中，再将2号小喷雾瓶内的溶液倒入表面皿凹面中，不断轻轻晃动，大约2min，将表面皿上剩余的溶液倾倒入水槽内，观察表面皿的凸面。

3. 实验原理

本实验可以一改以往水浴加热的实验特点，而在常温下快速产生银镜现象，是因为在混合液中额外加入了氢氧化钠溶液。查阅资料发现，增加氢氧根离子浓度，可以使葡萄糖产生碳负离子及烯醇负离子，从而使葡萄糖的还原性增强，从而可以在常温下、短时间内产生大量的银，附着在平板玻璃及表面皿的玻璃壁上，制出光亮的银镜，而且比教材中的实验操作产生的银更加明亮、均匀。

当然，这里氢氧化钠的浓度也不是越高越好。经过大量的实验发现，氢氧化钠的浓度最好控制在12%~25%效果最好。如果浓度过大，会在短时间内产生大量的银的大颗粒沉淀，反而不容易产生银镜；如果浓度过小，银产生的量太少，速度变慢，使镀的银镜不均匀，或者是镀不上。

4. 创新实验优点

① 本实验利用酸碱性与物质还原性的关系、化学反应速率的影响因素等方面的相关知识，来提升银镜反应的速率与成功率，实现了知识的系统化。

② 本实验不用水浴加热，操作简单，耗时短，不但适用于课堂演示实验，还可以改为学生实验，增强了可操作性和趣味性。

③ 本实验真实地制作出了可用于实际生活的一面平面镜与一面凸透镜，既增强了学生的学习兴趣，又增强了实用性，同时也减少了清洗银镜时的药品浪费与污染，体现了化学学科中节能、绿色与环保的核心理念。

六、自制多功能反应装置

1. 问题的提出

化学是一门以实验为基础的学科，但是在实际教学中，却有很多实验因为装置的复杂、实验的污染、操作的繁琐等原因而被排除在课堂教学之外。为了能使各种实验尽量多地走入课堂，提升学生的学习兴趣，增强学生的直观感受，并促使学生对知识的深刻理解，我设计了一个简单易行、密闭防漏的多功能反应装置，希望可以给化学课堂一个新的实验活力。

我们以氢氧燃料电池为例。原电池与电解池是高中化学教学中贯穿必修与选修的一个重要模块。从必修中的简易单液原电池与电解池开始，到选修中盐桥连接的双液原电池，以及用离子交换膜隔离的电解池；从笨重的铅蓄电池，到轻盈的锂电池，再到可持续外通气体的燃料电池，无不体现出化学能与电能之间相互转化的神奇效能。作为原电池一个重要应用的燃料电池，更是现今科学研究的一个热点。但由于气体难于快速制备与保存，又缺乏能用于燃料电池工作的装置，以及其他一些条件的限制，很多教师只能选择理论论述与抽象概括结合的教学方式来进行课堂教学。下面我们来看，如何使用研究的创新装置来实现燃料电池在课堂上的简单快捷展示。

2. 实验装置及操作步骤

（1）自制便携导线

取一根约半米长的数据线，减去小头部分，半米长数据线如图 4-29 所示。剪开 2cm 长的外包皮，发现里面有红、黑、白、绿 4 色导线，剪去白、绿两根导线，留下红、黑两根导线（其中红线连接正极，黑线连接负极）。用火灼烧，去掉红黑导线的绝缘层，露出导线待用。将两头带夹子的导线一头与石墨棒相连，待用。

（2）自制反应容器

取一块长 11cm，宽 4cm，高 6cm 的有机玻璃立方体。从左往右依次打四个圆柱体（如图 4-30 所示），a 室与 b 室分别是孔径为 2cm 与 3cm、高度为 5cm 的圆柱体。c 室与 d 室均为孔径为 1.5cm，高度为 5cm 的圆柱体。b 室、c 室与 d 室之间通过小孔连通，连通小孔的最后一个孔用塑胶钉密封。

（3）组装实验仪器

第一步，在烧杯中倒入 0.1mol/L 氢氧化钠溶液，再滴加 1 滴酚酞溶液，使溶液变成红色。

第二步，从 b 室口处倒入上述溶液，加入后，溶液从底部连通小孔流入 c 室与 d 室中，当 c 室中液面升高至整个高度 2/3 处时，停止加溶液。

图 4-29 半米长数据线

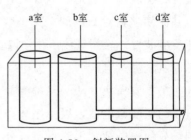

图 4-30 创新装置图

第三步，将两个石墨电极，分别插入单孔橡胶塞中，并将橡胶塞至于 c、d 两室的孔中塞紧。

第四步，将针筒分别从 c 与 d 处的橡胶塞处伸入 c 室与 d 室中，如图 4-31 所示，抽去空气，直至 c、d 两室中的液面紧贴橡胶塞，此时 c、d 两室中几乎为真空。

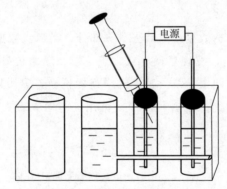

图 4-31 抽去 c、d 两室中空气

第五步，将连接石墨棒的带夹子导线，夹住带有 USB 接口的裸露导线，并将导线的 USB 接口插入充电宝中，c、d 两室中立即产生大量气泡。大约 1min，拔下充电宝，两极室内气体体积约为 1∶2，此时打开夹子，使电极与 USB 线分离。

第六步，用针筒抽取负极产生的气体，轻推注射器，并在针头处点燃，看到淡蓝色火焰；用针筒抽取正极产生的气体，对准带火星的木条轻推注射器，木条复燃。

第七步，将连有石墨棒的夹子夹住灵敏电流表的两极，发现电流表指针发生偏转，同时，c、d 室内的气体逐渐减少，最后消失，电流表指针归零。

3. 创新实验原理

用针筒抽取 c、d 室中的空气后，c、d 室内气体压强几乎为 0，因此液面上升，这可以防止空气对后续实验的干扰。同时，也便于观察电解氢氧化钠溶液时两极产生的气体体积之比。由于 c、d 室与 b 室的底部是连通的，所以利用连通管原理，c、d 室中产生气体后，排出的液体重新进入 b 室中。

4. 创新实验优点

① 实验装置制作简单，操作方便。便于抽取电解前 c、d 室中的空气，同时便于抽取电解后 c、d 室中的产物进行检验。

② 通过更换 b 中的溶液，以及电极的材料，则可实现很多电解池与原电池的反应。

③ 在做有毒气体实验时，产生的有毒气体不易泄漏，不会引发空气污染。

④ 左侧的 a 室与 b 室连用，并用浸泡过饱和食盐水的滤纸，连通 a 室与 b 室的溶液，可实现选修中盐桥双液原电池的实验效果。

⑤ 单独用 a 室或 b 室，也可完成钠与水这类危险性的实验，提高实验安全系数。

⑥ 有机玻璃材料透明可见，可加强课堂的可观赏性，提升学生的学习兴趣与参与程度。

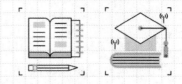

第五章
易被忽略的化学教学资源利用的价值

在现行的化学教学实践中,很多老师会充分使用《课程标准》《考试说明》《教材》《教学参考》等教学资源,而其他一些资源却经常被我们所忽略。然而,在新课改要求的"全面提升学生学科核心素养"的大环境下,一些看似不重要的,认为可以弃之如敝屣之物,却是真正可以提升学生学科核心素养的优良资源,如果将这些资源进行充分整合并合理运用,将对我们的课堂教学起到重要作用。

第一节　说明书在学科教学中的应用

新课程改革倡导的学科教学目标是要全面提升学生的核心素养,培养学生对学科知识迁移与应用的能力。为此,一线教师进行了各方面的尝试:引入生活中实际情景,贯穿整个课堂教学;利用新闻热点问题,组织课堂分组探讨;改进教材中的实验装置,进行生活化的创新设计等,均获得了一定的成效。但还有一个可利用的有效资源,却长期被大家遗忘,即各类物品说明书。其实各种物品的说明书具有丰富的教学与应用价值,任其躺在物品包装盒里,置于角落甚至垃圾桶,着实可惜。如果教师可以充分利用各类物品说明书进行学科教学,必将提高课堂教学的效能,提升学生的核心素养。

一、仪器说明书的应用

实验是化学教学最基本的手段,也是新课程改革对教学提出的基本要求。但由于学生的动手操作机会少,因而动手能力较差,在真正动手操作时,往往会出现各种错误,造成仪器的损坏及课堂时间的损耗。因此,教师"舍不得"组织学生进行学生实验,而这样的恶性循环又导致学生的动手能力更差,思维与创新精神得不到有效的发展。如果可以利用实验仪器的说明书来作为一种教学资源进行有效利用,则可以极大缓解这一矛盾。

1. 规范仪器使用规则

教材是教学的重要参考资料,但由于篇幅所限,很多实验仪器的使用规则未能在教材中完整体现。

比如,"电子天平"与"托盘天平"的使用。在苏教版《必修1》"一定物质的量浓度溶液的配制"部分,涉及了利用天平来称量溶质的质量,但在教材中却未涉及天平的具体使用方法,以至于学生在使用时都不知道怎么调零,也没有要将托盘天平的游码归零的意识。此时,如果教师充分利用"电子天平"与"托盘天平"的使用说明书,并给予实物天平进行对照研究,使学生在了解天平构造与工作原理的基础上,充分理解天平的使用规则和称取方法,则可以大大扩展学生的思维张力,提升学生的自主学习能力。

同时,有些实验仪器在使用时还有很多的注意事项,而这些一般也不会出现在教材中。按照以往的教学方式,大部分教师都会选择课堂讲解,让学生记录并进行记忆。这样的灌输式教学,遏制了学生的探究欲望,阻碍了学生的思维发展。如果教师可以充分地利用仪器使用说明书,引导学生在仪器使用说明书中进行寻找与分析,并交流与探讨,必将更有助于学生积极思维的提升。

2. 锻炼学生动手能力

教师可以利用仪器使用说明书,引导学生对仪器进行组装与修理,为学生增加一些实践动手与动脑机会,来提升学生的动手能力。

如在教学"反应热的测量与计算"部分内容时,需要组装中和热测定器。此时可以将学生进行分组,每组分发一张中和热测定器的使用说明书(如图5-1所示),以及一套中和热测定器的仪器零件,让学生按小组进行组装并实验。在实验的过程中,不断调整装置中的各部件,以便达到最佳的实验效果。而中和热测定器的使用,也要注意很多细节,稍有不慎,测出的热量就容易产生偏差,并造成中和热测定器部件的损坏。当中和热测定器出现故障而无法准确测定反应热时,教师又可以利用这个契机,将使用说明书继续交给学生,引导学生依据装置原理,排查故障,进行修理。对于学生的组装与修理来说,简易氢氧燃料电池的装置也是一个不错的选择。当然,在让学生进行仪器的组装与修理时，教师要选择一些难度适中、安全可行的仪器与设备，尽量使学生的动手行为落在学生的最近发展区内，使学生能够通过自己的动手与动脑即可完成。

中和热测定器产品使用说明

一、用途

本仪器为高中化学课程（第三册）学生分组实验仪器。该仪器装置用于测定强酸与强碱反应的中和热。

二、结构

如图所示，本仪器装置由φ90mm×90mm有机玻璃外壳、有机玻璃上盖、隔热保温层、φ50mm×70mm圆筒、一支0~100℃红水温度计，以及有机玻璃环形搅拌器等部件组成。

有机玻璃圆筒内层由隔热保温层和仪器外壳构成整体。仪器外壳上盖和仪器可紧密扣合，其上盖中心开有两个小孔。实验之前，将一支温度计由上盖中间的孔插入，使温度计酒精泡处于近圆筒底部1/3位置，并保持温度计与上盖互相垂直，同时，将环形搅拌器由上盖中的另一小孔插入到适当的位置，并使温度计处于搅拌器的环形中心位置。

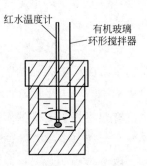

图 5-1　中和热测定器产品使用说明

通过仪器的组装与维修，不但需要学生的动手能力，同时在动手的过程中，必然需要学生的积极思维与正确判断，才可以使学生的实践活动有效地、顺利地进行。同时，也是提升学生学习主动性、提高学生思维活跃度的一种有效方式。

3. 培养学生创新精神

在实验教学中，有些仪器在使用时现象不是太明显，不便于学生的观察与思考，此时教师可以将仪器说明书交给学生，让学生在原实验仪器原理的基础上进行创新性的改造，并参照本仪器说明书的规范格式，对修正后的创新仪器进行有效说明。

如在教学"胶体的性质"部分内容时，为了展示胶体丁达尔效应，常见的是使用红外光照射氢氧化铁胶体与氯化铜溶液进行对比，也可以使用特定的"丁达尔现象实验器"进行展示（丁达尔现象实验器如图5-2所示）。但是，真正使用此实验器时会发现，现象没有想象中的明显，而且观看也不是很方便。此时，教师可以展示"丁达尔现象实验器"的使用说明书，让学生依照实验原理进行部分改造或者整体创新。学生设计了很多的实验装置，有的学生设计了一个气溶胶的实验装置，其现象明显，操作方便，学生创新实验装置如图5-3所示。用一个牛奶盒去掉正面，在盒子的左右两侧粘贴两面镜子，右上角留一小孔放置红外光源，上部留一小孔放置医用纱布。实验操作时，打开红外光源，在上侧小孔的纱布上撒粉笔灰等粉末，待粉末从纱布小孔往下落时，盒子中可以清晰地看到发射的红外线，从而可以清晰方便地展示气溶胶中的丁达尔效应。此装置较大且光线清晰，对于教师做演示实验也是非常方便的。

图 5-2　丁达尔现象实验器　　　图 5-3　学生创新实验装置

利用仪器说明书引导学生进行实验的创新设计，不但可以提升学生的创新能力，促进学生的思维提升，更可以增强学生在创新实践过程中的主体意识，增强学习的乐趣。

二、药物说明书的应用

1. 作为情景引入的资源

药物说明书是一种很好的情境引入资源。

如补铁药物"琥珀酸亚铁片"的说明书（如图 5-4 所示），对于教学"二价铁离子与三价铁离子的性质与转化"部分内容时，就是一种很好的情景引入资源。在学生了解二价铁离子易被人体吸收的知识基础上，根据药物的全称"琥珀酸亚铁片"推测，本药物中的有效成分为二价铁离子。根据说明书中【性状】的描述本品为薄膜衣片，可引导学生推理二价铁可能具有的性质以及薄膜衣的作用，进而带领学生进行分组实验：取两颗药片，一颗药片除去表面的薄膜衣，一颗药片不做处理作为对比，放置相同时间后研磨成粉，分别加等量的水溶解后取上层清液，分别加入两滴硫氰化钾溶液，根据硫氰化钾溶液颜色的深浅，粗略判断三价铁离子浓度的大小，从而检验二价铁离子在空气中的还原性。再根据说明书中【药物相互作用】的描述：维生素 C 与本品同服，有利于本品吸收，可以引导学生推测维生素 C 可能具有的作用。继续组织学生进行分组实验，将维生素 C 含片加入到含三价铁离子的溶液中，观察溶液颜色的变化，从而检验三价铁离子的氧化性与维生素 C 的还原性。利用药物说明书可以引出二价铁离子与三价铁离子的主要性质，还可以引导学生利用这种检验与转化方法，检测市场上各种补铁剂的有效性，并探讨各种补铁剂补铁效能的方法，从而推进本堂课的后续课堂教学顺利进行。对于提升学生的思维方式、建立知识与生活的联系具有重要的促进作用。

琥珀酸亚铁片说明书

OTC 甲类

请仔细阅读说明书并按说明使用或在药师指导下购买和使用

【药品名称】

通用名称：琥珀酸亚铁片

商品名称：速力菲®

英文名称：Ferrous Succinate Tablets

汉语拼音：Huposuanyatie Pian

【成　分】

本品每片含琥珀酸亚铁0.1克。辅料为：蔗糖，淀粉，羟丙甲纤维素，聚山梨酯80，羧甲淀粉钠，低取代羟丙纤维素，硬脂酸镁，滑石粉，薄膜包衣预混剂（胃溶型）。

【性　状】本品为薄膜衣片，除去薄膜衣后显暗黄色。

【作用类别】本品为矿物质类非处方药药品。

【适 应 症】用于缺铁性贫血的预防和治疗。

【规　格】0.1克

【用法用量】口服。

用于预防：成人一日1片，孕妇一日2片，儿童一日0.5片。

用于治疗：成人一日2～4片，儿童一日1～3片，分次服用。

【不良反应】

1. 可见胃肠道不良反应，如恶心、呕吐、上腹疼痛、便秘。

2. 本品可减少肠蠕动，引起便秘，并排黑便。

【药物相互作用】

1. 维生素C与本品同服，有利于本品吸收。

2. 本品与磷酸盐类、四环素类及鞣酸等同服，可妨碍铁的吸收。

3. 本品可减少左旋多巴、卡比多巴、甲基多巴及喹诺酮类药物的吸收。

4. 如与其他药物同时使用可能会发生药物相互作用，详情请咨询医师或药师。

【药理作用】

铁是红细胞中血红蛋白的组成元素。缺铁时，红细胞合成血红蛋白量减少，致使红细胞体积变小，携氧能力下降，形成缺铁性贫血，口服本品可补充铁元素，纠正缺铁性贫血。

【贮藏】遮光，密封，在干燥处保存。

【包装】20片/板，1板/盒。

图 5-4　琥珀酸亚铁片说明书

2. 作为学生探究的资源

学生的合作探究是一种以学生为学习主体，以学生主动获得知识、积极思维探索为主要方式的有效教学模式，这种教学模式有助于开发学生智能、培养学生的创新思维。我们可以利用药物说明书来作为学生探究活动进行的载体。

如在进行"有机物的合成"内容教学时,我们可以利用局部麻醉药发展过程中,各种麻醉药的说明书来引领学生的合作探究活动。局部麻醉药的历史,经历了从天然的"可卡因"到人工合成的"苯佐卡因""普鲁卡因""利多卡因",再到现在常用的"布比卡因"与"丁卡因"的发展。根据不同麻醉药说明书,教师可以组织学生进行有效探讨,依次根据麻醉药说明书上的【成分】说明(各类合成麻醉药主要成分如图 5-5 所示),来分析各种麻醉药最合理的合成方法;同时根据其结构并结合说明书中【用法用量】【不良反应】【注意事项】等来探讨其存在的弊端,从而引发下一种"修正"的麻醉药的探究,继而"再修正"与再探究,让学生体验局部麻醉药朝着毒性降低、药效长久方向发展的历史进程,让学生在有机合成的学习中,体验到有机合成在医药业发展领域的卓越贡献,增强学生对化学学科的热爱,提升学生对化学知识的迁移与应用能力,提升学生的化学核心素质。

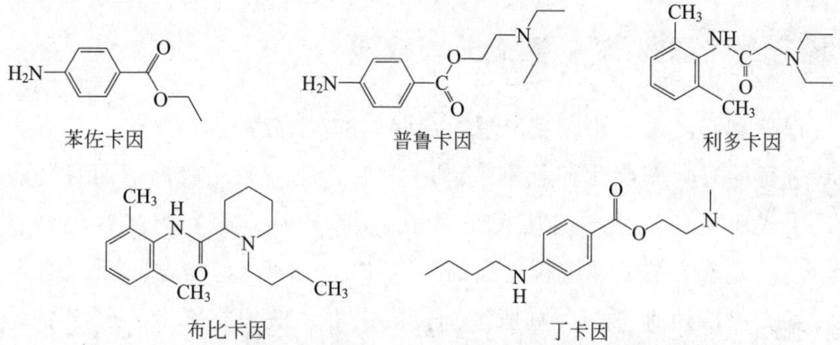

图 5-5 各类合成麻醉药主要成分

3. 作为课后延伸的资源

课堂是学科教学最主要的阵地,课堂教学也是至今为止有效性最大的教学方式,但是学科教学的目标是促进学生将学科知识迁移应用到生活中,实现知识与能力从生活中来又回归到生活中去的目标,从而提升学生实际解决问题的能力。因此学科教学需要有一些必要的课外延伸,此时我们也可以利用药物说明书为资源,来对学生的学科素养进行拓展。

如常见的胃药有以下几类。(a)用于胃酸过多引起的胃灼热和反酸的药物,如铝碳酸镁片(又名"达喜")、胃得乐、碳酸氢钠(俗称小苏打)、氢氧化铝凝胶、碳酸钙,以及复合制剂如盖胃平、胃必治、胃得乐,这些胃药必须在餐后 1~1.5 小时服用，其中达喜、盖胃平为咀嚼片；（b）治疗腹胀、恶心、呕吐的药物，如胃复安、吗丁啉，这些胃药必须饭前服用，且胃复安不能与阿托品或普鲁苯辛同时服用；（c）治疗胃溃疡的药物，如丙谷胺，需在饭前 15 分钟服下。这些胃药的治病原理各有不同，服用的方法也不尽相同，教师可以引导学生在课后对这些药物的说明书进行研究，探讨它们的作用机制以及使用时的注意事项，促使学生对学科知识进行迁移应用与深化，从而对化学以及其他相关学科的课堂教学进行有益补充。

第二节　心理学资源在化学教学中的应用

在教育教学实施过程中，我们不但要遵循教育教学的基本原则与学生学习的基本规律，还要注重心理学上的各种效应曲线带给课堂教学的启示，使得学科的课堂教学效能事半功倍。

一、遵守"注意曲线"，实施分段教学

心理学家们经过长期研究发现，在课堂的 45 分钟内，学生的注意力是随着课程进行的时间而变化的。刚上课时学生的注意力比较高，而且随着教师的生动引入而不断增强。但从大约第 10 分钟开始，学生的注意力会逐渐分散，学生的注意力与上课进程之间的关系如图 5-6 所示。当然，不同年龄段的学生注意力保持的时长也会有所差别：高中生一般保持在 8~10 分钟，初中生为 6~8 分钟，小学生一般为 5~6 分钟，甚至更少，而教师的激励方式在课堂教学的中段时间是最为有效的。

根据学生注意力的保持规律，教师在进行课堂教学时可以进行分段处理：在课堂教学刚开始阶段，由于学生的注意力正在向上走，此时，教师可以利用生活情景引入，从而增加学生注意力的保持时间，增强学生的学习积极性；在课堂教学中间阶段，由于学生的注意力逐渐降低，甚至进入低谷，教师可以恰当地运用一些激励方式来提升学生的注意力。这种激励方式可以是学生的亲历体验，可以是新闻热点，可以是有趣事例，也可以是活动探究。在课堂教学结束阶段，由于学生的注意力有了一定的反弹，教师可以设置一个问题链，使学生的学习得以延续到课后，甚至延续到下一节的课堂。

如在教学"铝及其化合物的性质"部分内容时，我们可以从生活中常见

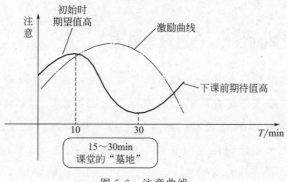

图 5-6　注意曲线

的铝锅为情境资源进行引入,同时创设生活问题情境:"铝为何能做成薄层的铝锅?""铝的化学性质很活泼,为何铝做成的锅却不易被腐蚀而破损?""铝锅使用时要注意什么?"这些问题可以引发学生的认知冲突,激发学生探求新知的积极性,提升学生注意力的保持时间。在学生的注意力开始分散时,教师可以设置一些小组实验探究活动:"铝箔的点燃实验""打磨过的铝条与未打磨过的铝条分别与盐酸反应的实验""打磨过的铝条与未打磨过的铝条分别与氢氧化钠反应的实验";还可以利用"工业焊接钢轨的实验视频",来引导学生进行新知的探索。通过实验活动中特殊的实验现象与视频中壮观的实验过程,提升学生发现问题、分析问题与解决问题的能力。同时,在活动中教师可以充分利用各种激励方式,对不同学生的不同方面、不同程度的进步或创新进行赞扬,从而不断提升学生注意力保持的时间与水平。在课堂收尾时,教师可以充分利用学生注意力转变的时机,先进行课堂内容的小结,然后设置问题链:"化学的英文是 chemistry,分开来是 chem is try,即化学是一门需要尝试的学科,你能尝试着寻找一下家中有哪些地方使用到了铝元素吗?""该处使用铝元素是利用了铝及其化合物的哪些性质?""怎样可以延长这些铝制品的使用寿命?""你还能利用铝元素为我们生活的哪些方面服务吗?"这样的问题链设置,可以使得课堂中的知识内容从学生的生活中来,又回到学生的生活中去,让学生真正体会到所学是为有所用的,在知识的"骨干"上增添了生活的"血肉",为枯燥的知识增添了生机,使得学生的学习在课后得到了迁移与延续,从而不断提升学生的学科核心素养。

总之,教师在课堂教学进程中,可通过设置问题情境、设置课堂活动、设置问题链等方式来激发学生注意力保持的强度与注意力持续的时长,从而不断提高课堂教学效能。

二、遵循"重知曲线",凸显教学重点

所谓"重知曲线"是指重点数与认知力的关系曲线。认知心理学家提出,人能迅速关注并融入记忆仓库的重要内容点的数目是5~7个。因此,如果在课堂教学中创设的知识点太多,则学生会难以接受,而创设的知识点太少,课堂教学的效能又无法得以充分体现。在课堂教学中,教学过程涉及的重点数是否适合学生的认知力发展水平,会直接影响课堂教学中学生的学习效率。重点数与认知力的具体关系如图5-7所示。

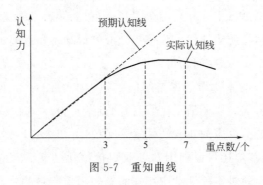

图 5-7　重知曲线

根据实际认知力的规律,教师在课堂教学设计时,要对知识内容进行深度整合,精炼出2~3个重点内容,再依照"注意曲线"规律进行分段式教学,每一个时段攻破一个教学重点,每个教学重点的引入都运用一定的方式来引发学生的注意力,从而有效减少课堂的"墓地"时间。

如在教学"二价铁离子与三价铁离子相互转化"部分内容时,依据"重知曲线"规律,教师可以将重点划分为以下3个:(a)二价铁离子与三价铁离子的检验;(b)二价铁离子转化为三价铁离子的方式;(c)三价铁离子转化为二价铁离子的方式。又根据"注意曲线",教师可以将课堂的45分钟划分为4大块:前10分钟用于探讨第1个重点问题:"二价铁离子与三价铁离子的检验",并运用实验室放置了一段时间的硫酸亚铁溶液中所含铁的价态作为此知识点的引入,激发学生的探索欲望。第10~25分钟用于突破第2个重点问题:"二价铁离子转化为三价铁离子的方式",并引导学生进行分组实验,进行硫酸亚铁溶液的配制。学生在初中都学过配制溶液,把硫酸亚铁放在水里面搅拌一下就行了,这里没有浓度的要求,就更简单了,学生做得很认真,

拼命地搅拌，但是搅拌得越多，颜色却越黄，而不是浅绿色的，产生这样的问题以后，自然就带来为什么亚铁离子会变成三价铁离子，引发学生深入思考，同时可以延伸到二价铁离子转化为三价铁离子的其他可能方式，并用实验验证。在第 25～40 分钟时，主要用于攻破第 3 个重点问题："三价铁离子转化为二价铁离子的方式"。同样，可以利用硫酸亚铁溶液的配制作为情境引入，通过对其中三价铁离子存在的检验，引导学生思考如何将三价铁离子重新变回到二价铁离子，以增强试剂的纯度，从而引发学生的认知冲突，激发学生的思考欲望；最后 5 分钟，用于本课堂的内容小结，引导学生将二价铁离子与三价铁离子的相互转化方式进行系统的归纳与整理，并设置问题链，促进学生对知识的迁移与应用，如"平时吃补铁试剂时要注意什么？""硫酸亚铁等含二价铁离子的试剂应该如何保存？""贫血不严重的人群，可以通过哪些食物来补铁？"

通过这样的小时间段式的教学，学生可以利用第一段教学时间所学习的检验方法来为第二段与第三段教学时间服务。同时，分段后的每段时长都接近于学生的注意力保持时间，从而使得课堂教学更加有效。

三、遵从"效力曲线"，突出以生为本

在课堂教学设计中，教师适时地运用视频、音频、动画、图片等元素，可以有效地提高学生的学习积极性、提升课堂的教学效能。当然在运用这些元素时，教师必须要进行充分的预设与准备。在课堂教学中，体现视频、音频等元素与学生学习积极性之间关系的"效力曲线"如图 5-8 所示。

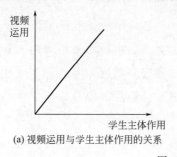
(a) 视频运用与学生主体作用的关系

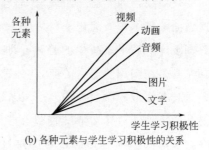
(b) 各种元素与学生学习积极性的关系

图 5-8 效力曲线

从图 5-8 中得出，课堂教学中各种元素在使用时，对学生学习积极性提升效果从高到低的排序依次为：视频、动画、音频、图片、文字。纯文字的教学在课堂教学中的效率是最低的，长时间的文字教学会降低学生的学习积极

性。因而在课堂教学设计中，教师要从学生的认知角度出发，认真遴选与本课堂知识相关的视频、动画及音频等内容，在合适的时间有选择性地进行运用，尤其是在课堂开始的前几分钟与课堂中间的"墓地"时段，从而充分激发学生学习的积极性，发挥学生学习的主体作用，彰显以生为本的教育教学理念。

如在进行"化学能转化为电能"部分内容教学时，教师可以在课堂教学开始时引入一位英国女士使用 1000 个橙子做成的串联水果电池给她的苹果手机充电的视频，来引发课堂教学的一个高潮。这样不但可以有效提升学生的注意力，更可以提升学生的认知水平，拓展学生对知识的迁移与运用能力，同时教师还可以运用动画来增强离子、电子等微粒移动的动态感觉。通过视频、动画的直观感受，使学生体会到教材中参与原电池反应的微粒并不是静止的、冰冷的，而是一群动态的、有活力的"小精灵"，而且这些可爱的"小精灵"们的定向移动可以提供给我们生产生活所必需的电能。在愉快的学习氛围中，教师可以引导学生深入理解自发的氧化还原反应与电能之间的关系。

因此，根据"效力曲线"的规律，恰时地将视频、动画等元素引入课堂教学，并充分展现学生学习的主体作用，可以使得课堂教学在有趣、有益的基础上更有效能。

四、遵照"遗忘曲线"，倡导有效复习

著名德国心理学家艾宾浩斯依照其实验数据绘制了人的记忆内容保持量随时间变化曲线，即"遗忘曲线"，遗忘曲线如图 5-9 所示。

遗忘曲线显示，人遗忘率的变化趋势并不是均匀呈直线形的，而是出现了先急剧下降，后平缓减少的趋势。即人的遗忘率在最初 9 小时内变化幅度较大，尤其是在知识获取后的前 20 分钟内，遗忘率超过 40％，到了 9 小时左右时，遗忘率超过 60％，而在一天以后，遗忘的幅度大幅度减小。因而，教师需要在学生到达遗忘边界线前进行学习引导，从而有效减少学生对知识的遗忘率，并降低学生对知识迁移的难度。教师可以在进行课堂教学设计时，在整合课程标准教材参考的基础上，充分了解学生的知识储备，利用贴合学生实际生活的情境作为课堂教学资源，引发学生的思索，激起学生的兴趣。同时，教师可以提醒学生进行有效的复习。例如，每天晚上留出一部分时间进行当天所有课程内容的巩固与整理，这样可以有效地降低知识的遗忘率。

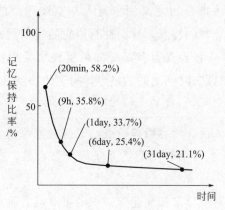

图 5-9 遗忘曲线

同时,艾宾浩斯还发现,记忆内容的展示方式与数目大小会极大程度地影响人的记忆时间,即一些枯燥展示、毫无联系、数目繁多的内容更容易被遗忘。因此,教师在进行课堂教学设计时,可以利用思维导图等方式将各知识点之间创设起有机的联系,同时还可以利用一些音频、动图或者表格类的方式进行各知识点的拓展与对比,引导学生将零散的知识进行系统的重整记忆,这样不但可以有效地降低学生记忆内容的数量,更可以将枯燥的知识趣味化,更有利于学生的长久记忆。

第三节 "微课"在化学教学中的应用

现今的生活、学习和工作的节奏日益加快,大家都倾向于选取一些短小的、精炼的文化形式来给我们快节奏的生活增加一些乐趣和营养,以满足大家各方面的需求。于是,各种有着"微"字的文化应运而生,如"微电影""微信""微博""微课"等,越来越多地进入到了我们的实际生活中。在作为知识性学科的化学课堂上,我们可不可以把"微课"引入化学课堂,让"微课"也可以为我国的化学教学添砖加瓦呢?我们从以下三个方面来探讨如何让"微课"为我们的化学教学服务。

一、把握特点,调整开发化学"微课"的准确性

1. 时间短中显精

"微课"常常以 5~10min,甚至更短的时间为单位,这与我们的课堂教

学45分钟比起来，可谓是短之又短。有人甚至戏称"微课"为"一分钟课程"。针对"微课"短时的特点，我们在利用它的时候就必须要精简，要做到精益求精，并要在几十秒到几百秒的时间内呈现出某个相对完整的化学课程板块，凸显出了"微课"时间上的"短中显精"的特点。

2. 内容精中有细

"微课"具有导入快、内容精等特点，但是它与课堂教学还是有着显著差别的。它不严格要求整个教学过程的系统性和整合性，具有主题鲜明、针对性强等方面的优势。

"微课"的内容可以是某板块化学知识的重点或者难点，可以是化学教学中的某个环节，可以是某个化学概念，可以是某道化学题目，可以是化学某阶段的教学心得体会等。所以，"微课"又被称为"微型点例"，它包括了微课点、微课例、微课题、微课件、微后记等，这些都使得"微课"与现行的课堂教学所追求的知识系统化、内容详尽化的特点相别。但是，"微课"又以其特殊的呈现形式，在保留了课堂教学"骨架"的同时，又给予了精简的内容以"血肉"，细致生动地达到了课堂讲授法所无法达到的效果，凸显出了"微课"内容上的"精中有细"的特点。

比如，在讲解"原子结构模型演变"的过程中，我们就可以利用"微课"来给我们枯燥抽象的课堂知识"骨架"添加一些新鲜的"血肉"，让学生可以通过"微课"看到鲜明的原子结构演变过程，以便在增加课堂趣味性的基础上，加深学生对此部分内容的理解和掌握。

3. 容量少中显活

"微课"视频及其相应的辅助材料的总容量不能太大。因为"微课"的内容要以便于教师和学生的观赏和研讨为前提，要以便于教师和学生顺利地选取、便利地下载并保存为要求，来实现其可灵活地、随时随地地移动学习，凸显出"微课"容量上的"少中显活"的特点。

4. 构成定中有变

"微课"的研发有其常规的思路可循，但又不是完全可以按照固定化的形式进行的，在具体操作过程中又体现出它的多变性。

比如，在讲解"碳原子的杂化类型"时，我们可以利用"微课"来展示从分子空间构型、组成分子的原子的电子排布式及含碳分子的结构式等多个维度来进行分析；也可以选取其中的某一个维度进行重点理解演示。

总之,"微课"可以科学地在整体中选取片段,也可以在完整的结构中选取某个条块来辅助课堂教学。

二、凸显优点,提升开发化学微课的优质性

1. 微中见大

"微课"在内容的选取上虽然是微小的,但是必须要体现"微中见大"的特点。在"面"上选取"线",在"线"上要凸显"点"。"微课"不强调对课程内容的完整性阐述,但也不是孤立地、片面地展示各部分知识,其中要求必须有相应的引导语和关联词作为衔接,不然,将会阻碍观众正确地、轻松地理解"微课"的知识"点",同时更会阻碍观众从中理解相关知识的"线"和"面"。

比如,在讲解"乙酸的性质及其应用"这个"点"时,我们有必要在引导语中先介绍"官能团"及"官能团与对应物质性质之间的关系",这样更有利于课堂内容的开展。

2. 微中求精

"微课"以微小著称,其内容有限,但却体现出其思想的无限,它可以在微短的时间内表达出精致乃至极致的知识内涵。

比如,在讲解"元素化合物"知识时,我们利用"微课"来学习元素化合物知识的一般思路是:从物质的结构开始,到物质的物理性质,到物质的化学性质,再到物质的用途,最后到物质的制备。还可以选取其中的物质的化学性质这一个微点进行深入阐述和挖掘。只有在深入、精细地发掘知识点的过程中,才能更充分地彰显出"微课"给我们化学课堂所带来的强大功能。

3. 微中显高

"微课"要求有清楚的画面、有同步的音效,制作的方式和设备可以任意搭配。比如,我们可以采用白板、word 文档、ppt 演示文稿、彩色纸及手机、DV、Pad 等较高端的设备。只要制作的人有对应的技术能力即可应用对应的设备。

"微课"可以具体表现出多媒体技能的高端使用,如画质和音质的优美、内容的详略得当、快慢的精准把握等。

4. 微中纳广

"微课"要求在有限的时间内突出重难点,把握实效性。这就对制作人员

提出了更高的要求，要求制作者对所要制作的知识内容有精准的把握、对材料有精确的选择、对多媒体设备有精炼的操作。

比如，在讲解"有机分子中原子共面共线"这一知识难点时，尽管知识点小，但却要求制作者对原子杂化方式、成键原子的空间构型、单键可以旋转、双键及三键不能旋转、空间位置的表示方法等都要有深刻的理解，并从中挑选出易于师生理解的素材，且按易于师生理解的顺序来编排素材，以达到知识难点的突破。

三、避开雷区，加强开发化学微课的科学性

1. "质"与"量"的关系问题

"微课"以时间短著称，但在质上却又有其优越性。"微课"的素材要求是知识的浓缩版和精华版，而不能因其短小而变得浅薄、杂乱且没有科学性，也不能面面俱到而失去重难点，甚至偏离了新课程改革所要求实现的三维目标。这就要求"微课"要正确处理好其"质"与"量"的关系，制作者要明确目标，突出重难点，不能因其量小而损失其质优的优势。

2. "取"与"舍"的关系问题

在面对杂乱繁多的素材时，"微课"制作者要学会取舍，要挑选出最具典型意义的素材进行编辑重组。有舍才有得，如果不舍弃那些普通的论据，就无法体现出"微课"的精广等优势，更会冲淡对重难点知识的讲解，失去"微课"的科学性。

例如，在利用"微课"学习"乙醇的性质"时，制作者会面对来源众多的知识源。这时，我们可以尽量利用与生活有关的、又能达到教学效果的材料进行综合，来提升学习者的学习兴趣。例如，"糖醋小排"的色、香、味俱全等生活常识的引入，相信会使很多使用者都记忆犹新。

3. "形"与"实"的关系问题

"微课"的制作需要一定的音频、视频效果，特别是"微课件"的制作更加要求界面的唯美、音画质的协调、形式的丰富多样。同时，"微课"在选题的精确与实用、内容的精选与排布、讲解的精炼与实效上又有很高的要求。所以，在制作"微课"时，要努力在形式中体现出实效，达到"形"与"实"的高度一致性，既表现出"微课"与其他教学的不同形式，又可以表现出其

精微显实的特点。

4. "主"与"次"的关系问题

高中化学课程以其与生活联系紧密、实验动手能力要求较高、理论体系性较强而别具一格。在实际教学中，如果可以对部分难以直述的内容加以"微课"讲解，势必可以大大提高教学的趣味性，大大扩展化学课程的内涵与外延，大大提升化学教学的效果。我们还可以以"微课"为载体，进行各地的资源共享与借鉴，从而达到"微课"和化学课程的不断优化。

但是，就当前"微课"的开发情况和化学学科的特点而言，"微课"作为"部件"的形式参与传统的化学课堂教学中更合适，毕竟"微课"时间短、知识量小、内容不完整，所以尚不能完全代替传统的化学课堂教学，现在我们还是应该以 45 分钟的课堂教学为主要的化学教学阵地。

第四节　课程标准中的样题在化学教学中的应用

《普通高中课程标准（2017 年版）》（以下简化为 2017 年新课标）发布后，很多教学工作者对 2017 年新课标进行了详细研讨、深度研究，有很多的研究成果以论文形式发表于各级各类的期刊杂志上。经过统计，涉及研究课程教学理念、课堂教学理论、教育教学方法的成果数目非常多，而研究考试测评方面的成果却只有寥寥数篇，这说明基于学科核心素养的考试与评价还未引发教者与学者的高度关注，而考试测评却是对课堂教学评价的一个重要方面。为此，我们可以利用 2017 年新课标中的样题作为导向，在考试测评现状的基础上，提升考试测评试题的信度与效度。

一、考试测评的现状分析

学生学科核心素养的提升需要考试与评价这根指挥棒的引行，然而现行的考试测评虽然也在向着核心素养的方向前行，但在测评方式与技术上仍存在着一定的滞后现象，严重影响了新课程教育教学理念的落实，这主要体现在以下三方面。

1. 考试测评的研讨不深

1999 年在《中共中央国务院关于深化教育改革，全面推进素质教育的决定》文件中明确提出：要落实素质教育，要坚持党的教育教学政策，要以提升人民素养为目标，提升学生的创新能力，培养"四有"且全面发展的国家继承者与创设者。2014年9月国务院发布《关于深化考试招生制度改革的实施意见》，对"十三五"时期，加快考试招生制度的革新，建立新型的考试招生机制提出了重要方案。同时，教育部考试中心倡导"一体四层四翼"的高考评价模式。2017年新课标又提出，要以提升学生的学科核心素养为教育教学目标，考试测评的方向要基于学生学科核心素养的落实。但至今，学术上对基于素质教育与核心素养的考试与测评的研讨仍未获得显著提升，不仅缺乏这方面的理论成果，更缺乏这方面的理论与实践相结合的研究成果。

因此，现行的考试试题在编制时缺少应有的评价理论的引领，缺乏系统的评价标准的规范。

2. 考试测评的导向不够

在近些年全国卷以及自主命题的高考卷中，呈现了不少可赞的题目，但是纵观连续几年的高考题可以发现，考试评价的标准仍显摆动不定，有时试题偏向识记型知识，有时试题侧重能力的测定，有时试题转向学科价值的体现，即高考试题的命制对课堂教学的导向性不够明显，使得教师与学生的课堂教与学失去了明确的方向。

究其原因，主要是各省市的高考命题组人员较多都是临时召集的，缺乏长久、可持续的命题与测评钻研。而不同的命题者对素质教育与核心素养的培育有着不同程度的理解，对社会可持续发展所需人才的定义也不尽相同，因而试题也必然会呈现出不同的价值导向，这与发达国家的命题人员的可持续与专业性有着较大的差异。尤其2017年新课程实施后，考试评测的理论与实践以及对试题的要求，大都不能与新课程的理念步调一致。高考如此，平时的测评更容易游离于新课标之外。

3. 试题命制的优良不齐

1977年中国复行高考制度，由于当时的时间紧迫，各省实行了自主出卷、按分录取的政策。这是高考制度复兴后，首次实施以省为单位进行命题的政策，不同省份的试卷优良不同，主要体现在所用题目的信度与效度上。第2年，即1978年，教育部正式实行全国统考，规定全国除上海外的省市（上海获得当年高考的自行出题权利）采用统一的试卷进行考试。之后，2002年北京也拥有了高考的自考权。自2004年后，天津、江苏、福建、湖南、山东、安徽等省市也先后进入自行出卷高考的队伍。近些年，有些自主高考的省市又加入了使用"全国卷"进行统一高考的大队伍中。客观来讲，"同纲不同卷"，致使不同省的考题质量优良不齐，一定程度上削弱了高考的公平性与公正性。对于各校的平时考试来说，会存在着更多的不合理与不匹配情况。"考题超纲""乱出考题"的现象非常严重，这无形中加重了教师与学生的负担。

二、课标样题的价值导向

2017年新课标的最大变化是在第六板块"实施建议"的"学业水平考试命题建议"部分中，不但详细论述了基于学科核心素养以及学业质量要求的考评基本设置与指导方针，而且在考试命题建议中给出了一个典型的样题与样题说明，这在高考复行至今的所有课程标准中属于第一次，具有非常重要的价值。样题及样题说明的出现，以展望的方式给命题教师呈现出学科核心素养的检验形式与测评方式，使得试题的命制方向清晰明了，使得课程标准真正实现了"教-学-评"一体化的价值功能，让考试，尤其是高考，能更准确地落实新课程标准的理念与思想。

而样题对考试测评以及教育教学价值的引领主要体现在以下三方面。

1. 学科核心素养为测评的目标

化学新课程标准样题中的三个小问题是以检测学生化学学科核心素养的层次为目标而设计的，评测学生是否可以应用化学学科相关知识来解决实际问题。

这三个小题以有机物的组成与结构为依托，将《选修5》的"有机化学基础"与《选修3》的"物质结构与性质"相结合，考查有机官能团的主要性质，根据此有机物官能团的组成与结构来解释某个实验事实，并预测其可能具有的其他性质。这是化学五大核心素养中"宏观辨识与微观探析""证据推理与模型认知"的很好体现，不但促使学生从原子、分子的角度来分析此有机物的性质与变化，还引导学生通过推理来对预测性质进行证实或证伪。这将是今后高考的主流意识，即通过必修与选修之间模块的融合，来考查学生的学科核心素养。

2. 真实情境问题为测评的载体

本样题以2015年诺贝尔生理学或医学奖获得者屠呦呦提取到的、可有效治疗疟疾的药物青蒿素为载体，在这个具有真实情景、重要意义的背景下，设置了三个层层深入的真实问题。考核难度从新课标所要求的学业质量水平 2 逐渐提升到学业质量水平 4，使得情境有了结构化的范式，不但情境与问题的引入统一整合且有逻辑顺序，而且情境与问题的设置明白清晰且有思索线路。这样将真实情境与有意问题进行结构化处理，可以有效减少考试时学生对情境与问题的无效解析，使得考试测评的内容更合理、目标更精准，这体现了化学核心素养中的"科学态度与社会责任"。

3. 学科知识技能为测评的工具

"培养什么样的人""如何培养这样的人""为谁培养这样的人"，这是教育教学要解决的本质问题，也是考试测评的基础问题。2017 年新课标提出：化学学业水平考试的主要目的是评价学生化学学科核心素养的发展状况和学业质量标准的达成程度。这样的说法清晰明确，但是在真正实施命题操作时，这种知识与素养考核间跨越的难度却是不言而喻的。

这就要求命题者不断深入钻研样题所给的信息，参考样题在考核时是如何将不同模块的内容进行融合，是如何将化学学科的核心素养落实到具体的化学学科知识与技能的运用中的。只有将化学的学科知识与技能作为考试的基本依托与工具，并将其融入到化学学科核心素养中去，才能真正落实 2017 年新课改的思想。

总之，样题与样题说明给我们带来了多维度的启示。深入研究 2017 年新课标的样题，不但可以使得考试测评的方向更准确、结果更有效，更可以使教师的课堂教学更有效，学生的课堂学习更高能，从而真正实现"教-学-平"的一体化。

第六章
化学教师的专业发展篇

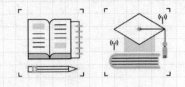

第一节 教师专业发展综述

教师的专业发展关系到教育教学的兴衰成败,因此,对教师专业发展的研究一直是教育科研的一个热点。

在国外,从 20 世纪 60 年代开始,就进入了教师专业发展的进程。在 60 年代初期研究中,主要是通过量化评价教师的课堂教学方式来促进教师专业水平与能力的提升,这阶段属于"外驱力"为主阶段,教育研究者主要以"旁观者"的姿态来调查研究教师,以期寻找出提升教师专业发展的普适之道。进入 80 年代后,对教师专业发展的研究进入了"内驱力"为主的新时期,代表思想有美国著名教育基金会"霍尔姆斯集团(Holmes Group)"发表的《明日的教师》等报告,在报告中提出教师教学是一个终生的、持续的教育进程,教师的自我发展意识与需要是教师专业发展的动力马达。

在我国,教师的专业发展起步相对较晚,但是发展很快。从 20 世纪 90 年代开始,特别是在近六年中,人们才对教师专业发展的认识逐步加深。代表思想有宋广文在《教师的发展》中提出的,对教师专业发展的研讨要以促进学生发展、促进社会进步的角度来进行,这阶段的研究不注重教师的个性需要,对实践的辐射力也相对较小。进入 21 世纪后,对教师专业发展的研究,进入了以教师需求为主体的阶段,这阶段的代表思想有卢乃桂等在《论教师的内在改变与外在支持》中提出的让教师自我定制发展的目标,并自主引领发展的进程来促进自身的专业发展,同时提出教师的专业发展要从"外控式"走向"内驱型",要关注教师的自我发展需求。

综上可以看出,对教师专业发展的研究,国内外都从初始的外部驱动论走向现阶段的内部驱动论,而且对教师专业发展的研究在我国大部分都是建立在理论层面,真正的实践研究却非常少。

第二节 教师专业发展动力分析

一、研究对象与方法

本研究调查的主要对象为苏州市部分学校的教师,为了让研究更有广泛性意义,调查对象中既兼有城区高中教师和乡村高中教师,又兼有四星级学校教师和三星级学校教师。与以往其他单纯的教师专业发展研究不同,本研究以跟踪部分教师进行连续 3 年不定期的问卷调查为主要方式进行调查与研究,因此对教师专业发展的进行程度具有更好的参考价值。

二、研究调查与分析

研究中每次均发放问卷 318 份给相同的教师,由于教师合作程度比较高,所有的问卷全部回收,而且没有发现无效问卷,回收率和有效率均为 100%。

(一)教师专业发展的动力分析

教师专业发展的动力可以源于教师的内部动力,也可以源于教师的外部动力。内部动力是指教师基于需要而产生的一种内部唤醒,驱使教师产生一定发展行为的内部力量;外部动力是指各级教育教学部门通过各种形式的教学活动及激励机制,从而促使教师进行专业发展的外部力量。2017—2019 年教师专业发展内部动力调查平均值统计见表 6-1,2017—2019 年教师专业发展外部动力调查平均值统计见表 6-2。

表 6-1　2017—2019 年教师专业发展内部动力调查平均值统计表

调查项目	选项				
1.您觉得教师是一个值得自豪的职业吗	非常自豪	比较自豪	不太自豪	很不自豪	
三年平均占比/%	28.30	55.03	11.94	4.73	
2.对您来说,获得专业发展最主要目的是什么	争取获得更高一级职称或荣誉	提升自身教学素养与教学技能	教育改革发展的需要	获得职业幸福感	为了符合领导的要求
三年平均占比/%	34.59	12.58	14.78	31.13	6.92

续表

调查项目	选项			
3.您认为您的专业知识及教学技能需要更新吗	迫切需要	比较需要	有一点需要	不需要
三年平均占比/%	55.35	26.10	15.72	2.83
4.您会经常参与课题研究及论文撰写吗	经常	较多	偶尔	从不
三年平均占比/%	18.24	38.36	39.30	4.10

表 6-2　2017—2019 年教师专业发展外部动力调查平均值统计表 单位:%

调查项目	选项			
	经常	较多	偶尔	从不
1.您所在学校或教育部门是否经常组织教师参加专业发展的各类活动	55.97	38.68	5.35	0
2.教育部门是否经常定期进行"星级教师"等荣誉评比	63.84	23.90	12.26	0
3.教育部门是否经常组织教师进行各类教学技能比赛	55.35	26.10	15.72	2.83
4.教育部门是否定期对"课题""论文"等教科研成果进行分级奖励	65.41	24.53	10.06	0

著名教育学家叶圣陶教授指出,教师专业发展的内部动力主要来源于教师对自身在"师德""师能"与"师学"方面的现状认识及发展需求。其中"师德"主要指教师的职业道德,"师能"主要指教师的教学技能,"师学"主要指教师的科研能力及学术水平。从表 6-1 的数据可以看出,认为"教师是一个值得自豪的职业"问题上,觉得"非常自豪"与"比较自豪"的教师占了总数的 83.33%;觉得"专业发展最主要目的"是"争取获得更高一级职称或荣誉"和"获得职业幸福感"的教师比例相对是较多的;有一半以上的教师觉得迫切需要获得"专业知识及教学技能的更新";在"课题研究及论文撰写"上,从不参与的人数仅占了 4.10%,大部分教师或多或少地主动参与了课题的研究及论文的撰写。这都表现出教师有很大的内部发展动力。

表 6-2 的数据显示,教育教学部门在教师内部动力源泉的基础上,采用外在激励的方式,对教师专业发展提供了外部动力。体现在对"您所在学校或教育部门是否经常组织教师参加专业发展的各类活动""教育部门是否经常定

期进行'星级教师'等荣誉评比""教育部门是否经常组织教师进行各类教学技能比赛"及"教育部门是否定期对'课题''论文'等教科研成果进行分级奖励"这些问题的回答中,"从不"的比例最高的一项也没有超过总人数的3%,也就是说教育部门始终在对教师的"师德""师能"与"师学"方面进行积极的鼓励与引导,希望促进教师专业的持续稳定发展。

(二)教师专业发展的现状与需求分析

教师专业发展的实现需要有行为动力,在上述的内部及外部动力的推动下,三年中的教师专业发展取得了哪些进展呢?教师对现阶段自身的专业发展方向又有什么样的需求呢?2017—2019年教师专业发展进展调查对比统计见表6-3。2017—2019年教师专业发展期待方式调查平均值统计见表6-4。

表6-3 2017—2019年教师专业发展进展调查对比统计表

调查项目	选项			
1.您参加的各级各类学科比赛中,获得的最高获奖等级为	国家级 1~3等奖	省级 1~3等奖	市级 1~3等奖	区级 1~3等奖
2017年占比/%	0	4.09	11.95	83.96
2018年占比/%	0	6.92	14.15	78.93
2019年占比/%	0.63	9.43	25.47	64.47
2.您参加的课题研究活动情况为	主持人	作为核心成员参加	作为普通成员参加	从未参加
2017年占比/%	0	1.57	47.48	50.95
2018年占比/%	0.63	7.86	56.60	34.91
2019年占比/%	0.94	15.72	72.64	10.7
3.您最近三年以来正式发表的论文有多少篇	6篇及以上	4~6篇	1~3篇	0篇
2017年占比/%	2.52	6.92	83.96	6.60
2018年占比/%	3.14	7.86	82.08	6.92
2019年占比/%	4.09	9.75	80.19	5.97
4.您最近三年以来正式发表的论文最高级别为	北大核心级期刊	其他国家级期刊	省级期刊	市级期刊
2017年占比/%	1.57	3.14	31.76	63.53
2018年占比/%	5.03	4.40	58.49	32.08
2019年占比/%	9.75	5.66	82.06	2.53

续表

调查项目	选项			
5.在教学中,您进行教学反思的频率是	每次课后	经常	偶尔	从不
2017 年占比/%	3.46	27.98	56.60	11.96
2018 年占比/%	4.09	28.93	57.55	9.43
2019 年占比/%	4.72	29.87	60.69	4.72

表 6-4 2017—2019 年教师专业发展期待方式调查平均值统计表

1.您在新课改实施中,现在遇到的主要困难是	课改理念与实际教学有差距	课改与考试的矛盾	个人理论支持不充足	教学实践方法的缺失
三年平均占比/%	9.96	9.85	46.54	33.65
2.您现在最希望获得哪类教学工作者的指导	各地一线普通教师	各地中学特级教师	各地教研员	高校专家
三年平均占比/%	64.99	19.81	5.35	9.85
3.您现在最希望以什么方式获得专业发展	实际案例分析	参观考察、观摩名师课堂	专家引领下的教学实践反思	听专题讲座、报告
三年平均占比/%	48.01	24.01	24.00	3.98
4.您希望获得哪方面的专业发展(可多选)	教育科研与论文撰写的能力	整合课程与教材的能力	实践后反思的能力	多媒体网络运用的能力
三年平均占比/%	91.19	47.17	88.05	9.75

从表 6-3 的数据可以看出,现阶段教师各项比赛获奖仍以区级的最多,其次是市级的奖项,获得省级及国家级的奖项非常少,但是三年中,获得高级奖项的比例在逐年递增;在课题研究上,教师经过三年的内部自省与外部激励发展,从 2017 年的超过一半教师是"从未参与",到 2019 年仅有 10.7%的教师未参与课题研究,这是很大的提升;在论文发表的数量与质量上来看,三年中都有所提升,数量上表现为三年中正式发表 4 篇及 4 篇以上论文的教师比例逐步增加,质量上表现为在"北大核心级期刊"上发表的论文从 2017 年的 1.57%上升到 2019 年的 9.75%;另外,在教学反思方面,"从不"反思的人数比例逐年降低,到 2019 年仅剩 4.72%。这些都说明,在这三年中,教师在专业发展各方面均得到了一定的提升。但是通过三年的跟踪调查对比发现,教师在"内在动力"及"外在激励"共同作用下的专业发展效果仍不明显,尤其在教学科研方面,作为课题主持人的教师占比仍非常少,论文的写

作大部分教师以平均每年一篇的速度在进行，经常进行教学反思的教师还不到一半。

从表 6-4 的数据可以看出，教师在新课改的落实过程中，急切需要提升自己的"个人理论支持"与"教学实践方法"，在"最希望获得哪类教学工作者的指导"问题中，64.99%的教师都希望得到"各地一线普通教师"的体悟式指导；在"最希望以什么方式获得专业发展"的回答中，选择"实际案例分析"的教师占了将近一半，其次是"参观考察、观摩名师课堂"与"专家引领下的教学实践反思"，教师最不希望的形式是"听专题讲座、报告"；在"您希望获得哪方面的专业发展"问题的回答中，选择"教育科研与论文撰写的能力"的超过 90%，选择"实践后反思的能力"的也将近 90%，这同时说明了教师对自己的弱势十分了解，有强烈的发展教育科研及教学反思的愿望，即在"师学"方面有更大的发展需求。

三、调查结论

综合表 6-1～表 6-4 的数据，可以看出现行的教师专业发展存在着两大问题。

第一，是现行的教师专业发展的方式途径无法满足教师的发展需求。数据显示，这三年中，教育部门针对教师专业的各方面发展，组织了一系列的培训等措施，但在有些方面却收效甚微。究其原因，主要在于培训的方式与内容并没有完全与教师的需求相匹配。比如在实践反思方面，教师迫切希望提升各自的教学反思能力，但是教师课后却基本不反思，教育部门也缺乏针对实践反思的方法与技能的培训，这就导致了三年中，教师的反思能力与频率提升不是很明显。

第二，是现行的教师专业发展的激励跟踪无法实现教师的发展需求。虽然在三年中，教育部门采取了各种荣誉评比、技能比赛等激励措施，但是在比赛结束后却缺少对教师不足点的跟踪评价与激励。数据显示，经常开展各项激励活动的占比都超过 50%，但是评价激励后的教师相应发展却显示出变化不大。这说明活动的结束就意味着此轮发展的终结，而没有从活动中总结经验，跟踪了解相应教师的发展情况，促进这些教师的专业发展。

第三节 促进教师专业发展方式

针对以上教师专业发展的现状,我们可以采取以下措施来推进教师专业发展的步伐。

一、唤醒教师专业发展自觉

教师专业发展自觉,即教师对教育活动的认同及觉悟,包括教师对自己过去专业发展的客观认识、对现在专业发展的创造性地开展及对自己未来专业发展的理想追求和积极规划。它主要包括三大特征:

① 感受到提升教师自身专业水平的迫切性;
② 自觉认识到在教学活动中产生的问题并创新地去解决;
③ 教师自觉地建构属于自己的教学精神世界。

归根到底,教师的专业自觉是一种文化和教育精神的自觉。

教师专业自我发展包含两种理解,一种是指教师"专业自我的发展",另一种是教师"专业的自我发展"。教师"专业自我的发展"是教师对自己教育专业的一种态度和自我认识,是教师的专业素养的体现。教师"专业的自我发展"是教师源于教学职业的需要而进行的自我完善,自我提升,以达到专业的发展目标。

教师专业自我发展是一个艰难曲折的历程。现行的促进教师专业发展的方式仍以灌输式的讲授为主,如请优秀教师或教育学家等做讲座或强化训练。以这些为主的促进教师专业发展的形式,最终经实践证明收效甚微。究其原因主要有两点:一是教育管理者们盼望在某种形式的强化培优训练后,教师专业发展可速成,体现在培训方式上多采用讲解的方式,培训时间上过于集中;二是教师参与培训的学习动机不正确,他们只希望借助于听一个讲座来迅速写出几篇有影响力的文章,而并未从长久的自身发展角度出发,表现出了某些职业倦怠性。

现行的新课改教育体制下,要求改变原有的讲授模式,对学生采用以学生为主的探究、启发式的课堂教学模式,而现在却要将教师转变为另一层面上的学生时,为何又要将这种以生为主的教学方式再次返回到原来的讲授式的灌输模式呢?这种讲听模式对于已熟悉教学实践的教师来说,简直是再熟悉不过了，怎么能激起教师的学习兴趣呢？俗话说"兴趣是最好的老师"，只有使教师认为提升专业自我发展是一件有乐趣的事情，才能使教师沉浸于这种学习与发展的状态中；只有教师对提高专业自我发展产生兴趣，才能激发教师提高专业自我发展的热情。

从理论上讲，教师专业自我发展的必要性是大家公认的，但在真正实践的，却为数不多。究其原因，主要在于现在有很多教师对教育职业还缺乏主动、自觉的情感及发展的内驱力。而教师的专业自觉正是教师专业自我发展的内驱力。只有有效地唤醒了教师的专业自觉，才能为教师专业自我发展提供源源不断的动力，成为促进教师发展的内动力。

那么如何唤醒教师的专业自觉呢？

（一）通过理论学习，积极建构教师正确的专业价值力

观念的更新是教师专业发展的前提，我们要从激发教师的原动力上着手。一方面学校可以重视对于教师阅读的组织，为教师们订阅专业的期刊，不定期地组织各种学习阅览活动，培养出教师的阅读习惯，让教师体验到阅读学习是教育活动中的一种幸福。另一方面，学校可以开展专题学习、优秀教师的讲座学习、观摩课、参观学习等，还可以通过表彰大会、带头人评选等形式来促进教师的成长，让反思引领教师的专业自觉。

（二）通过实践操作，积极建构教师正确的专业发展力

教师的专业发展需要一定的空间和氛围，只有给足教师充分发展自己的空间，给足教师展示个性的平台，教师才能充分展现各自的能力。为此，一方面，我们可以积极利用优秀教师的引领作用，采取拜师、传帮互补等形式在教学实践中加速青年教师的专业成长，增强青年教师的学思结合能力。另一方面，教育部门可以定期组织评优课比赛、优秀课件评比、各类带头人、名教师的展示活动等，让教师在实践过程中，提升自己的专业发展力。

（三）通过课题引领，积极建构教师正确的专业研究力

课题是基于教学实践中产生的某个问题的研究。在研究本课题的过程中，研究教师必然会去查阅相关资料，还可能引申出其他的相关问题。通过各类课题的研究引领，可以培养教师对教学实践中产生问题的研讨和反思，提升教师的专业研究能力。

当然，教师研究的课题要以教师的当前教学实践为基础，以促进教师的教学反思、提升教师教学能力为目标，通过各种手段，培养教师的专业认知

能力及专业研究能力。

（四）通过评价机制，激励学生专业发展自觉力

评价是一把双刃剑，恰到好处的评价可以激发教师的教学热情和主动性，不合理的评价会打击教师的教学热情并失去主动性。为此，积极的、有激励性质的教学评价对教师的专业自觉十分重要。比如我校实行教科研成果奖励、每年评选"优秀教师"、评选"先进教师"等，教育局还每年设置了"星级教师""教学能手""优秀教育工作者"等的评选活动，让成功的喜悦为教师的专业自觉铺路。

（五）通过系统内化，积极建构教师专业发展的无意识状态

内化就是教师将自己学习理论及实践获得的经验整合到自己知识图示中，是从有意识注意到无意识行为的转变，让教师的专业自我发展成为教师的习惯性状态。要实现这种状态的改变，教师就需要不断反思和提炼，将实践验证过的专业知识和学习方法通过强化来使其转变成习惯，之后在遇到类似的学习情境时，教师可以在无需意识注意的情况下，主动地将新的知识与原有的知识图示进行碰撞并整合，也就是让教师在无意识的状态下，完成专业自我发展，这时候，专业自觉就形成了，教师的专业自我发展就可以顺利进行了。

实践证明，内驱力缺失是阻碍教师专业自我发展的重要因素之一，我们有必要唤醒教师的专业自觉，提升教师发展的内驱力，让教师的专业自我发展从有意识状态过渡到无意识状态，为实行教师的专业自我发展增添新的动力。

二、促进教师践行教学实践反思

教学实践反思是指教师为了进行更有效的教学活动，而对已进行过的或者正在进行的教育教学过程及结果进行深入分析，从而发现问题，并找寻各种方法进行解决的过程。它是教师专业发展的重要内容，也是促进教师专业发展的必经之路。但是现在很多教师却很少能真正积极主动地进行教学反思，究其原因，主要是很多教师不知道该如何进行教学反思，也不知道教学反思的标准有哪些，而且现行的培训活动也很少真正地全面介绍和推行教学反思的方法与内容。因此，我们要通过培训或组内教研活动探究等方式初步规范反思标准，让教师学会如何进行有效的教学反思。"没有规矩，不成方圆"，

教师在进行反思的时候,也需要有一个参考标准,才能真正实现基于实践而又反馈于实践的有效的教学反思。教学法正是源于教学过程,源于教学实践而总结出的教学一般原理和规则,如果教师可以依据教学法而进行自己教学实践的反思,那么必然可以提升自己的教学质量,优化自己的教学效果,从而促进自身的专业发展。具体来说,我们可以从教学的进程设计是否合理、教学的重难点处理是否恰当、教学中师生间的配合是否默契、教学中的创新思路或创新工具的使用、教学中的随机应变情况等方面进行反思与探讨。

有效的教学反思,主要有两种形式:个人自我反思及团队合作反思。

个人自我反思,是指教师在一个完整的课堂教学结束后,进行自我的分析与反思。形式可以多种,比如可以直接使用表格回忆记录的形式,也可以采用先进的现代教学媒体录制课堂教学视频课后重播反思的形式,其中录制课堂教学视频再进行反思的效果相对更好。面对视频,教师自身可以采用相对较为客观的视角进行全面分析,而且可以采取对视频慢播、重播等方式来对每一个细节进行反思提升。

另外,教学反思也需要提倡合作性。如果教学所有的反思都成为单个教师的个人行为,那么教师的默会知识将难以得到修正、教师的优秀思维与实践将难以得到辐射、教师的反思方法将难以得到深化。因此,教学反思要从"独白式"走向"合作式",提倡教师进行合作式的教学反思。首先,我们可以建立一个互通的教学反思交流媒介,如 qq 群、微信群等,以此来促进教师间的合作与资源共享,激起教师的反思行为。其次,我们可以建立一个反思的合作团队。合作团队可以有横向和纵向两种形式:横向合作团队由资历、能力相近的教师组成;纵向合作团队由不同层次,不同年龄的教师组成。两种形式的教学反思团队对教师专业成长的效能是不同的,我们需要将两种团队进行融合,既促进共同经验的反思提升,又利于优势经验的全面辐射,从而推进教学反思的深入发展。

三、完善教师发展评价激励机制

虽然内在需求是教师专业发展的动力源泉,但是部分教师由于惰性因素的影响,即使有内在需求,发展的进程也会受到很大的阻碍,进展的脚步很慢,这时候就需要外在激励进行适当的推动。

数据显示,现在的教育教学领导者,为了促进教师专业发展,开展某些教育教学培训活动，以及设置诸如"学科带头人""学术带头人""教坛新秀""教学能手""星级教师"等有物质奖励的奖项的频率均较高，他们希望通过这些活动来激发教师对自身专业发展的需求，收获到教师知识、能力、教学效能的提升，收获到学生学业的成功，但是这些活动到底有没有达到预设的目标呢？从调查数据可以看出，这些活动确实对教师的专业发展起到了一定的促进作用。比如昆山市推行的"星级教师"的评比，实践证明就是一种很好的方案。所谓的"星级教师"，就是每年针对教师的职业道德、教学成绩、学生满意度、教师个人学科比赛获奖情况、教师辅导学生获奖情况、教师的班主任工作、教师的科研课题与论文、公开课情况、讲座等进行统计打分，根据分数的高低来评定不同的星级等级。满分为100分，根据得分从高到低依次划分为五星级教师、四星级教师、三星级教师以及最低的星级教师，分别给予不同级别的经济奖励。但是同时，奖励的总额又平分为两份，分别在连续的两个年度发放，下一年度针对下一年的这些项目继续进行打分复评，复评者必须合格才能通过，才能拿到剩余的一半奖励金额。获奖的教师，不仅当年度各方面的表现要好，次年度同样要表现好才行，这样的奖励方式，不但注重了教师在激励活动中的表现，更注重了教师在激励活动后的表现，可以说是一种促使教师持续发展非常好的激励方式。这种方式在昆山已经实行了五年，实践证明，大部分教师的专业发展积极性确实被调动起来，很大程度上激励了教师的专业发展，使教师的专业发展有了持续性，并使教师在"星级教师"的评分项目上有了显著提升。

但是这种外界推动而带来的提升，离我们预设的发展进程却仍有一定的差距，主要原因是活动组织者对这些活动后的最终衡量关注得太少。长期以来，我们都将焦点放在教师有没有参与某个专业发展的活动，而对于这个活动有没有对教师专业发展真正产生推动作用，产生了哪方面的推动作用却并没有跟踪了解。这是现行教师专业发展活动流于形式的一个重要原因。我们要对教师专业发展的效果进行评估，从而推进各项教师专业发展活动的落实。

对教师专业发展效果的评估主要包括两部分：活动过程中的评价及活动结束后的评价。活动过程中的评价是指在教师专业发展的整个进程中，通过调查教师对活动的感兴趣程度及在活动中的参与程度，及时调整相应活动。活动结束后的评价是指在教师专业发展的进程全部完成后，对整个活动能否实现预期目标及实现预期目标的程度做出具体判断，以便日后不断改进。在整个评价过程中，要采用发展性的教师专业发展评价与形成性的教师专业发展评价相整合的模式,即提倡以鼓励性的评价和对未来专业发展的评价相结合的评价方式来促进教师专业发展。

四、重视教师校本教育科学研究

校本教育科学研究是指以教学实践中教师及学生遇到的各种问题为研究对象,以学校为研究载体,以学科内或学科间的教学一线教师为研究团队,最终成果以教学论文或者课题研究形式展现的一种教学研究活动。数据显示,教师在这方面的发展现阶段还比较薄弱,教师内在也迫切希望自己的这方面能得到较快的发展。实践证明,校本教研的有效实施不但有利于提升教师的科研能力及意识,还有利于提高教师的人文修养,是获得教师专业发展的一种重要方式。校本教研一般可以分为校本培训和实例探究两种方式。有关专家认为,开展"以校为本"的教学研究,是全面促进教师专业发展的重要保证。

(一)以教研活动为校本研究的切入点

新课程教学中,对教师的自身要求也很高,教师要在课堂教学方式上有所新意,才能吸引学生。但这对于新教师和一些习惯于"满堂灌"的老教师来讲都是比较难的。这时候,教研活动不失为一个很好的,可以迅速提升教师课堂教学方式的一种方法。现在很多学校举行定时间、定地点的教研组活动和备课组活动。这种教研活动是校本研究的一个很好的切入点。

这个活动对开课教师来讲是一次挑战,要求开课教师在开课前要做好充分的知识准备和"硬件"准备。比如:做好上课用的课件、打印好学案、充分把握课堂内容、对于一些学生可能提的问题要事先了然于心等。同时,对于"评课"教师的要求其实也很高。

评课教师评课时要从各个环节入手,指出此堂课的教学目标的设定是否合理、是否充分了解学生的已有知识水平、重点和难点是否突出、教学手段是否先进、学生的主体性是否体现等。

通过教研组全体组员的全面评价,不但可以使开课者受益匪浅,也可以使参与的评课者得到启发。

(二)以各项竞赛为校本教研的历练点

各项竞赛是提高教师专业水平的一种重要的方式,是校本教研的一个重要的历练点。

竞赛的形式很多，如：三年一次的教师解题基本功竞赛，板书设计评比，说课比赛，校优质课评比，市优质课评比，课件评比，实验评比，省市论文评比和发表等。

在评比过程中，参赛者都会在事先做好充足的准备，也就在准备过程中不知不觉间学习了很多知识。就拿优质课评比来说，一般过程如下。

1. 说课

说课过程中会把此内容在教材中所起的承前启后的作用都分析清楚，还要写简单的板书。当参赛者知道这个过程时，他就会在比赛前练习说课和板书，这样也就在无形中提高了教师的基本功水平。

2. 上课准备

参赛者在上课前都会找比自己经验丰富的老教师或者自己的伙伴来辅助自己一起准备。如果是比较大型的比赛，或者是比较重要的比赛，教研组还会集体听课，然后评课、讨论，给参赛者一点意见，使他在参赛时发挥更好。这样这堂课就集结了整个组组员的智慧结晶，可以不断提升自己，超越自己。

3. 课后反思

上完课后，评委老师都会给出中肯的意见，其中有优点，也有缺点，这样可以更好地让参赛者在以后的教学中扬长避短，发挥优势。

教学后还要进行自我反思，通过反思，教师不断更新教学观念，改善教学行为，提升教学水平。反思过程中要把这些教学反思和总结以文字的形式记录下来，以便日后回顾。

总之，以各项竞赛为校本教研的历练点，可以充分提高教师的自身水平，这样就可以更好地完成新课程的教学工作任务。

（三）以"专家引领"为校本研究的提升点

教研活动虽然可以很好地提高教师的素质，但是毕竟还是有局限性的。所以，学校还要不定时地邀请省市教研方面的专家、名教授，其他同级学校的名教师等来校给本校的教师做专题讲座、理论学习辅导讲座等，对我校教师进行理论方面的引领和实践方面的指导，这样就可以引进校外的新理念、新知识、新方法来给自己充电。

学校还可以安排教师到外校去听其他优秀教师的优质课。一般如果是开优质课的，那么开课教师会准备得非常充分。通过这种外校的优质课听课和评课，就可以学到很多新想法、新思路等，还可以借鉴开课者的不足，避免以后在自己的教学过程中走弯路。这也是提升教师自身素质的一条捷径。

本校教研组内也会有许多优秀教师，这些教师可以定期开展展示课，或者几位优秀教师间开展"同题异构"，充分发挥各位优秀教师的个性教学，给组内其他教师一个学习的机会。拓展组内教师的教学思路，同时也可以促进开课教师的自身学习。

第四节 课例研究在课堂教学中的应用

"课例研究"，又称"授业研究"，是指教师形成合作的研究团体，对作为课例的真实课堂进行探讨分析，以期达到提升教师的专业发展能力及促进课堂整个过程高效开展的循环过程。

在我国，现行的课例研究主要是以学科的专科教学为主，以学校的教研组为活动小组，围绕某一主题学科知识在课前、课中、课后进行深入的教与学研讨活动，揭示课例中需改进的问题，论述教学修正背后所隐含的理论与知识，达到以一个课例研究为中心，循着一个教学主题，找出一类课堂教学方法的目的。

针对我国课例研究的现状与存在的问题，我们可以分以下五步来实施课例研究，如图 6-1 所示。

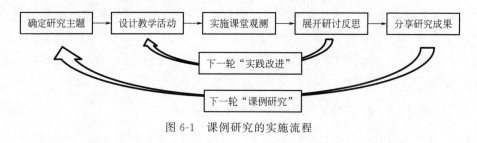

图 6-1 课例研究的实施流程

一、确定研究主题

"课例研究"其实就是一个解决教学中实践困惑的过程，所以，在研究前要先确定一个能引发课例研究团队成员兴趣的问题。这个问题越具体越好，比如我们可以将"如何让学生理解原电池的工作原理"设置为课例研究的主题，而不要将"如何激发学生学习化学的主动性"等宽泛的问题作为研究主题。另外，研究主题的内容要与学生的生活实际及知能基础相联系。比如现流行的"问题链"教学方式，教师在课堂中由浅到深、由表及里地通过"问题链"，层层引导学生展开教学，这种方式虽然相对传统的教学模式来说有很大的改进，但是却未充分虑及学生的学习状况。因为不同的学生对课堂知识内容有着不同的领悟，而教师的"问题链"却只能按照教师自身对部分学生的认知而"链"起教学问题。对此，教师可以对不同知识水平的学生设计不同的任务单，让学生在团队合作与探讨分析中实现知能的提升。

只有确立好研究主题，研究组团队成员才能聚集起来，集中精神地来解决所确立的主题。

二、设计教学活动

研究的主题确立后，教师就要着手设计教学活动了。虽然上课的教师最后只有一个，但是研究组团队的所有教师均需积极参与这个过程。通过搜集前人类似的研究过程及成果，随后确定1~2个教师写出初稿，然后再集中组员进行讨论、修正，最终形成一份用于本"课例研究"课的教学设计。在进行教学设计的过程中，要注意两个问题。

1. 要进行系统的学情分析

精准的学情分析是课前充分预设的基石，也是课中智慧生成的保障。当前的教学设计，虽然教师也会基于学情分析，但大部分都是教师凭个人经验主观评估的学情，缺少与具体教学知识相互匹配，也没有分析学生间的个体差异，难以保障课程的有效进行。因此，教师必须了解一些系统分析学情的方式方法，以便更深入地了解学生情况，更好地开展"课例研究"活动。

2. 要进行科学的教学设计

具体来说，就是要打破原有的更多关注教师怎么教的状况，改变以往的以教师教学活动为主线的教学设计，加强对学生学习活动的创设。

在教学设计中，我们可以分五个栏目进行设计：第一栏为"教师教学活动及提问"，主要包括课上教师的主要活动，以及教师预设的不同情境下引领教学的核心问题设计。第二栏为"学生的学习活动"，主要包括针对学情而创设的不同的学生活动，可以是分组讨论活动，也可以是个人思维活动。第三栏为"预期的学生反应"，主要包括教师针对自己设计的提问及学生活动，预想学生可能出现的答案、反应及思维方式与过程等。第四栏为"对学生反应的应对",这栏主要是通过预期的学生反应,来采取合理的应对措施,同时也要标注出课堂上的重要注意事项。第五栏为"课堂教学的反思",主要用于记录课堂中的意外生成、教师的即兴应对措施及教师对课堂中不同环节教学实效的评估。这种多线型的教学设计,可以为我们课例研究提供更细致、全方位的研究方向。当然,面对不同的教学内容、不同的学生,教师的教学处理必定需要灵活多变,也就是课堂教学的进程中有多条路可供选择,具体在课中选择何时走何条路,教师要根据学生的课堂生成情况来随机应变。

三、实施课堂观测

教学设计完成后,需在研究团队中找一位教师进行课堂实施,同时组内的所有其他成员均需走入课堂,进行听课活动。课例研究的重点是观测学生的学习活动,但这并不是说教师的教就不需要关注了,而只是借由学生的学来反测教师的教。因此课例研究课上,听课的教师可以坐在教室的后方或者站在教室的靠墙一侧进行观测记录;也可以在学生学习活动的过程中,在教室内行走,并记录下不同学生的学习过程。

那么如何来实施这种过程记录呢?我们需要一个统一的观测工具。学生的学习活动主要分为:集体活动、分组活动与个体活动。

如果是在集体活动中,我们可以用"学生参与程度观测表"来记录,该表主要利用班级学生座位表为工具来对学生的参与程度进行记录。当学生回应老师的提问时,听课的教师在学生对应的座位表位置上记下两个记号:一个是数字记号,表示其回答的问题编号;另一个是字母记号,表示其答题时的主动性(用"A"表示)或被动性(用"P"表示)。比如"5A",就表示该同学回答了预设的第 5 个问题,而且是积极主动回答的。如果课堂上出现集体回答,则在表的右上侧用"正"字记数,且在"正"字正下方写出集体回答的问题编号。这张表格,可以完整清楚地呈现出整个班级学生的课堂参与程度。

如果是在分组活动中,听课教师可以分工,每个教师重点负责观测并记录一个小组学生的学习情况,同时我们可以利用两种记录工具来实施观测。一种是量性工具"组员学生言语分配观测表",此表以学生分组座位为记录工具,主要用"正"字来记录每个组员发言的次数。另一种是质性工具,由观测教师对小组成员的角色、小组内部的合作学习氛围、组员与教师的交流等作出质性记录,以便了解本组内部学生的整个学习认知过程。

如果是在个体活动中,可以通过对学生的抽样观测来记录学生的学习情况。在班上选取不同层面的学生作为代表,观察其表情、言语、状态等,并详细记录。而这三种方式的记录,其实有些地方是可以相互验证的。

除此之外,还有很多的观察工具可以用于课例研究,我们要吸取国外课例研究的优势经验,结合我国的实际,在实践中摸索,创新出更多更好的课堂评测工具。

四、展开研讨反思

研究课结束后,研究团队成员应随即对本课例进行研讨和反思。研讨和反思的重点是对主题问题的研究而不是对课的评论,是对学生学习过程的研究而不是对上课教师的评论。研讨反思后,形成学生的学习信息,并以此来修正教学过程并完善课堂实践。这样不但有利于对学生进行因材施教,有利于让学生体验个人的价值,更有利于教师的专业发展。

为改变传统的课后评论中听课教师惯用的"优缺点"的评价方式,我们可以采用一种对任教者与观测者都易于接受的,并能产生智能共享和情境互融的言语模式:首先是任教者反思通过对课堂中学生活动的观察,学生存在着什么弱势;其次是每位观测者汇报在课堂观测中观察到的学生状态,包括学生的课堂参与程度、学生的课后访谈结果、学生的课后提升等内容;再次是双方共同分析探讨如何来帮助不同的学生解决不同的问题;最后是双方共同分享自己在这个课例中得到了什么收获,并分析学生在这个课例中获得了什么。当然,在整个研讨过程中,观点的异化是无法避免的,争论也可能会比较激烈,但是我们要抓住研讨中的话语协商的本质。

其中,前面的第二步到第四步是可以循环再生的,通过课后的研讨反思,总结归纳出修改意见,然后再进行修正,并重新整理出一份新的教学设计,从而进入下一轮"实践改进",再次进行课堂评测的实施及课后的研讨反思……以此达到"课例研究"活动螺旋上升式的推进。

五、分享研究成果

如何让所有的教师均可分享到课例研究的成果,这是课例研究活动的一个重要内容。分享的形式可以有很多种,目前使用较多的有两种。

一种是撰写研究报告。报告中要说明课例研究实施的整个过程，包括研究主题如何确立、教学方案如何设计、研究活动如何实施、课后如何进行探讨反思、如何对课例研究进行修正等信息。特别在论述"实施课堂观测""展开研讨反思"两块内容时，更要按逻辑顺序展开建构，即要对学生整个学习动态过程及观测后找出的课例设计与实践中的缺陷进行详细论述，更要将探讨与反思后改进意见的落实进行详细论述。同时，课例研究是一个系统性很强的教学实践修正过程，所以一个课例研究中的课例在实施完第一轮实践观测研究后，将会在其他相同班型中进行第二轮、第三轮甚至更多轮的实践改进，这也需在成果报告中体现，对每一轮的相应实践情况均需如实详尽地进行描述。这种撰写成果报告的呈现方式，实际上也将促进教师对研究历程的回顾，促进教师将理论与实践有机地进行整合，这必将促进教师专业发展，最终促进教师建构出一套完整的、高效的教学实践方法。

另一种分享研究成果的方式是邀请本校及外校的其他教师来观察几轮改进后的课例研究课，将研究组所得的最终研究成果直观地展示出来。这种方式可以让其他教师真实感受到课堂上学生的活动过程及学习氛围，相对于研究报告来说，可能会有更多的教师选择亲临课堂观测。目前，这种成果分享已被认为是促进教师专业发展的重要方式，这也是教师从外校学习教学创新的一种有效方式。

在一轮课例研究结束后，根据本次课例研究的经验和成果，确定下一轮课例研究的课题，继而迅速进入新的下一轮"课例研究"中。

总之，"课例研究"为课堂教学与教师发展提供了理论与实践的链接，参与研讨者将抽象隐晦的理论外显为实践行动，反过来又将实践活动赋予理论阐述，从而推动理论与实践的共同进步。

参考文献

[1] 范晓玲. 教育评价论 [M]. 湖南：湖南教育出版社，1999：152.
[2] 王汉澜. 教育评价学 [M]. 河南：河南大学出版社，1995：182.
[3] 周谦. 教育评价与统计 [M]. 北京：科学出版社，1997：356.
[4] 王景英. 教育评价理论与实践 [M]. 东北师范大学出版社，2002：292.
[5] 宋金璠，郭新峰，石明吉，等. 翻转课堂在大学物理实验教学中的应用 [J]. 实验技术与管理，2015, 32 (03)：33-36, 39.
[6] 孙智昌. 学习科学视阈的深度学习 [J]. 课程.教材.教法.2018 (01)：20-26.
[7] 刘克文，李川. PISA2015科学素养测试内容及特点 [J]. 比较教育研究，2015, (7)：98-106.
[8] 吴启迪. "非指导性"教学思想下的课堂教学模式研究 [D]. 哈尔滨师范大学硕士论文.2012.
[9] Grant Winggins. 教育性评价 [M]. 北京：中国轻工业出版社，2005.
[10] 中华人民共和国教育部. 普通高中化学课程标准（2017年版）[M]. 北京：人民教育出版社，2018.
[11] 王祖浩. 普通高中课程标准实验教科书·化学必修1 [M]. 江苏教育出版社，2008：49.
[12] Grant Winggins. 教育性评价 [M]. 国家基础教育课程改革"促进教师发展与学生成长的评价研究"项目组，译.北京：中国轻工业出版社，2005.
[13] 宋健."生本化"高中地理课堂教学评价指标体系构建 [J]. 教学与管理，2014 (28)：76-78.
[14] 钟启泉. 基于核心素养的课程发展：挑战与课题 [J]. 全球教育展望，2016 (01)：3-25.
[15] Scott G Paris；Linda R. Ayres.培养反思力 [M].袁坤，译.北京：中国轻工业出版社 2001 (7).
[16] 蒋建洲. 发展性教育评价的理论与实践研究 [M]. 湖南师范大学出版社，2001.
[17] 叶雪茹. 高中语文课堂提问有效性研究 [D]. 延吉：延边大学，2011.
[18] 闫开梅. 课堂教学中的灵动语言—过渡语 [J]. 教育革新，2013 (04)：58.
[19] 秦春华. 教学内容整体性设计的思考和实践 [J]. 中学政治教学参考，2013：72—77.
[20] R. 基思·索耶. 剑桥学习科学手册 [M]. 徐晓东，等译.北京：教育科学出版社，2010.
[21] 王磊. 从知识解析为本到基于学生认识发展促进化学教学设计与实践向高水平跨越：北京师范大学化学教育研究所"高端备课"项目简介 [J].化学教育，2010, 31 (1)：2
[22] 林崇德. 21世纪学生发展核心素养研究 [M]. 北京：北京师范大学出版社，2016.
[23] 王冰，陈东喜，罗欣彤，等. 铜与浓、稀硝酸反应实验的一体化设计 [J]. 中学化学教学参考，2015, (1)：57-58.
[24] 吴晗清，赵银花，刘秀英.用三支注射器探究稀硝酸的强氧化性 [J]. 中学化学教学参考，2016, (4)：53-54.
[25] 孙旭.新课程高中化学实验全解 [M]. 湖北教育出版社，2014：158-160.
[26] 刑泰宇. 钠、铝、铁与氧气反应的实验探究及思考 [J]. 化学教学，2015.8：46-47.
[27] 刘国庆.钠与氧气反应实验的改进 [J]. 实验教学与仪器，2013.4：24.
[28] 马宏佳.具有观赏性的焰色反应演示实验 [J]. 中学化学教学参考，2004, (3)：38.
[29] 张帮程.用"喷雾法"在废旧石棉网上演示焰色反应实验 [J]. 化学教学，2009, (6)：20-21.
[30] 李健荣. 焰色反应的实验改进 [J]. 化学教学，2016, (12)：59.
[31] 杨秀芬. 喷泉实验的优化与改进 [J]. 教学仪器与实验.2012 (02)
[32] 骆昌强. 喷泉实验装置的改进及倒吸现象的预防 [J]. 数理化学习（初中版）.2013 (06)
[33] 吴文中. 银镜实验采用银氨溶液主因探讨 [J]. 化学教学，2014, (11)：94～96.
[34] 杨树芹，程真. 清洗银镜新方法的实验探究 [J]. 化学教学，2012 (4)：47-48.
[35] 张志杰.从"电子转移"的视角突破电化学教学难点——以"原电池原理"教学为例 [J]. 中学

化学教学参考,2016,(10):30-33

[36] 顾建辛.关于化学核心素养培育的微观思考——原电池教学中的"证据推理与模型认知"[J].化学教学,2017,(11):34~38.

[37] 支瑶.高端备课:促进学生核心认识和关键能力发展[J].人民教育,2015,(19):59-63.

[38] 宋心琦.普通高中课程标准实验教科书[M].北京:人民教育出版社,2007

[39] 周业虹,王晶.素养为本的化学教学设计[J].化学教学,2018,(12):36-40

[40] 吴鑫德,熊娟,等.立足核心素养培养学生的综合素质[J].化学教育,2018,(23):5-9

[41] 白仲霞.浅议高中化学实验课中的创新思维教学[J].中国校外教育,2019,(4):105-106

[42] 王和.谈初中化学教学中学生动手能力的培养[J].才智,2019,(3):40

[43] 赫尔曼·艾宾浩斯(Ebbinghaus H.)记忆[M].曹日昌,译.北京大学出版社,2014

[44] 林青,裘浔隽,张君,等.以多种手段为导向的教学方法的实践及探讨[J].教育教学论坛,2018,(24):167-168.

[45] 马春生,龚国祥.校际"同课异构"课的观察比较视角[J].化学教育,2010,(7):21-24.

[46] 季金凤.浅谈心理效应在教育教学中的作用[J].教育理论与实践,2013(35):33

[47] 夸美纽斯.大教学论[M].傅任敢,译.北京:人民教育出版社,1984.

[48] 安桂清.以学为中心的课例研究[J].教师教育研究,2013(2):72—77.

[49] R.基思.索耶.剑桥学习科学手册[M].徐晓东,等译.北京:教育科学出版社,2010:157.

[50] 孙颖.从自在到自觉—东北山区五名农村教师自主发展的叙事研究[D].长春:东北师范大学,2011:55.